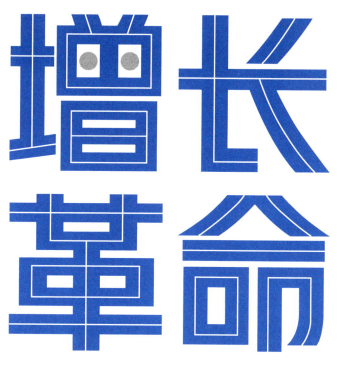

增长革命

营销战略大未来

[美]菲利普·科特勒　曹虎　王赛　乔林◎著

科特勒咨询集团(中国)◎编

Growth Revolution

深圳出版社

图书在版编目（CIP）数据

增长革命：营销战略大未来 / （美）菲利普·科特
勒等著；科特勒咨询集团（中国）编 . -- 深圳：深圳
出版社 , 2025. 2. -- ISBN 978-7-5507-4163-8

Ⅰ . F713.3

中国国家版本馆 CIP 数据核字第 20243QY705 号

增长革命：营销战略大未来

ZENGZHANG GEMING: YINGXIAO ZHANLUE DA WEILAI

出 品 人　聂雄前

项目策划　许全军　陈　兰

责任编辑　南　芳　易晴云　许锹仑

责任校对　叶　果　李　想

责任技编　郑　欢

装帧设计　字在轩

出版发行　深圳出版社

地　　址　深圳市彩田南路海天综合大厦　（518033）

网　　址　www.htph.com.cn

订购电话　0755-83460239（邮购、团购）

设计制作　深圳市字在轩文化科技有限公司

印　　刷　中华商务联合印刷（广东）有限公司

开　　本　787mm×1092mm　1/16

印　　张　26.25

字　　数　380 千字

版　　次　2025 年 2 月第 1 版

印　　次　2025 年 2 月第 1 次

定　　价　78.00 元

菲利普·科特勒

科特勒咨询集团全球首席顾问、凯洛格商学院杰出教授

菲利普·科特勒（Philip Kotler）是当今世界公认的现代营销学的奠基人，被称为"现代营销学之父"。科特勒博士的市场营销著作和论文浩如烟海，其中《市场营销管理：分析，计划，实施和控制》第一版于 1967 年出版，翻译成 14 种语言，被业界誉为"营销圣经"，成为无数企业的营销体系基础。他是美国西北大学凯洛格商学院终身教授，S.C. Johnson & Son 杰出国际市场营销学教授，科特勒咨询集团（KMG）首席顾问，全球合伙人。

曹虎

科特勒咨询集团全球合伙人、大中华及新加坡 CEO

曹虎是国际知名的市场战略和品牌战略专家，追随"现代营销学之父"菲利普·科特勒求学和工作近 25 年。他是科特勒咨询集团（中国）创始人之一，现任科特勒咨询集团（KMG）全球合伙人，大中华及新加坡区域 CEO，中国国际友好联络会理事。他带领科特勒咨询团队服务了超过 120 家世界 500 强企业和中国领先企业。他的专著包括《新增长路径》《溢出：新质生产力浪潮下中国企业出海营销战略》，为《数字时代的营销战略》《什么是营销》《金星上的营销》《市场战略》（繁体版）和 *Marketing Strategy in Digital Age* 的合著者，译作包括《营销革命 5.0》，精编作品有《营销管理》第 16 版（精简版）。

王赛

科特勒咨询集团大中华及新加坡管理合伙人，增长战略总经理

王赛是业界知名的增长战略顾问，师从"现代营销学之父"菲利普·科特勒，现任科特勒咨询集团（KMG）大中华及新加坡区域管理合伙人，长江商学院 CEO/EMBA 课程教授。代表作《增长五线》《增长结构》，近二十年来作为顾问服务于大量中国顶级企业家和 CEO，在香港大学、复旦大学、清华大学、巴黎高商等 17 家顶级名校执教。为世界 500 强、千亿级企业集团与创新型公司的 CEO 提供深度的市场战略决策服务，巴黎大学（九大 PSL）博士，并曾在哈佛大学进修。

乔林

科特勒咨询集团大中华及新加坡管理合伙人，品牌战略总经理

乔林是市场战略管理及品牌管理专家，现任科特勒咨询集团（KMG）大中华及新加坡区域管理合伙人。他在荷兰国立瓦赫宁思大学获得理学硕士学位，拥有 18 年市场战略和公司品牌战略咨询经验，为中国的世界 500 强企业、中国创新型公司的 CEO 和创业者提供深度的市场战略、品牌理念体系战略及新产品市场进入策略咨询服务。他著有《品牌向上：公司品牌管理六策》，为《数字时代营销战略》《什么是营销》等畅销书的合著者。

序言

在这个充满动态变化的时代，我怀着由衷的喜悦，见证《增长革命：营销战略大未来》一书的出版。这本书凝聚了科特勒咨询集团核心团队多年来的努力，展现了他们对中国营销领域的深刻洞察和深入理解。书中的观点和洞见源自科特勒咨询集团原创且深入的研究，以及过去二十年与国内外优秀企业客户合作过程中积累的宝贵经验。

展望未来二十年，全球市场将迎来翻天覆地的变革。技术革命的浪潮汹涌澎湃，政治格局风云变幻，社会与文化的变迁也在加速推进。我们熟悉的许多方法和模式都将被时代淘汰。对于中国企业而言，走向国际舞台、开拓海外市场，无疑是一项充满挑战的艰巨任务。

我经常提醒企业家们："如果你在五年内仍从事相同的业务，那么你将被淘汰出局。"在人工智能技术快速发展的全球化 2.0 时代中，企业长久生存的关键在于持续学习与自我更新。

我衷心希望，科特勒咨询集团与中国企业能够以不断进化的思维和更广阔的视野，持续创造并传递真实的顾客价值！愿我们共同踏浪前行，在变革的浪潮中书写辉煌的篇章！

菲利普·科特勒

Preface

I am filled with profound joy as I witness the publication of *The Growth Revolution: Marketing Strategies for a New Era of Productivity* in these dynamic and ever-evolving times. This book embodies the dedication of the Kotler Marketing Group's core team over the years. It represents the culmination of KMG's deep insights and profound understanding of the marketing field in China. The ideas and insights stem from KMG's original and thorough research and the invaluable experiences accumulated in two decades of collaboration with KMG's outstanding enterprise clients, both domestically and internationally.

Looking ahead to the next two decades, the global market is set to undergo transformative changes. The waves of technological revolution are surging, political landscapes are shifting, and social-cultural dynamics are accelerating. Many of the methods and models we are familiar with will be obsolete by the times. For Chinese enterprises, stepping onto the international stage and expanding into overseas markets is undoubtedly a daunting task filled with challenges.

I consistently remind entrepreneurs: "Within five years, if you are in the same business you are in now, you will be out of business." In this era of rapid advancements in artificial intelligence and Globalization 2.0, the key to a company's longevity lies in continuous learning and self-renewal.

I sincerely hope Kotler Marketing Group and Chinese enterprises will continue to create and deliver authentic customer value with evolving thinking and a broader perspective! May we ride the wave of transformation together and write a glorious chapter!

Philip Kotler

目 录
CONTENTS

001 第 1 章
市场营销与增长

083

第 2 章
数字浪潮下的市场营销

173 第 3 章
市场营销核心观念再思考

283 第 4 章
以品牌驱动的市场营销

369 第 5 章
科特勒记忆

市场营销与增长

营销的未来：
时代浪潮变化中的市场营销战略 ①

菲利普·科特勒

（科特勒咨询集团全球首席顾问、凯洛格商学院杰出教授）

这是一个特殊的日子，不光是对我们科特勒咨询集团和我自己，更是对整个世界来说。

三个主题

我想谈三个主题：市场营销的历史、今天的市场营销以及市场营销的未来。

市场营销的未来会是怎样的呢？未来非常有可能消费者会变得非常聪明，可能我们不再需要销售人员，我们也不再需要广告，互联网让消费者学到了很多，了解了很多。不光是互联网，还有像脸书（Facebook）这样的社交平台，消费者通过它们就已经了解很多了。

在未来，如果不再需要销售人员，不再需要广告，会怎样呢？我猜

---

① 本文内容根据菲利普·科特勒于 2019 年 10 月 13 日在北京举办的"科特勒未来营销峰会"上发表的演讲整编，有删改。

想那时候的市场营销最需要做的就是管理好口碑，最有效的广告来自消费者的朋友，还有体验过产品的那些人，消费者可以信任他们所说的经历和体验。

举个例子，假设我推出了一款新的红酒，我可以寻找到底谁是对选择红酒有影响力的人。有一些人是红酒的专家，他们有非常庞大的红酒的网络，我就可以把我的红酒作为礼品送给这样一些有影响力者。如果他们很喜欢我的红酒，我的工作就做完了。其实不需要广告，也不需要销售人员，甚至都不需要给他们钱，因为他们对红酒很满意，也很愿意去谈论这款红酒。

所以，市场营销是会改变的。

市场营销的历史

我们先回到过去看一下市场营销的历史。市场营销学（Marketing）是一门非常年轻的学科，市场营销学的历史不超过 150 年，但是市场（Market）本身已经有数百万年的历史了。当人们有了盈余的货物想要卖出去的时候，就出现了市场。

在古希腊，人们可以到集市去买卖，这样就有了市场。销售从亚当和夏娃就开始了，自从蛇说服夏娃，夏娃说服亚当吃了禁果，世界就已经有了销售。

但是销售（Selling）只是市场营销的一部分。销售是非常简单的，因为产品已经存在了，你的工作只是找到客户。而市场营销更重要的是去决定要不要生产这个产品，要生产怎样的产品，擅长什么，市场需要的是什么，产品是不是可以满足市场的需求。一旦生产了这个产品，企业当然需要广告、销售人员和定价。

市场营销的演化

　　市场营销是一门不断在变化的学科，总是会有新的想法、新的理念出现。市场营销理论不断地变化，基本上每 10 年都有一些巨大的变化。

　　为什么每 3 年左右我都会再版和更新《营销管理》一书呢？就是因为在很短的时间里，新的案例、新的理念、新的市场营销等，都有太多、太快的变化了。

不同时期的市场营销重点

　　市场营销理念一直在变化。开始我们认为最重要的就是生产好的产品（产品导向），然后宣传自己的产品。宝洁、联合利华等企业发现这不是最好的实践。市场营销最重要的是顾客，以及顾客需要的是什么。于是，市场营销就从产品导向转向了顾客导向。

　　后来，市场营销进入了品牌导向。企业要想成功，品牌名称必须具备吸引力，要有感情在里面。对于想买的产品消费者可能有很多选择，要让消费者选择你，你的品牌必须能够跟他们产生共鸣。

　　品牌通常就是一种价值主张，这是一个非常重要的概念。品牌应该去表达为客户创造的价值，如果并不确定为什么客户要来选择你，你就有问题了。

　　事实上价值主张就是要描述你和竞争对手的区别，你的定位是什么，主要的特点是什么。比如说麦当劳，它的价值主张可能是"好的食品、平价的食品"。这样的价值主张范围很广，还不够准确，需要对每一个不同的客户群体有更准确的价值主张。

　　对老年人，可以说，麦当劳是非常舒适、安全的地方，可以坐下来吃一顿饭菜。老年人可能已经没有伴侣了，只是需要舒适的环境、平价的食品。对于年轻人来说，吸引他们到麦当劳，需要有一个不一样的价值主张。对于带孩子的母亲来说，也需要有另外的价值主张。

所以，对于不同的细分人群，需要有不一样的价值主张。最重要的是找到你的目标市场，这就是品牌导向的市场营销，也就是要做好目标市场和价值主张。

近来，市场营销出现了一种变革——数字化。我认为，哪家公司如果不转向数字化营销，就是在犯错误。即使是非常小的零售店，让人们到你的商店里买东西还不够，应该让消费者不需要到店里就可以买到你的商品，在线上就可以选购你店里的商品。

以我们家为例，我的夫人从来不去商店，她买东西都是通过亚马逊，她每天都在收快递。现在，越来越多的人都因为太忙而不去商场了，所以企业需要通过数字化向消费者提供销售渠道。

什么是真正的市场营销？

通过销售团队、广告来提升销量，这是过去市场营销的定义。

现在的市场营销，我们叫 CCDV（Create, Communicate, and Deliver Value），即为目标市场创造、沟通和交付价值。

同时，最新的一个观点认为，市场营销是驱动企业增长的商业准则，也就是说它的功能是促进企业的增长。

为什么说市场营销部门可以比企业任何其他的职能部门都更能够带来增长呢？因为市场营销部门是真正唯一花时间和客户在一起并希望客户发生购买行为的部门。所以对于市场营销部门来说，如果营销人员培训得好，他们和客户待的时间长，他们就会最先发现市场的机会。

同时，市场营销部门会最先发现客户有哪些需求，企业别的部门没有注意到的时候，市场营销部门就可以感受到。另外市场营销部门也可以感受到企业存在哪些威胁，或者说在客户买你的产品的时候存在哪些障碍。

对于市场营销人员来说，必须真正接触到市场，真正接触到客户，把密切的观察传回到我们的企业当中。

市场营销的框架

那么，今天我们的市场营销框架到底是什么？

首先，顾客（Customers）、公司（Company）、合作伙伴（Collaborators）、竞争对手（Competitors）以及环境（Contexts），这就是我们通常所说的 5C 原则。每一个市场营销的框架或者计划，都要考虑到 5C 原则。

其次，需要描述产品（Products）、定价（Price）、渠道（Place）和促销（Promotion），这就是通常所说的 4P。4P 是一个起点，还可以增加另外一个 P，叫作包装（Packaging）。比如一家香水公司，比香水更重要的是香水的外包装，还有如何针对这个产品进行营销和定位，所以包装是非常重要的。

另外，销售、服务这些在 4P 当中的哪一部分？在市场计划中，4P 只是一个起点，你可以加上 S（Selling 或 Service），需要什么添加到 4P 框架当中就可以了。这就是 4P 的扩展版，例如产品、服务、品牌、价格、激励、沟通、交付等等。

最后，如果你刚刚开始创业，或者要推出一个新产品，市场营销战略的流程通常是从市场研究（Marketing Research，即 MR）开始，这是最重要的。

企业要做很多市场研究（MR），收集很多数据。在做市场研究之后企业会发现市场非常复杂，包括市场当中的不同细分群体，所以企业需要进行市场细分（Segmentation）。由于不同的细分群体的需求是不一样的，所以企业需要选择目标（Targeting），然后再进行定位（Positioning），这就是我们通常说的 STP。

STP 之后，企业就选择好了目标市场（Target Markets，TM）。当然，企业可以选择好几个目标市场，但是每一个都要提供不同的市场战略。选择好了目标市场之后，企业需要提供价值主张（Value Proposition，VP），然后建立市场营销计划（Marketing Plan，MP）。

接下来企业的营销计划开始进入执行（Implementation），之后还要做监控和调整（Control）。

如果企业发现销售业绩不好，就要回溯整个流程，分析原因。是营销战略制定得好，但是执行做得不好，或者是团队不行？假如执行做得好，但销售业绩不好，那可能是营销战略有问题，比如说定价太高，或者广告推广做得不好，或者可能是目标客户选得不好，比如在目标群体市场里已经有别的竞争对手比你做得好很多。通过这样的监控，企业可以找出问题并进行改正。

4 种 CEO 看待市场营销的视角

接下来，我们来说一说 4 种 CEO 看待市场营销的视角。

第一种 CEO 是 1P 型的 CEO，他们觉得定价是最关键的，觉得市场营销只要负责产品定价就可以了。

第二种 CEO 是 4P 型的 CEO，他们会综合考虑产品、定价、促销和渠道。

第三种 CEO 是 STP 型的 CEO，他们不仅知道 4P，还知道企业需要进行市场细分、目标市场选择和定位，这样的 CEO 显然更优秀。

第四种 CEO 是 ME（Marketing Everywhere）型的 CEO，即市场营销必须无所不在。他们知道企业的工作就是给客户创造价值，营销是一切工作的开端，这是最优秀的 CEO。

市场营销将如何演进？

市场营销需要不断演进吗？当然。

传统的大众营销（Mass Marketing）方式，比如在电视剧中间插播广告，企业需要花很多的钱，但是却带来一个问题——如果消费者不需要这个产品或是对这个产品不感兴趣，这样的广告就很烦人。这样的大众营销效率很低，不够精准。

那在今天这个数字化营销的时代，传统的大众营销还有用吗？当然。

企业首先需要通过传统的大众营销来进行品牌的价值主张宣传（聚焦品牌形象而非销售线索），然后再通过更精准的数字化营销工具，例如 Facebook、谷歌（Google）等来进一步触达目标顾客并进行场景营销。

因此，企业要学会把传统的大众营销和新的数字化营销结合在一起，这样才能为目标客户创造最大的价值。

现在市场营销面临的最主要的一个问题是：消费者变得越来越聪明，任何关于竞争对手的信息都可以从网上获得，销售渠道也扩展得越来越多。现在我去加油的时候可以顺便买个冰激凌，原来我从没想过加油站也可以成为食品零售店。另外，现在还有越来越多的新技术。

关于"增长"的发现

关于增长，与通过并购实现增长相比，我比较倾向于内生性增长。

我知道有些企业现在的业务很不错，通过并购其他的企业，把竞争对手买下来，这类是外生性增长。

但是有很多证据显示，如果一个企业实现了内生性增长，而不是通过并购来实现外生性增长，这样的企业会更优秀。

内生性增长意味着企业有更优秀的市场营销能力，有更好的领导力等。同时，企业的市场营销战略也会更好地融入企业的各个部门当中，并通过产品，通过客户，来提升企业价值。

我最近正在和富士合作。柯达胶卷已经不存在了，因为现在消费者不买胶卷了，所以柯达破产了。那么，为什么富士胶卷却还活着，而且业务范围比原来还广？

我现在正在写一本关于富士是怎么生存下来的新书。如果你的行业面临着颠覆性的技术，那么你应该读一读这本书，了解一下富士这家公司，学习富士如何在危机当中进行创新。

新市场营销的十大特征

下面列出了新市场营销的十大主要特征，大家可以看看自己的企业在哪些方面做得好。如果都做得很好，公司肯定是很有潜力的，而如果这 10 个方面都没有做好，我觉得你们公司就要小心了。

1. 将市场营销作为公司增长引擎；
2. 通过营销领导力与其他职能的协同制胜；
3. 以移动营销为中心；

4. 收集有关客户旅程的数据；

5. 参与和建立品牌社区；

6. 使用社交媒体平台做广告；

7. 管理内容开发和分发；

8. 使用营销自动化技术；

9. 以优质的服务取胜；

10. 成为一个有爱的企业，以品牌声誉制胜。

营销革命 4.0：绘制消费者旅程地图

营销革命 4.0 是我们最近对市场营销的一个分析，聚焦数字化如何影响各个行业。我们使用消费者旅程（Consumer Journey）[①]这个概念。

比如说买一辆车，有些消费者从来没有想过要买车，但是某一天他看到了一个橱窗，橱窗里面有一辆车，他问了问价格，觉得买得起，可能很快就买了这辆新车。这个消费者的旅程非常短。对于这种消费者，企业的市场营销有的时候都来不及有什么反应。

而另一种消费者的旅程可能比较长：消费者想买一辆车，可能会先问朋友都买了什么车，他们喜欢什么车，然后去 4S 店看一看，还会试驾一下。

不管是长的消费者旅程，还是短的消费者旅程，或者其他介于二者之间的消费者旅程，企业都需要在消费者旅程中找到接触点，并进行有效的市场营销工作。

如果企业在某个接触点接触到了消费者，但是由于销售人员培训得

---

① 又称顾客旅程，是指当消费者在购买某种产品服务时，经历的各个环节和全部流程。

不够，他们跟消费者接触后客户就流失了，这样的市场营销工作就不够有效。

所以，在消费者购买的过程当中，企业必须保证与消费者有接触点，同时还要保证在每个接触点上的市场营销工作有效，才能让消费者买你的产品。

顾客的 5A 模型

顾客的购买过程可以用 5A 模型来描述：

1. 顾客对你的产品或品牌有所了解（Aware）；2. 顾客被企业的价值主张所吸引（Appeal）；3. 顾客可能会就一些问题进行问询（Ask）；4. 消费者可能愿意购买（Act）；5. 如果顾客喜欢你的产品，将来还会复购（Advocate）。

当然，最好的事情是把顾客变成终身顾客，而且要让顾客成为你产品的拥护者和倡导者。如果顾客特别喜欢你的产品，他就会变成你的拥护者和倡导者，向自己的朋友和周围的人宣传你的产品有多好，让朋友也去买你的产品。

我们把这样的顾客叫作顾客倡导者（Customer Advocate），或者叫品牌大使（Brand Ambassador）。

谁应该成为企业的品牌大使？首先是企业的员工。如果企业自己的员工都不宣传企业的产品，那就一定有问题。可能是因为企业给员工的工资比较低。

比如，曾经有段时间，沃尔玛的员工工作很辛苦，而且没有安全感，他们感觉随时都可能被取代。后来，沃尔玛意识到问题，并进行了改变，把员工逐渐变成沃尔玛的品牌大使，员工不但对沃尔玛感到非常自豪，而且在面对消费者时也开始自然微笑和积极工作。这就是我们大多数企业需要学习的。

要记住，市场营销不仅面向顾客，同时也要面向企业员工，我从万豪酒店学到了这一点。作为世界上最大的连锁酒店，万豪酒店说客户排第二位，员工是第一位。因为如果没有最好的员工，就不会有最好的客户服务。

酒店是服务行业，需要的不光是交付服务，而更加应该是交付一种体验。事实上，体验营销（Experience Marketing）就是专门研究这个领域的。消费者去商店买一个商品，是不是有一个好的体验，这非常重要。而如果企业能有大量的员工成为品牌大使，那么顾客的体验一定会更好，也就能够帮助企业实现成功。

顾客导向化

关于顾客导向化，我推荐澳大利亚的布朗父子一起写的《顾客文化必要性》（*The Customer Culture Imperative*）这本书。在这本书里，企业可以用六个维度来衡量自己在多大程度上做到了以顾客为中心。

第一个维度是顾客洞察（Customer Insight）。企业不仅要了解顾客，还要能够知道他们的感觉，他们的深层需求，要像钻到顾客心里那样了解顾客，这才是顾客洞察。

第二个维度是顾客预判（Customer Foresight）。因为顾客是会变化的，明天的顾客会走向什么方向，会不会更关注价格，还是说更关注渠道的便捷性，或者是产品的功能？

第三个维度是竞争洞察（Competitor Insight）。与顾客洞察类似，企业也要对竞争对手有深入的竞争洞察。

第四个维度是竞争预判（Competitor Foresight）。企业不光要有竞争洞察，还需要对竞争对手进行预判。如果说我的价格发生变化，竞争对手是否会跟随我的脚步？竞争对手会有怎样的变化？我不想要任何的惊吓，我要知道竞争对手在做什么。

第五个维度和第六个维度分别是环境关注和合作。企业不能太狭隘，不能只是看顾客和竞争对手，而要把我们的眼界拓展到更大的环境中，去看环境里的一些变化，同时要进行更多的合作。只有这样，企业才有可能成功。

发现利基市场和超细分市场

企业需要学会发现利基市场和超细分市场。

所谓利基市场（Niche Market），就是具有相似兴趣或需求的一小群顾客，他们往往特别需要某一种产品。有很多企业就是因为做好利基市场，从而成为所谓的"隐形冠军"。

例如在法国，法国人一般都喜欢坐在户外喝咖啡或者吃饭，这就需要餐厅提供伞来遮阳。如果有一个企业在遮阳伞这个利基市场做到最好，就可以成为"隐形冠军"。类似的利基市场还有功能强大的军用野战眼镜等。大家可以阅读赫尔曼·西蒙的《隐形冠军》这本书，以了解更多。

我还要推荐一本书，是马克·佩恩的《小趋势》。这本书讲到了很多超细分的客户群体，比如退而不休的老人，他们已经退休了，但是还在做一些工作；又如，世界上有大约千分之一的人是左撇子，他们可能有特别的需求，这就是超细分市场。

关注类似的利基市场和超细分市场，企业就会发现更多市场机会。

寻找市场营销创新

关于创新，我刚才讲到了富士，在富士的商业模式中，创新永不停息。企业如果不创新，就会倒闭。当然即便企业创新了，也有可能倒闭。

我曾经跟一个做初创公司投资的风投公司交流，问他们有多少初创公司是成功的。他们说十个里只有一个能成功。尽管成功创新的概率很低，但企业也必须创新，因为他们认为，如果不创新，企业就一定会倒闭。

创新与市场营销之间的关系

企业的研发人员和市场营销人员之间必须有很好的合作。如果一个公司的研发人员能研发出非常完美的产品，但从没有问过市场营销人员市场情况，我觉得大概率还是会失败。

例如，我们之前和飞利浦合作，飞利浦总在发明更好的电子产品，但也有很多失败的发明。比如说智能化程度太高了，因为产品是由工程师发明的，而工程师是非常聪明却认为事物非黑即白的一群人。

飞利浦后来意识到问题的核心就是他们有创新和发明，但缺乏市场营销。于是，飞利浦邀请了一个著名的顾问帮助完善市场营销的职能。

这个著名顾问是怎么获取回报的呢？他告诉飞利浦，他不想要任何现金回报，但他想要飞利浦公司的股票。因为他知道飞利浦插上市场营销这对翅膀后，会获得更好的盈利，股票价格也会高涨。

记住，当你的企业要请咨询顾问的时候，一定不要请那些只想拿现金回报的人，而要请那些希望获得股票回报的人。

总之，企业如果只擅长创新而不擅长市场营销，或者只擅长市场营销而不擅长创新，都不太好。著名的管理学之父彼得·德鲁克强调过：企业的成功取决于市场营销和创新，这两个都是关键因素。

公司创新流程中的 A-F 模型

企业在创新的过程中需要 6 种角色，可以用 A-F 模型来描述。

第一种，推动者（Activators）。有一些员工总是有新的想法，他们很有想象力，会不停地建议做这做那，但他们自己不会去实现这些想法。这些人就是创新的推动者，企业要听取他们的意见。

第二种，观察者（Browsers）。企业把推动者的建议告诉给观察者，这些人会去了解是否已经有竞争对手做了类似的事情。

第三种，创新者（Creators）。如果说这些想法值得继续，就需要创新者根据这些想法设计一个模型，然后进行测试，再提出改进的意见，并获得反馈。

第四种，开发者（Developers）。企业需要开发者去开发创新者的设计，在工厂里把这个产品生产出来，以便开始销售。

第五种，执行者（Executors）。执行者就是市场营销人员，他们会在市场上执行市场营销计划，从而让企业的新产品获得成功。

第六种，资金管理者（Financers）。在创新过程中，特别是最后的执行过程中，例如投放广告等，还需要资金管理者的支持。

我将这样的模型称为 A-F 模型，可以帮助企业做好创新。

我的建议

关于企业如何处理当下的业务和创新，我有 3 点建议。

第一，管理当下。企业必须做好当前的主营业务，削减无利可图的产品或细分市场，提升运营水平，并适当精简规模。例如，汽车公司当前仍然要生产好的汽油车。

第二，选择性失忆。企业在做好主营业务的同时，还需要开发高可行性的新产品，迎接机遇，探索爆发式增长。例如，汽车公司开发混合动力汽车等各种新产品。

第三，创造未来。某一个大的创新就是未来。例如，汽车公司开发电动汽车。

谁应该主管企业的市场营销工作？

谁应该负责企业的市场营销工作？传统的首席营销官（CMO），还是各种新出现的职位，例如首席增长官（CGO）或首席顾客官（CCO）？

我个人仍然觉得CMO是最合适的职位，因为每一家企业都有首席营销官，现在我们已经有了庞大的CMO群体。

CGO是个新词，暂时还没有形成庞大的群体，而且虽然CGO听起来不错，但是难道我们要把"市场营销"这个词都改为"增长"吗？

前文提到的富士公司有12个CMO，因为富士公司有12个独立的子公司，它们的业务完全不一样，因此，并没有一个总公司的CMO来管理这12个CMO，而是由每个CMO负责自己公司的市场营销工作。

5 种转变

我还要推荐一本很有趣的书——斯科特·戴维斯的《转变》（*The Shift*）。这本书描述了今天的企业所面临的5种转变：

第一种转变是从创造营销战略转变到驱动业务增长。今天，企业的CMO 们不仅要制定战略，还要确保公司业务增长。

第二种转变是从控制信息到激活价值网络。互联网时代，企业对信息的控制能力越来越小。消费者对产品的评论，不管是好评还是差评，企业很难去控制。但是企业可以激活价值网络，让自己的信息传达得更好。

第三种转变是从持续改善到普遍创新。日本有很多公司，例如本田，75% 的员工，包括工厂的工人，每一年都能够提出把汽车做得更好的想法。想象一下这样的文化：每个人都有信念，要让自己的工作做得更好，做得更有意义。中国公司也需要创新和转型，生产更多复杂的产品。

第四种转变是从管理营销投资到激发卓越营销。

第五种转变是从关注运营到以客户为中心。

全新的商业逻辑

从传统来说，企业要最大化股东的利益。最大化股东利益后的利润谁拿到了？当然是股东。

但是现在，企业要最大化所有利益相关方的利益，而不仅仅是股东的利益。什么叫利益相关方？除了股东之外，还包括消费者、供应商、员工等。

企业的利润要和各利益相关方进行分享，让每一个利益相关方都变得更好，企业将来才能更好。如果企业赚了钱之后只关注股东，员工就会觉得公司挣多少钱与自己无关，这样员工还会努力工作吗？

类似地，如果企业因为对短期利润的追求而污染了环境，对企业来说就是自杀式行为。

商业和社会之间的关系是什么？

以前有个词叫企业社会责任（Corporate Social Responsibility, CSR）。意思是比如企业做得好，赚了钱就回报社会，捐献给抗癌基金会，或者儿童基金会等。但现在只做慈善是不够的。如果企业破坏了环境，不是简单通过做慈善就能够改变的。

迈克尔·波特提出了一个新的概念，叫企业共享价值（Corporate Shared Value, CSV），指企业要和利益相关方分享其所产生的价值。我也提出了一个概念，叫品牌行动主义（Brand Activism）。

品牌行动主义

对于品牌行动主义来说，你的品牌可能只是谈到了企业的价值定位，比如说在市场当中质量最高，同等产品当中定价最低，这个没有问题，但是还不够。

品牌还需要显示企业到底看重什么。比如说作为一家企业，你最看重什么，你不仅需要关注利润，还需要关注环境，等等。

因此，品牌行动主义就是，从过去我们所说的企业的价值主张，扩展到企业现在最看重什么，这些都应该在企业品牌中有所体现。

关键的营销理念

这里列出了我为大家介绍的关键营销理念和概念。

品牌故事也是一个重要的营销概念。你的品牌是不是有一个故事？品牌所代表的内容和你说的故事能不能建立联系？

例如，惠普车库创业的品牌故事、海尔张瑞敏砸冰箱的品牌故事都非常吸引人。你们的企业也要做到这样，讲一个好的品牌故事，同时让更多的人知道这个品牌故事，让更多的人接受这个品牌故事。

结语

如果企业能做到上面所说的这些，在市场营销过程中就能战无不胜。相反，如果 5 年内企业还在以同样的方式做生意，那就离关门大吉不远了。因为市场不断变化，但是企业本身没有发生变化。

我相信市场当中只有最好的企业才能存活，不管是中国企业还是美国企业。

低迷经济中，征服八条增长之路

米尔顿·科特勒
（科特勒咨询集团全球创始合伙人及原全球总裁）

我们生活在双轨世界：低 / 慢增长 vs 高 / 快增长

　　现在很多公司都发现自己正在双轨制的世界经济中运行，这与之前的情况完全不同。那时候，各国间相互依存度高，经济也共同进退。显而易见的是，在经济增长方面，当今世界已经以快和慢两种不同速度走向高和低两个完全不同的层面。美国和欧盟已经面临着经济增长放缓、放低的难题，这个难题将会持续。这些国家的税收将难以填补过去积累的巨额债务，更不用说为新产业提供支持了。从 2012 年到 2020 年，美国人口由 3.13 亿增长到 3.42 亿，美国经济将难以提供与人口增长相匹配的新增就业机会。一些欧盟国家的经济已经陷入衰退，还有一些已经到了衰退的边缘。

　　如果经济不能稳定增长，更多的政府预算将会被用于解决高失业问题，除了失业造成的经济增长放缓，还包括社会混乱、失业津贴补助、卫生保健费用等。

　　劳动力市场的结构性配置失衡问题，比如自动化操作，市场要求的特殊技能人才和劳动力市场供给的人才不匹配；经济周期问题，比如经济下行造成的对劳动力需求的减少，财政紧缩政策造成的职位减少和居民可支配收入的降低，导致失业问题还会持续一段时间。更让人觉得困扰的是由于制造业和服务业自动化的快速发展，对人力的要求越来越低。

美国和欧洲会寻找一些资金来应对逐渐恶化的经济难题。他们可能会再印钞票，比如量化宽松政策，但这将是一个存在通货膨胀隐患的解决策略，尤其是在当下及未来几年内低利率的情况下。还有一个办法就是提高赋税，但是这将抑制投资和居民消费。

这种脆弱的经济局面会在发达国家停住脚步吗？还是会蔓延到经济曾经强势增长的发展中国家？

答案是不幸的，美国和欧洲脆弱的经济局面已经将中国的经济增长率从 10% 拖低至 8%，其他金砖国家（巴西、俄罗斯、印度）也从 8% 降低到 5%。中东地区和非洲的高经济增长率也降下来了。但是这些国家的经济增长率还是比美国高 2%，比欧元区高 0.3%。

经济增长的慢牛是希腊、葡萄牙、意大利、爱尔兰和西班牙，它们几乎毫无希望。另外还有德国、英国、法国和美国，挣扎着希望能够实现 1%~3% 的经济增长。虽然由于金砖国家对以上这些国家的出口大量减少，也经受着经济增长放缓，但是国内的大量消费人口，使得这个问题看起来没有那么可怕。出口减少，可以将注意力放到扩大内需上，因为国内市场还没有享受到高经济增长带来的红利。比如说巴西，可以发展东北部地区，而中国可以开发西部地区。这些国家可以靠认真规划开发国内市场保持经济增长。

低增长经济的商业应对策略

当政府部门决定将要达成的目标时，无论是出台紧缩政策或是刺激政策或者是两者皆有，都无法预测经济复苏的速度。消费者和企业都觉得未来充满不确定性，所以捂紧钱包，这种情况只会让经济状况变得更糟。甚至还有人担忧会出现二次经济衰退。

企业必须采取行动，不能等待政府制定或颁布相关政策。企业有两个大的选择方向：削减成本和调整策略。我们将分别对这两种方向进行分析。

1. 削减成本。面对需求减少的难题，企业会采取很多办法来削减成本，比如说裁员、与供应商讨价还价，这些都是为了保持单位利润率。诚然，这样做会让其供应商也采取裁员、与上一级供应商讨价还价等措施来削减成本。这引起了连锁反应，供应链末端的节省成本策略触发了整个供应链的节省成本计划，情况会变得更糟。最终的结果是，虽然价格和成本一起降低，但消费者还是犹豫到底要不要买——因为他们总是在期待价格变得更低。

2. 调整策略。对于每个公司来说，调整策略比单纯降低成本要理性得多。一些公司相信危机是乔装起来的机会，浪费它会十分可惜。事实上，一个产业甚至一个国家的危机，是提供市场份额的最好机会。在平常，竞争对手资金充足、防御完备，很难从他们那里赢得市场份额。在不景气的经济环境下，很多公司很难从银行获得充足的资金，而从其他渠道借钱的成本也增加了，再加上面临关键岗位员工离职、库存堆积如山等难题，这是拥有充足资金的公司扩张的好时机——人才成本低、购买其他公司库存的成本也较低，甚至有机会收购竞争对手。比如说，在萧条的环境中，很多航空公司削减成本，而捷蓝航空准备购置 70 架新飞机，及用数十亿美元的预算来保证扩张。

调整策略有很多种方式，但是必须先明确以下 6 个问题：

（1）我们的系统是否机构臃肿？如果答案是肯定的话，那么行动吧。

但是一定要小心，不要伤到组织肌肉。

（2）这个市场是否无利可图了？如果是这样，那么将资金投入利润更丰厚的市场吧。

（3）这个区域是否没有发展空间了？如果是这样，那么将资金转移到别的地区吧。

（4）是否有些产品和服务在亏损？如果是这样，那么将资金转移到更有前景的产品和服务上去吧。

（5）我们服务的一些客户是否让我们亏钱？如果是这样，那么果断放弃，让他们去榨取别的公司吧。

（6）我们是否利用好了国内和国际市场上的劳动力成本优势以提高我们的价格竞争优势？

认真思考以上问题能够帮助我们调整策略并好好利用危机，而不是成为危机的受害者。

企业该怎样在低增长的经济环境中制订增长计划呢？在这里我们讨论的增长并不是不论代价的野蛮增长。当我们讨论企业的增长目标时，指的是"有利润的增长"——即使短期看不到利润，也有长期利润的增长。我们应该加入一个很重要的形容词，那就是"可持续的"。这就意味着，我们应该与合作伙伴共同成长，并致力于让我们的星球有更洁净的空气、水和其他自然资源。

实现稳定增长最重要的一个方面就是要有清晰的目标，而且要保证所有的股东对实现这个目标充满热情。可能这个目标在战争年代会更加清晰，我们要保证在和平年代也有清晰的目标。这个目标可以是成为某行业进步的重要经济引擎。比如，立志成为世界第一的医院一定会坚持了解医学领域的新发现和学习其他医院的优秀做法。

很显然，很多公司可以在危机中找到聪明的捷径？而其他公司不得不靠削减成本来生存。不幸的是，削减成本包括裁员，这会将更多的人推向失业的队伍；降低价格意味着降低利润，会让公司在面对强大对手的时候竞争力更弱；竞争力减弱意味着很可能被竞争对手低价并购或者在清算过程中消失。

在低迷的经济环境中，企业应该怎么做？

9 个大趋势会对经济增长产生重大影响

1. 全球经济力量和财富的重新分配

自 15 世纪以来，包括英国、荷兰、西班牙、葡萄牙在内的西方国家通过殖民扩张成为经济的主导力量 。美国从 19 世纪开始领跑世界经济，更多是通过本土力量的发展，而今美国债务问题严重，衰退迹象开始显现。经济力量最初曾转向日本，然后因为石油转向中东，之后转向亚洲四小龙，现在主要转向了中国大陆和印度。

财富聚集的趋势也值得注意。很多新的百万、亿万富翁来自新兴国家。这是一个好消息，意味着在这些国家有充足的资金等待着被利用，但是值得注意的是，这里的居民购买力还很低，这就意味着，他们的消费水平也依然很低。

这个趋势对例如路易·威登、爱马仕、古驰、劳力士等所属的奢侈品公司很重要。这些公司在中国、巴西、印度、俄罗斯、墨西哥等国家开了很多专卖店，成长迅速。财富的增长也吸引了如美国四季酒店等豪华酒店、私人飞机公司、游艇公司等在这些地方寻找商机。

2. 战略关注点从全球转向区域，从区域转向当地

当面临巨大机遇的时候，公司倾向于先在重要城市落户。像麦当

劳、星巴克等连锁品牌，先在欧洲主要城市开店，然后渗透到二级城市。一个叫 HSM 的巴西的经理人培训公司，一开始在圣保罗和里约热内卢开展培训项目，现在将业务扩展到不太知名的城市，比如说福塔莱萨（Fortaleza）、累西腓（Recife）。

3. 城市化和基础设施建设的需求

城市化建设依然在持续。曾经低于 1000 万人的城市比如上海、北京、孟买、圣保罗、墨西哥城等人口数已经接近或超过了 2000 万。新城市陆续出现。中国计划新建数座新城市以吸收新增人口和限制现有巨型城市的扩大。城市建设需要道路、电力、建筑、水利、卫生设施等，这些工程会提供就业机会。跨国公司例如卡特彼勒、通用、墨西哥水泥及一些国内的公司将会因为为这些新城市提供服务和产品而获利。

4. 新科技带来的新机遇

机会从来都不会稀缺。世界被包括贫困、缺水、空气污染、水污染、气候变暖等旧问题困扰，急需解决方案。公司和消费者有许多功能上或精神上的需求急需被满足。生命科技、个人医疗、功能食品、新能源、纳米技术等领域的新科技应运而生，这些领域都等待着被开发、升级。新科技公司如谷歌、Facebook、苹果、亚马逊等，通过为全世界提供服务而发展壮大。

5. 绿色经济的加速发展

资源紧缺和生态污染提供了很多新的机遇。通用电气 CEO 杰弗里·伊梅尔特启动了一个叫作"生态想象"的项目，这个项目通过解决全球面临的问题来营利。通用在新能源利用方面投资了太阳能电池、风力涡轮机等。沃尔玛也在这方面做了工作，他们用能效高的新型运输工具替换掉了之前费油的卡车，节省了 50% 的汽油。汽车公司也在加速研制混合动力或电力车。

6. 快速变化的社会价值取向

我们再也不会生存在一个单一的社会。现在的社会有更多的"部落"。马克·佩恩和金尼·扎莱纳在他们的书《小趋势》[①] 中描述了具有特别需求的 75 个微群体，从而提醒企业家新的商业机遇。想一下以下的群体：独身女、家庭主妇、新婚夫妇、退休人士、自由工作者、小说家、开车上班族。每个群体都有特殊的需求。比如说越来越多的可以在家工作的自由职业者，他们需要在家里有工作的空间、文具、通信设备，针对这个群体的精确的市场调研能了解到他们的需求。每个微群体都是一个可能的商业机遇。

这个现象也让格雷格·维丁诺研究出一套专门服务微群体的方法。2010 年，他写了一本书，名为《微市场：从小思考小行动中获得大收益》。维丁诺探索了小企业家怎样用病毒传播的市场策略将产品销售给微群体。他的主意是雇用社交媒体上的人，通过他们达到病毒传播新产品和新服务的目的。Yelp[②] 很成功地为餐厅、商场等打分，使当地消费者团购当地餐厅产品或服务。

7. 私营经济和公有经济合作的加强

私营经济和代表政府投资行为的国有企业一直在浪费时间吵吵闹闹。

---

① 马克·佩恩，金尼·扎莱纳 . 小趋势 [M]. 贺和风，等，译 . 北京：中央编译出版社，2008.
② Yelp 是美国最大的点评网站。

一群人坚持政府应该只花钱在国防、公共安全及基础设施建设等方面；另外一群人觉得政府应该做更广泛的投资，包括基础设施建设、教育、社会卫生福利、文化建设等。不管观点如何，毫无疑问公有经济与私营经济需要有更多层面的合作、更少的斗争。

8. 客户权利和信息革命

数字革命改变了销售者、中间商和消费者之间的权利关系。

今天，几乎每个人在买车之前都会搜索一下 Facebook 或者汽车网站，看看他们的朋友或者其他网友怎么评价车的性能，看看最实在的价格等。消费者的权利更大了，真正到了消费者为王的时代。消费者和卖家之间的信息是对称的，这最终将会导致一个结果，那就是质量低下的公司会迅速倒闭。真正了解目标需求，并做出杰出工作来满足消费者需求的公司将会是长寿的公司。

9. 白热化竞争和颠覆性创新

所以几乎所有的公司都需要重新考虑用数字化的方式呈现自己。正如柯达在数码相机为王的时代走向破产，实体商场不得不向电子商务出让市场份额。每个公司都必须适应这个创新的时代。也许你可以忽视现有的竞争对手，但是一定要警惕可能从某个车库中冒出的新竞争对手——他们可能创造出更低成本更高品质的东西。

8 种策略赢得持续增长

即使被低迷经济困住的公司，也能够从以下这 8 种策略中找到突破口。我们将这 8 种策略命名为"增长经济学"。但是，首先我们必须弄清一个概念：增长，本质上并不是一个终极目标。有很多方式能够使一个公司发展。可以通过简单降低成本或忍受亏损，可以突然爆发也可以是持续系统地增长。我们要区分有计划的增长和偶然的增长。

我们志在达到两个目标：1. 盈利；2. 可持续。盈利不仅仅是短期盈利，重要的是长期盈利。有时公司需要为了获得更长远的和更高的收益做深度投资，来忍受暂时的低利润。可持续意味着，公司需要同时满足股东的利益、社区及社会的长期利益。一个快速扩张，但是遗留下空气、水、土地污染问题的公司，对自然资源造成破坏，最终会损害所有公司的长期利益。

以下是应用这8种策略的评估方法：

在理想情况下，你的公司应用了这8种策略，哪一种得到了最好的收益？

或者，你们公司已经应用了这8种策略中的几种，而另外几种并没有实施。将注意力放在没有应用的几种上，并为之制订可行方案。

或者，你了解到与竞争对手相比，你的公司在这8个方面做得很一般。就需要判断应该从哪个方面着手，能够获得最好的前期收效，从而能够将一个表现一般的公司打造成一个卓越的公司。

1. 提高市场份额。怎样才能超越竞争对手，提高市场占有率？

2. 发展忠实的顾客和股东。你的公司怎样才能培养忠实的客户并发展可靠的合作伙伴？

3. 建立强大的品牌。你的公司怎样去设计和建立一个强大的品牌，从而为战略和行动提供平台支持？

4. 创新产品、服务和客户体验。你的公司如何去培养创新文化，创造新的产品和体验？

5. 国际化扩张。怎样才能成功判断并进入高速增长的国际微观和宏观市场?

6. 并购并结盟。你的公司怎样判断好的合作伙伴，并通过并购、建立合资企业、结盟等方式达到增长?

7. 建立卓越的企业社会责任声誉。你的公司怎样通过承担社会责任来赢取股东和消费者的支持?

8. 与政府及非政府组织合作。怎样在与政府、非政府组织合作中找到机遇并更好地满足大众、社会及个体消费者的需求?

战略营销理论在这 8 种策略中起了主导作用。营销是以消费者为中心的，消费者是消费和提供就业机会的关键。成功应用以上 8 种策略，企业能够在低迷经济中成功找到出路。

商业战略和营销战略

曹虎

（科特勒咨询集团全球合伙人、大中华及新加坡 CEO）

全球性的经济结构调整已经深刻影响了中国企业的增长模式。"灰犀牛"事件 ① 频繁发生。汽车行业总体规模以两位数的百分比下降，快消、医药、金融等行业广告投入近乎腰斩，有的百亿收入的企业迅速崩盘，有的深陷债务泥潭寻求重组，而更多的企业现金流枯竭，在苦苦寻找转型和新增长机会。

经济如潮水，有快增长周期，有慢增长周期。曹虎认为：**中国企业家没有真正经历过经济周期，习惯依赖快增长周期的成功经验来应对新常态！其实这种做法是南辕北辙、雪上加霜。**

——科特勒增长实验室

---

① 指明显的、高概率的却又屡屡被人忽视、最终有可能酿成大危机的事件。

通常，在经济上行周期，市场需求旺盛，企业的发展重点是**规模增长**，其核心指标是市场份额和资产规模，其主要手段是低价格、债务扩张和跨行业并购。

在经济下行周期，市场需求不振，企业发展的重点是**有机增长**，我称之为结构性增长，其核心指标是利润份额、现金流和顾客资产，其主要手段是产业收缩和营销聚焦。

企业家如何有效使用商业战略和营销战略，成了跨越经济周期实现增长的关键能力。

在过去的 38 年中，科特勒咨询集团服务了 376 家《财富》世界 500 强企业和 200 多家全球新兴企业，不少企业成功穿越了两个经济周期。

科特勒咨询集团在总结那些成功穿越经济周期、实现持续增长的企业的经验时，发现它们有一个共同特点：**都有明确专注的营销战略（Marketing Strategy），而较少采用以行业整合和多元化为特点的商业战略（Business Strategy）。**

两种战略的差别

商业战略通常倾向于改变一个企业的经营组合，以达到可观的获利水平。它的本质是使公司业务偏离目前的核心事业，而转向其他短期高盈利领域，从而使企业在新领域中获利更多，或者让在新领域中具有核心资质和资产的企业获得新的资质。商业战略探讨的是公司进行战略单元扩张、业务重组，提出新的投资组合，其背后的动力是寻求市场份额、价格降低和低成本债务，CEO 从这种增长中完成业绩。

营销战略则有很大的不同。**它通常倾向于改变一个公司的市场营销组合而不是核心业务。**它本质上是驱使公司通过更好地运用市场营销战略战术，提升企业的核心获利能力和拓展周边业务。营销战略探讨的是公司营销战略，构建顾客中心型组织框架，通过创新和增值来渗透目标市场，增强公司营销和销售各个部分之间的联系。**其背后的动力是利润总额、顾客钱包份额、顾客忠诚度、垂直市场渗透率和现金流。**

我认为，从营销角度看，中国市场竞争在过去 10 年的总体趋势是：**各个行业的行业集中度提高，行业平均利润在下降，消费者忠诚度进一步降低**。当利润空间被挤压，企业就会感到紧张，并转入新的业务领域或追逐新经济新模式，如互联网、房地产、新能源、电动车、文化产业以求获得收益和政府资金。但是很快，企业就会感到困惑：它们在核心市场上失去信心，大量的现金流被转入其他行业，企业不知道自己究竟应该置身于何种行业。

因此，企业求助于战略咨询机构，这也解释了为什么全球主要的商业战略咨询机构在中国如此活跃。这种过程已经延续了 20 多年，结局大都不尽如人意，看看多少企业因此倒下，道理再明白不过：**大多数企业陷入困境的根本原因，并不是因为企业所在的行业出现问题或企业业务焦点和业务结构有错误，而是因为缺乏有效的市场营销和销售、没有最大限度发挥自己核心业务的潜力。**

市场营销战略和商业战略都有其正确的运用时间，企业应该对症下药。商业战略和营销战略二者对企业的生命周期都十分重要。但是当企业长期被有机增长问题困扰时，营销战略通常成为第一道防线。

如果新的营销战略不起作用，就到了制定新的商业战略的时刻。问题在于：很多企业管理者习惯于用马推车而不是拉车。他们先做最坏的打算，然后制定商业战略。

他们应该首先看自己的市场营销是否一切正常，要对自己的营销战略和营销执行进行定期的营销审核（Marketing Audit）。但在大多数情况下都不是这样，因为中国企业鲜有真正意义上的现代市场营销部门在运用着市场营销的功能。

商业战略和营销战略

让我来进一步详细讨论，商业战略通常包含四部分：**1. 战略审核；2. 对企业核心业务组合和能力的战略性选择；3. 核心商业战略；4. 组织改变。**

营销战略通常也有四部分：**1. 营销审核和市场趋势；2. 对市场细分，目标市场、定位、价值诉求和品牌的战略性选择；3. 产品线、分销和销售、促销和定价的战术计划；4. 执行和评估。**

商业战略审核通常从利润和资源的财务分析开始，随后转移到行业和竞争位置分析。换句话讲，先分析金钱问题，然后链接到在行业中的普遍衰退。

与之不同的是，**营销审核开始于根据细分市场进行的市场份额分析，**随后延伸到不断改变的顾客需求、偏好趋势以及企业应对这些变化而进行的定位调整。换言之，营销战略始于顾客的困境和愿望，然后链接到市场份额的下跌和顾客趋势的改变。

请注意这些差别。**当商业审核完成后，企业越过目前的核心事业而进入新的核心机会，这是商业模式上的改变。**

相对地，当市场的营销审核完成后，公司发现它在原有目标市场失去了一定的市场占有率和有利的定位，并在它的核心事业中发现新的目标细分市场。这样就不必改变企业的核心业务，只需要改变营销模式。

商业战略在拯救当前核心业务的同时，进行未来核心业务组合的选择。营销战略则是选择具有吸引力的顾客群体，研究他们的需求和意愿，来决定新产品的特征和设计、顾客期望获得的新途径、对产品的感受、能接受的价格等。公司不一定要离开原有的行业和业务，只需要更注重顾客的需求。

商业战略随后为新的核心业务组合提出长期（3~5 年）战略和战术计划。

营销战略通过对消费者需求和愿望的研究指导研发创新，开发新产品、相关服务、新的分销政策、改善网点和销售管理、新品牌发布和推广及新的价格政策。这些是短期和近期（1~2 年）的战术行动，可以快速改善企业获利能力。

商业战略随后为新的长期业务组合进行重新构架。这是一个高成本和不可逆转的过程。它需要新的长期的组织构架和运作流程。

营销执行则要求在当期营销预算中体现组织的改善和资源的投入。企业监控它们的营销 ROI[①] 并保持一定的弹性，随时调整策略。营销的执行不需要进行大规模的组织性、流程性和财务资源的重新构建和分配。

为了让理论变得简单易懂，我在这里简化了商业战略和营销战略的差别。很多企业家都没有真正理解这两者的差别。他们过度沉迷于商业战略、整合、兼并、互联网思维、平台战略等时髦的新概念，而**忽视了真正重要也易于操作的营销战略：通过营销计划和高效执行来解决他们的问题。**

耐克和星巴克从开始至今，从未改变过它们的商业战略。

耐克从未生产过一只鞋，而是一直投身于持续性的市场调研，以支持新品设计、推广活动、分销和定价。

星巴克开始于咖啡生意，它现在仍然在全球从事这项业务。通过持

---

① ROI：Return on Investment 的缩写，意为投资回报率。

续的营销战略和战术运动——开发新型咖啡、选址经验、塑造品牌、输出价值观、高价策略、数字营销，而取得了惊人的利润。

如果说以上的例子太经典了，让人觉得很遥远，那么举个我亲身经历的案例。

这是一个德国企业的故事。这个德国企业是我们的客户，这个公司的核心业务是化妆品代工制造。这在我们很多中国企业家眼中绝对不上档次，是典型的"红海"。

可是，当我告诉你这家企业已经运营了 110 多年，而且 2010 年该企业的销售收入超过 12 亿欧元，你会怎么想？

这家企业的成功因素有很多，但是**最根本的原因是专注于可持续营销，不断提升客户价值**。

在 110 多年的历史中，它积累了庞大的客户资产和客户知识，在很多企业转型的时候，它却坚持本业并做得风生水起。

科特勒咨询集团帮助这家公司改进了营销组织、客户管理系统，特别是建立"化妆品消费者趋势竞争智能系统"，使这家公司甚至能够先于其客户感知消费者在化妆品使用行为和需求上的变化，进而及时与客户协调产品变革。

实施这些精细化的营销战略和战术，使得该公司能够在全球范围内建立供应链管理系统，使该公司的生产成本大幅度下降，从而为其客户创造了价值。

特别要声明的是：我并不认为企业维持原有业务不做改变就一定是明智的。别忘了，施乐和宝丽来停留在复印机和相机领域而遭受失败，通用汽车维持生产标准尺寸乘用车和卡车也近乎失败。

但是这些公司没有像华为、海尔、宝洁、丰田和本田那样，**它们不注重研究顾客，营销战略被公关和广告战术取代**。通用汽车和通用电气在几十年中，都没有能成为营销巨人，更好的营销战略也许会拯救它们。

我从不认为营销战略总是好过商业战略，只是大多数中国公司甚至不尝试使用营销战略。

营销战略可以治愈企业的疾病，而不需要进行极端的、后果不明的大型业务重组。我希望在未来，中国企业家能真正关注营销战略，深度思考顾客价值创新，反思企业的业务本质，打造新的增长引擎。是企业给我们消费者创造真正价值的时候了。

最后，我借用科特勒咨询集团全球总裁米尔顿·科特勒的 3 点提醒来结束本文：

1. 在没有尝试用营销战略解决困境之前，不要一下子跳到商业战略中。

2. 新的商业战略看上去充满希望，但没有好的营销战略，它同样会失败。

3. 如果没有好的营销去最大限度地支持你的核心事业，那么也没有什么能够不断拯救你的核心事业。

增长五线：
企业从撤退线到天际线的设计 [①]

王赛

（科特勒咨询集团大中华及新加坡管理合伙人，增长战略总经理）

"增长"一词已经成为中国乃至全球企业家的关注核心和焦虑点，成为 CEO 议事日程上的第一主题。为什么"增长"的概念在今天的企业界会尤为凸显？

首先是外部经济的降速，使得企业增长成为关注焦点，新常态让每个企业都开始关注其内生增长的能力；而另一个重要的因素在于，原有回应"增长"的商业思想，比如"战略"和"营销"，在这个充满不确定性的时代，都碰到了前所未有的挑战。在"黑天鹅 [②] 满天飞"的时代，战略规划几乎沦为"战略鬼话"，"拆不开、落不下、难以应付变局"；营销在实践中亦变成流量拓客与媒体传播，"上不去、拉不开"，越来越被看作是"职能部门、费用中心"，而不是"投资中心、引擎中心"。在这种语境下，"增长"便变成识别"好战略""坏战略"，"好营销""坏营销"的一根金线，而对企业增长架构的设计便成为战略和营销问题的靶心。

[①] 此文曾发表在《中欧商业评论》2019 年 5 月刊，有删改。

[②] 指当前社会和经济发展中稀有且不可预测的事件，这些事件通常具有深远的影响。

但是尴尬之处在于，在今天这个满大街谈"增长"的时代，什么是真正的增长？什么是好的增长？什么是企业家们需要的增长？这些问题的答案变得弥足珍贵。问题是药方最好的催化剂。从理论到实践，我想概括性地为大家提供一套企业的增长思考方式和路径工具，去解决究竟什么是增长，什么是好增长，什么是坏增长的问题。正如兵法讲"先胜后战"，谋全局方可谋一域，我想回答关于顶层的增长设计这一局棋应该怎么布，怎么布得"可进可退"，并"直达天局"。

首先回答什么是增长，我给出一个增长构成的公式。我认为，一个企业的增长区来自以下四点的综合：宏观经济增长红利、产业增长红利、模式增长红利以及运营增长红利。所以，可以把这个增长公式列为：

企业增长区 = 宏观经济增长红利 + 产业增长红利 + 模式增长红利 + 运营增长红利

这个公式可以帮助企业设计自身的增长环节布局。比如房地产公司，关注最多的是这个公式中的前两项，宏观经济和产业环境，因为宏观和中观环境就基本决定了利润区的增长速度。而不以资源为导向的互联网公司，关注更多的是公式的后面两个要素：模式与运营，即如何在统一的环境、相似的资源下进行模式重构，或通过精准运营去实现增长。

不同的企业，驱动增长的核心要素并不相同。依据此公式，大家可以想一想，目前自己的企业在哪个增长区内？还是说在多个增长区内都有布局？

除了回答"什么是真正的增长"，更重要的是回答"什么是好的增长"。好的增长可以告诉公司的决策层，如何布局与进退。我把企业增长的态势构建出五根线，并称之为**"增长五线"**，分别是：**撤退线、成长底线、增长线、爆发线和天际线。**

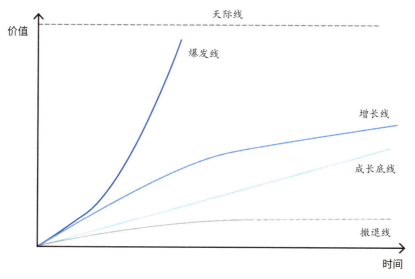

图 1-1 增长五线图

"增长五线" 第一线：撤退线

"撤退线"，即收缩线，讲的是企业如何做到有价值地撤退。 识别出哪些产品或是服务可以被取代整合、被放下或是被舍弃，是企业经营的年度大事。在中国很少人提"撤退"这个概念，好像干企业就一定要干到 101 年，干到基业长青，这是不对的。瑞士军事理论家菲米尼说，"一个良好的撤退也应和伟大的胜利同样受到赞赏"。

如果我们去硅谷，就会看到那里有一群信奉"海盗精神"的创业者。他们创办公司，把用户、利润区、价值做到一定规模后，就卖给大公司。比如，《从 0 到 1：开启商业与未来的秘密》的作者之一彼得·蒂尔，曾在 1998 年参与创办了贝宝（PayPal），并在 2002 年以 15 亿美元卖出；陈士骏把 YouTube 作价 16 亿美元出售给谷歌；简·库姆把 WhatsApp 以 190 亿美元的天价卖给了 Facebook，他们都算是成功地撤退了。

　　企业或其业务要在增长路径上找到最好的出售点，其关键是在企业生命周期最有价值的转折点撤退。这个转折点很重要，**最佳转折点在公司外部价值认知和内部最优判断有正向价差的时间区间**。换句话讲，内部对公司的价值判断假如是 10 个亿，而外部给到了 15 个亿，内部高管也很明确企业未来增长乏力，爆发期将走完，这个时候价值判断的不一致，则可能是最佳出售点。在中国，2018 年饿了么卖给阿里，摩拜单车卖给美团，在我看来都是很好的撤退。一方面创始人得到变现，另一方面原有业务加入新的生态，原有的资源得到了二次激活。对比摩拜和ofo，由于撤退线设计的不同，创始人的结局完全不一样。

　　当然，撤退线远不止是如何把公司卖出一个好价格。**我对撤退线的定义是"企业或业务在增长路径上找到最好的出售、去除、转进的价值点，进行撤退"**。以卡夫（Kraft）为例，2006 年，卡夫面临着增长黑洞的威胁，其在中国市场的年营业收入不到 2 亿美元，过去简单的业务扩张反而形成利润黑洞。这时，有一张思维底牌，叫作精简式增长。卡夫国际部总裁桑杰把这个在发展中国家市场的新增长方案，叫作"5—10—10"增长策略。他对业务线进行"瘦身"，将资源集中在 5 种最畅销的产品、10 个发展势能最猛的品牌以及 10 个主要国家的市场之上。这种精简式增长，使得资源高度集中，把业务王牌放大到具有压倒性的优势。到2013 年，卡夫食品在全球发展中国家市场的营业收入从 2007 年的 50 亿美元升到 160 亿美元，平均增长率达两位数，利润率也提升了 50%。正所谓"反者道之动"，反向思考增长，学会设计"撤退线"是"增长五线"的第一条法则，学会撤退，是讨论如何增长的第一前提。

　　撤退线也考虑公司在最坏的情况下怎么布局。2019 年 4 月 17 日，在华为 ICT 产业投资组合管理工作汇报时，任正非讲话的标题就是《不懂战略退却的人，就不会战略进攻》。2019 年 5 月 15 日，美国商务部宣布将华为及其 70 家附属公司列入出口管制"实体名单",17 日,华为海思总裁何庭波在致员工的一封信中称:"多年前公司做出了极限生存的假设,预计有一天,所有美国的先进芯片和技术将不可获得,而华为仍将持续为客户服务。为了这个以为永远不会发生的假设,数千海思儿女走上了科技史上最为悲壮的'长征',为公司的生存打造'备胎'。"如今,这些昔日打造的"备胎",一夜之间全部转"正"。"备胎"计划,既是华为多年来研发创新的结晶,也是应付突发危机的秘密武器,更是华为在撤退线上的布局。

"增长五线"第二线:成长底线

"成长底线",也称"增长基线",可以说是公司或者业务发展的生命线。这条线上的业务创造不一定能给企业带来高额的利润,或者巨大的销售收入,但是这条线有一个极其重要的作用,那就是**保护公司基础业务的生存,为企业向其他地方扩张提供基础的养分。**

我们看看一家有成长底线的公司长啥样。亚马逊(Amazon)已经成为全球市值最高的公司之一,这是结果,但我们更应该关注其业务结构的逻辑,其中一点就是亚马逊的成长底线的构建——Prime 会员机制。亚马逊用 Prime 会员机制把超级用户挖出来,形成自己强有力的根据地与利润池,Prime 会员属于高度忠诚客户,亚马逊为其提供各种增值性的权益。2018 年,美国亚马逊的 Prime 会员达到 1 亿,相当于每 10 个美国人里就有 3 个购买了 Prime 服务,每个 Prime 会员每年向亚马逊支付 99 美元的会员费。

什么是亚马逊的成长底线?这 1 亿个高频交易的"锁定"客户和 99 亿美元的 Prime 会员费就是亚马逊的成长底线!换句话说,拥有这条底线，亚马逊每年眼睛一睁一闭，99 亿美元会员收入便已达成，还不算这些 Prime 会员的购物销售贡献。从实际效果看，亚马逊 Prime 会员年消费额人均为 1300 美元，非 Prime 会员年消费额人均为 700 美元，差额达到 600 美元，也就是说会员体系帮助亚马逊多获得了近 600 亿美元的收入。更重要的是，在这片土壤中，亚马逊可以试验各种扩张方式，当然有成功有失败，但是只要底线在，即使亚马逊对未来的各种增长测试失败，也不会伤筋动骨。这也是业务有效扩张和多元化经营的根本区别。

贝索斯曾经提到，亚马逊有三大核心支柱：亚马逊电商交易平台（Amazon Marketplace）、亚马逊云服务（Amazon Web Services, AWS）、亚马逊 Prime 会员（Amazon Prime）。从需求端看，Prime 会员本身就是前两大支柱的支柱，没有 Prime 会员池，流量再大，流量池最多算个漏水池。2018 年，亚马逊股价累计上涨了 30%，标准普尔 500 指数同期下跌了 6.7%。另一个数据更可怕，亚马逊美国 Prime 会员续费率高达 90%。

这才是亚马逊全球最重要的成长底线！之前很多人谈到亚马逊电商退出中国的原因，但围绕"成长底线"的设计，才可看到亚马逊真正的困局。在中国市场，Prime 会员自 2016 年被引入。可是这一仗打下来，与美国市场有天壤之别，我查了所有信息，没看到亚马逊中国披露过 Prime 会员数量，恐怕是少之又少，不好意思开口。于是，没有"成长底线"的亚马逊中国，没有庞大 Prime 会员做基础，更缺失封锁用户平台转移的壁垒，就必将陷入与京东、天猫的持久战，看不到长周期盈利的可能性。在一场打不完的战争中，亚马逊中国的电商业务成了一个资源黑洞。整盘棋局中找不到增长的破局点，这对于一个极度理性的公司来说是致命的，**这才是亚马逊电商退出中国的根本原因，因为从增长结构上，最重要的棋已经输掉！**

用这种成长底线思路设计增长的又何止亚马逊？仅 2015 年全年，星巴克就销售了 50 亿美元的礼品卡，占到了星巴克全年销售额的近 25%。换句话讲，这项业务可以为星巴克一年 1/4 的销量托底。2017 年 1 月份，星巴克宣布其推出的存储礼品卡和移动应用中所留存的现金已经超过了 12 亿美元。这些留存的现金超过了绝大多数银行，占到了贝宝留存现金的 1/9。一方面，这种预付费业务建立了客户转换成本；另一方面，大额的现金流可以帮助企业奠定健康稳定的业务基石，还可以用这些沉淀资金来进行其他维度的扩张。这两项策略设计就是星巴克构建的成长底线。

增长设计中"成长底线"的形成和巩固尤其关键，你可以看看有多少公司缺乏这根底线，所以一扩展就死掉。我将亚马逊和星巴克构建成长底线的方式称为"建立客户资产"，除了这一招，"成长底线"的构建还包括"控制战略咽喉""构建业务护城河"，它们是"增长五线"之成长底线构建的三条核心策略。

"增长五线"第三线：增长线

"增长五线"第三线叫作"增长线"。**如果说成长底线的核心在"守"，那么增长线的要诀就在于如何"攻"，两者结合，就是"攻守道"。**增长线的设计只有一个目标，那就是要帮助公司找到可以面向未来的增长点。所有公司高层会议的核心之一就是找"增长点"，但是他们未必会形成一张"增长地图"，这是设计增长路径上最致命的一点。

什么是"增长地图"？我把它定义为"从企业现有资源和能力出发，所能找到业务增长点的一切总和，穷尽所有增长可能，并且设计出这些路径之间的相互逻辑关系"。当企业高层按照"增长地图"去分解实施方案时，可以清晰知道在哪个要点上进行投入；当一条路径上的增长效果已经出现递减趋势时，或者有竞争对手开始模仿你时，企业也可以随时自由选择，切换到另一条路径。

2017 年 11 月，我受一位中国顶级企业家的邀请，作为智囊参与了他们公司 2018 年度经营计划的制订会议。会议前，我问这位企业家："您的企业作为中国最大的 B2B^① 公司之一，如何制订增长目标？""您本年度的增长目标是不是上个年度的销售额或者利润额，乘以一个增长系数，这样计算出来的呢？比如 2017 年销售额是 500 亿元，2018 年设置增长 30%，于是销售额就定出了 650 亿元。"

这大概是中国绝大多数企业运营的现状。但是，这样制订增长目标的方式是有问题的，它没有基于一套系统的增长逻辑，也没有一套量化的设计公式，它的制订方法，与我们设置 GDP 增速的方式没有两样。其实我们可以把企业的增长路径分为两种：结构化的增长和创新性的增长。结构化是可以分解、计算以支撑增长目标的，创新性的增长更多是一种"化学变化"，一旦成功，效应极大，但短期难以用数据计算。这家公司的结构化的增长可以分解为"经营与锁定客户"乘以"获取更多市场机会"乘以"提高拿单的成功率"。"经营与锁定客户"可以再次分解为"忠诚客户数"和"客户贡献"以及"客户推荐率管理"等增长路径，而"获取更多市场机会"这个增长点又可以再分解为"区域扩张"以及"深度扩张"。这些增长点可以不断细分，而这些增长点基于逻辑关系所形成的综合图，即"增长地图"。

"增长地图"能够帮助企业管理层以全景化的视角发现市场增长的路径，根据外部变量的变化，选择能够达成增长愿景的多条路径。一旦**原有的增长点由于大环境和竞争对手的变化而失效，公司可以迅速切换**

---

① B2B：Business to Business 的缩写，意为企业与企业之间。

到新的增长路径，这个增长线布局是动态的、全景式的。开始设计这幅"增长地图"的企业，首先要能守住底线，否则扩张后，就有竞争对手杀入你的核心利润区，你抽身也来不及。京东从以 3C 电子产品为核心的网络商城，切换到全品类覆盖，就是一个很成功的增长线跨越选择。反观当当网，由于当年对业务边界的扩张过于保守，近 10 年增长乏力。我所看到的现实是——绝大部分公司都只有对单个增长点的设想和布局，极少拥有一张"增长地图"，**但"增长地图"一旦形成，你手上不再是只握有一张牌，而是拥有一副牌可以打，你的竞争对手将无法赶上你的布局节奏！**

"增长五线"第四线：爆发线

"增长五线"第四线即"爆发线"。没有哪个 CEO 不想自己的业务爆发，**爆发线要的就是，在众多增长路径中可以让你的业务短期内呈现指数级增长。**

爆发线的首要前提在数字化。如果没有按下数字化的按钮，在今天很难想象这家公司可以爆发。我曾经让助手列出近 100 年市值过千亿美元的创业公司，惊讶地发现，1987 年之后创立的公司，如果没有数字化作为基因，已经彻底与千亿市值绝缘。1994 年创立的亚马逊，1998 年创立的谷歌，1999 年创立的阿里巴巴，2004 年创立的 Facebook，这些千亿乃至万亿市值的企业，无一例外拥有数字化基因。

但是数字化只能作为"爆发线"设计的充分条件。"爆发线"能否有效跑出，更关键的是企业是否掌握了设计业务爆发线的能力。我把爆发线的设计逻辑表达为"风口 + 创新 + 快 + 社交疯传"。

以小红书为例，其崛起首先是赶上了"新中产"的风口，新中产阶级开始追求境外旅游和境外优质商品，但信息的缺乏使许多人在国外购物时遇到诸多困难。小红书 2013 年成立，从这一问题切入，打造"海淘顾问"形象，通过"算法 + 社交"创新杀入市场，为用户提供境外购物攻略，解决了"去哪儿买、什么值得买"的购物痛点，给用户带来了方便；拼多多的风口势能在于把"社交"与"电商"融合。从阿里巴巴和腾讯这两家互联网超级巨头的竞争力看，一方占领了"电商"，一方雄踞在"社交"，拼多多则找到了把这两个元素融合在一起的模式。

增长性爆发中资本的加持尤为重要，这在滴滴和快的之战中，以及滴滴的爆发性崛起上表现得尤为明显。所谓爆发，就是力量不要均衡分布，短周期集中打击要点，要一次性地烧到沸腾，按兵法来说这叫作"一战而胜"。滴滴和快的之战就是一个"罗拉快跑"的过程，双方用资本的助推把这个新兴市场快速点沸，整个补贴大战双方耗资超过 20 亿人民币。反观当时另一支劲旅易到用车，由于在补贴大战中的迟疑，使得其在第一阵营中出局，后来易到创始人周航在私下场合反复反思此战败局的要因。

所有企业爆发线的设计背后都有一个影子，那就是"社交疯传"，即如何把你的产品或者信息如病毒一样传播开来，无论是滴滴、小红书还是抖音、拼多多，背后都有产品、信息疯传、裂变的手法。传播爆发线的崛起往往具备"传染性"的特质，"传染性"可以定义为"是否可以像病毒一样传播"，像病毒一样，具有高连接、高连带、高生长的特质，而社交链条，就像是病毒传播的渠道。抖音有着很强的社交性，抖音用户在发布视频时，可以通过加标签、参加相应的挑战来发现同好。抖音的关注、点赞、留言等功能也方便了用户选择自己喜欢的群体。在加完关注后，还能在"关注"栏中看到他们的专属更新，主页也会有他们的推送。除此之外，系统还会通过关注的人来推荐可能认识的人，从而让兴趣类似的人能够建立自己的社区。这种高连接让社交关系的裂变增长效应释放出来，并通过大数据进行定向扩散，这些设计都是抖音能够迅速爆发的核心因素。**虽然不是所有的企业都具备设计爆发线的基础，但是爆发线中若干武器的借用，也足够助力你加速业务的发展！**

"增长五线"第五线：天际线

"增长五线"第五线即"天际线"。所谓天际线，即企业增长的天花板和极致。**一个能不断突破自身和行业天际线的企业，也就能够不断突破企业价值的地心引力。**天际线决定了企业价值的天花板在哪儿，实际上也决定了企业能跑多远。

天际线究竟应该如何设计？首先要学会"重新想象"。

所谓"重新想象"，就是先要能从认知上去击破企业的天花板。优步（Uber）早年融资时，最开始整个估值只有 59 亿美元，这个估值是基于全球企业服务市场所给出的估值，而风险投资家比尔·柯尔利给出的价格是 250 亿美元，这背后是基于"共享经济"理念，定义优步为可以不断延伸和衍生的出行服务商，以这样的方式来预期，那么整个市场规模就在 4500 万美元至 1.3 万亿美元。"共享经济"的提出，就是对优步估值进行测量的"认知革命"。

对公司业务本质不同的定义，造成了公司不同的价值，好的增长逻辑所勾勒出来的业务定义可以让企业的价值击破天际线。就像美团四处出击，看不到边界的时候，王兴重新定义了美团业务新的本质——美团的未来是 Amazon for Service，王兴把美团的增长锚放到了亚马逊和淘宝上，他说："亚马逊和淘宝的未来是实物电商平台（E-commerce Platforms for Physical Goods），而美团的未来是服务电商平台（E-commerce Platforms for Services）。"

我在《增长五线：数字化时代的企业增长地图》中提到"天际线"的设计，除了"重新想象"、以"认知革命"改变你对行业的定义；触及天际线的方式还包括击破成长天花板与企业的边界，演化成生态，以及不断释放增长期权。

但是，不是所有的公司都有设计"天际线"的机会，因为能有这个想法的企业本身就是很优秀甚至是卓越的企业，是通过市场竞争检验，甚至在某个市场领域做到垄断规模的企业，只是它们需要不断突破，不断地去追求卓越。

与成长底线、增长线以及爆发线的设计不一样，想要去跨越天际线的公司和企业家必须有情怀和梦想，如果说战略是"做正确的事"（Do right things），管理是"正确地做事"（Do things right），那么企业家精神就是"做不可能的事"（Do impossible things）。想要跨越天际线，必须要回归到企业家精神，敢于"做不可能的事"，这才是跨越天际线背后的正确姿势。

我帮很多公司做增长推演，先谈的就是这五根线。第一根线是撤退线，研究的是战略态势下是否应该撤退，可以怎么撤退；第二根线是成长底线，即企业的哪些业务可以与客户建立持续交易的基础，有"增长基石"，持续不断给企业带来业务源；第三根线是增长线，是企业应该如何布局增长的全景；第四根线是爆发线，即企业的业务如何迅速爆发；第五根线是天际线。这五根线，我把它们定义为"增长五线"，从五根线中我们可以看到企业的增长基因，清晰设计这五根线后，可以看出企业增长区间的阈值。

"增长五线"并不一定是递进关系，它们之间是可以切换的、动态调整的。这五根线之间可能是交叉，但是也有一定的演进关系，所以同时思考多根线的布局尤为重要，只有在这种假设下，制定出来的市场战略才能是动态变化的。

用历史与逻辑的眼光来看增长，才是"好增长"的顶层设计；用系统和动态的战略构建增长，才是"可进可退"的增长设计。以前的战略管理理论，很大篇章都在强调愿景、使命的重要性，用这些激动人心并被赋予崇高责任的梦想去激励企业增长。但是正如吴晓波早年在《被夸大的使命》中所言："任何价值都不应该被低估，任何使命也不应该被夸大。"**中国的大部分企业家都会去畅想远景，但更重要的是给这些"远景""愿景"设定一个锚，把企业增长的节奏变成一个可以逻辑化设计的、可以进行推演的剧本，让企业的终极价值追求可视化。**日本一桥大学国际企业战略研究院教授楠木建有一本战略经典书《战略就是讲故事》，楠木建在书中说，"故事"不是"行动表"，不是"法则"，不是"最佳实践"，不是"模拟"，也不是"游戏"。从企业撤退线一直到天际线的逻辑以及增长路径的设计，可以让企业家把愿景变成增长故事，并且还可以是一个动态的、指向终极价值追求的"电影剧本"！

增长五线对于投资人判断企业的价值也有参考意义。巴菲特依据"经济护城河"的投资法则，有效投资了可口可乐、西南航空公司、美国运通、卡夫亨氏、富国银行等。从 1965 年到 2017 年，巴菲特旗下伯克希尔·哈撒韦公司的复合年增长率达到 20.9%，超过标准普尔 500 指数的 9.9%。但是按照增长五线中的设置，"经济护城河"的核心其实在于建壁垒，对增长线、爆发线尤其是天际线没有给出过多的重视。也因此，巴菲特完美错过了谷歌、亚马逊，高科技互联网公司列车就从巴菲特的眼前开过，而他没有上车。所以，如果在投资以客户资产和数据连接的科技公司时，一方面考虑它们的"护城河底线"，另一方面关注它们的增长期权，判断它们的"天际线"所在，价值评估的区间可能完全不一样。企业家和创业者如果能够在给资本路演时，把愿景和布局以增长五线演示，也更能让资本信服，让资本把"子弹"递给企业去燃烧激情与梦想。

《孙子兵法·军争篇》提到"风林火山"——"其疾如风，其徐如林，侵掠如火，不动如山"，这条兵法的布局精髓其实正是"增长五线"所追求的境界——让攻守有道、能稳如泰山，可见龙在田，亦能飞龙在天！

菲利普·科特勒跟我讲，每一代人都需要新的革命。我将经典的竞争战略话语与传统的市场营销体系融合，提出"增长五线"，与其说它是给高管们思考问题的一个工具，不如说是一种分解增长落地的思维。这是一位咨询顾问的使命与野心，我想尽我之力回答出"什么是真正的增长""什么是好的增长"，让你在增长战役落棋之前，布下一局系统、动态、可视化的"大棋局"！

实战案例深度解析
增长的底层逻辑

曹虎

（科特勒咨询集团全球合伙人、大中华及新加坡 CEO）

在阅读本文前，请你问自己 3 个问题：

1. 你的公司业务本质是什么？

只有明确了这个问题，你才能知道目标顾客是谁，竞争空间在哪儿，要为顾客创造什么样的独特价值。

2. 驱动你的公司业绩增长的根本性力量是什么？

驱动业绩增长的力量有很多：技术升级、消费者偏好的变迁、价格带上移、市场渗透率提升、品牌溢价、渠道红利等。

3. 如何从机会性增长转变到战略性发展？

从到处抓机会获得偶然性的发展到战略性发展，真正的良性增长是一种可被系统预测和管理、规避风险、有效、具有长期战略性的发展计划。

人类的思考是问题驱动的。亲爱的读者，请带着这 3 个问题阅读本文，希望你在阅读结束之后，能得出自己的答案或者获得新的启发。

一个真实案例：PPE 公司的挑战

这是一个真实的案例，姑且把这家公司叫作 PPE 公司，它是一家医药保健品企业。PPE 公司正面临一个巨大的挑战：如何实现一个激进的收入增长目标——5 年实现 50 亿元销售收入。要理解这个目标的难度，首先要看 PPE 公司所在行业的平均增长率。根据调研得知，行业平均增长率为 18.3%，这意味着 PPE 公司即使不做任何的额外努力和创新，也可以将年度平均增长率做到 18.3%，就像坐电梯一样，什么都不用干，就能达到这个数据。如果连这个目标都做不到，高管就要换人了。

但是问题是什么？5 年实现 50 亿元的销售收入，意味着每年要实现 68.3% 的增长。从现有的市场平均增长率 18.3%，到增长 68.3%，从 6 亿元的销售收入增长到 50 亿元，中间有巨大的差距，这个巨大的差距该怎么跨越？这正是"营销驱动的增长"要完成的工作。情况是复杂的，挑战是巨大的，但是如果回归到营销的本质，我们很快就会发现实现目标所需的"增长地图"：根据科特勒咨询集团的结构化"增长地图"，我们要把目标分解到支撑结构性增长的 3 大支柱当中。

支柱一：顾客

中间这 44 亿元的差额，需要多少顾客才能够完成？需要多少老顾客新增多少订单，或者需要多少新增顾客？按照既定的每个顾客平均年度购买金额不变，该怎样拉新、留存、激活、消费升级？在每一个方向上，我们都要做极值假设，通过控制变量去做测试，去得出以下问题的答案：做到极致，我需要投入多少钱？需要新增多少顾客？需要让顾客平均购买客单价达到多少？……比如，每个顾客现在每年平均购买 92 元的产品，假设顾客规模不变，要完成这 44 亿元的销售收入，意味着要让每个顾客从每年消费 92 元变成 167 元。新增的 75 元从哪里来？可能的来源之一是对现有产品升级。但是 PPE 公司是一家有医药背景的企业，我们不可能让顾客没事就吃药，所以增量必须来自哪里？必须来自和药物适应证相关的健康产品当中。那么问题来了：

1. 现在的健康产品有多少 SKU①？

2. 顾客的平均年度消费额是多少？

3. 每一种产品被顾客购买的可能性的加权平均有多少？

4. 现在产品的 SKU 够不够？

5. 现在的定价合不合理？

6. 哪些产品要主销，哪些是辅销，哪些要打包联合销售？

7. 要实现 44 亿元的销售收入，如果什么都不干，现有的渠道能不能完成？

8. 如果能完成，每家渠道需要新增多少销售收入？

9. 需要先投多少钱？

10. 渠道和订单密度要提升多少？

11. 如果做不到，需要新增多少渠道？

12. 现有的渠道极值可以做到多少？

13. 假设目前有 47 万家零售终端，按照平均的客户购买频率、购买度，做到 100 万家，是不是就可以完成 44 亿元的销售收入，还是需要提升单一渠道的运营效率？

14. 产品是否要成为药店首选推荐的保健品？是否要提升客单价？

我们用科特勒咨询集团中国区合伙人王赛先生提出来的"增长五线"

① SKU：Stock Keeping Unit 的缩写，意为最小存货单位。

作为分析框架进行演示。当用解数学题的思路，在既定目标的情况下，按照控制变量极致思维解数学二元一次方程式的方式，完全结构化拆分下去之后，目标实现路径就会变得非常清晰。

我们把这个过程叫作"未战先胜，量化增长"。就是说我们已经清楚地知道要打这场仗，目标是胜利，以此倒推从今天开始要完成几个动作？每一个动作有没有做到？而不是从今天开始做一个规划，做到哪儿算哪儿，最后发现完成不了。这是个非常重要的战略思路变迁：**以结果为导向，倒推每一个必要条件和假设，细化到每一个步骤，而且每一个步骤都要放到结构性增长 3 大支柱的 12 个具体方法当中**。科特勒咨询集团给 PPE 公司画了一张增长结构地图。

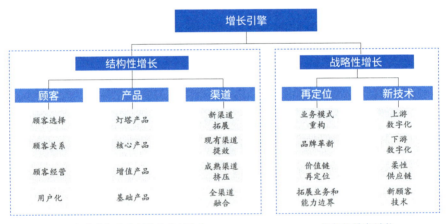

图 1-2 PPE 公司增长结构地图

先看顾客部分，在设计这部分的增长结构地图时，我们会问 6 个核心问题：

1. 顾客为什么购买我们的产品？是购买适应让问题解决型的刚需产品，还是为了提升免疫力，在愈后进行保健？

2. 有多少种不同类型的顾客？重要度分别是怎样的？当把重要度和顾客类型分解之后，能够通过加权预测顾客的年度购买总额。

3. 顾客的年度购买金额和产品构成是什么？

4. 为了实现增长目标，至少需要多少名顾客？假设该产品的平均购买客单价是147元，要达到44亿元的目标，意味着需要约920万名顾客。这920万名顾客从哪里来？

5. 如何获得这些顾客？这920万名顾客来自哪里，直销渠道、电商，还是特殊渠道团购？

6. 这些顾客通过什么渠道购买？

当企业从顾客的视角把这6个问题彻底打穿想透、算出来之后，44亿元的目标从各个端该怎么实现这个问题就会非常清晰。

支柱二：渠道

假设顾客客单价为147元，要通过多少种渠道，每个渠道要分配多少种产品，多少数量，才能帮助顾客完成这个购买任务？所以我们在渠道端需要再做一遍算术 —— 做极值。做极值包含线上渠道、线下渠道、经销商渠道、特殊渠道、直销渠道几大类。每个大类又需要拆分成很多种细分渠道来算。在这个部分，核心也是6个问题：

1. 可以销售的所有渠道类型有哪些？要穷举，已经有的和还没有做的渠道都要列出来。

2. 每个渠道和产品的匹配度如何？有些产品只能在医药连锁店卖，有些产品可以在商超卖，有些产品可以在 CS 连锁便利店卖。

3. 每个渠道的关键成功因素是什么？要考虑到有些渠道销售成绩好是因为位置好。

4. 有些渠道要考虑"特定"，这叫作订单密度，订单密度太低，这个渠道不会卖你的产品；有些渠道需要大范围地促销；有些渠道则需要非常精准地推荐；等等。

5. 每个渠道的销售效率、订单密度要求功能、动销速度和渠道规模如何？这是我们要掌握的硬性数据。

6. 我们非常理想的渠道成员应该是什么样子？它的画像是什么？我们对渠道的管理政策，关键的动销管理政策是怎么样的？

只有把这 6 个问题搞清楚，才能算出这个数。

支柱三：产品

对产品，我们也要问 6 个问题，去看这些产品和哪些渠道、顾客匹配，该怎么去匹配。

1. 我们的产品在顾客生活中的决策市场是什么？

2. 消费者是如何认识和归类我们的产品的？

3. 我们的产品组合有哪些？

4. 我们的产品的宽度、深度和广度以及产品组合的三维模型是怎么样的？

5. 我们的产品有多少个子品牌？多少个品类？每个品牌有多少种型号？一共加起来有多少个 SKU？

6. 我们的产品的价格是如何分布的？价格带是怎样的？最便宜的到最高端的中间整个价格带是怎么分布的？在哪些价格带有我们的产品？我们的产品增长主要是靠拉新还是靠复购？这个产品是以喜新厌旧型的拉新为主要的增长因素，还是靠高度复杂购买，即消费者买了一次就很信任我们，会重新购买？这决定了我们的产品的动销速度。

当把以上三大支柱的 18 个问题回答完毕，加上极值思维解算术题的分析之后，就能得出这家公司的"增长地图"。无论什么行业，最终都要通过刚才提到的 18 个问题，通过解数学题，来做到未战先胜。这张"增长地图"还有一个作用：公司内部每一级别的经理、员工都要知道——我们今天做了什么，是否有助于完成 44 亿元的增长目标？我们每天、每个星期、每个月、每个季度，都必须知道我们是不是走在正确的道路上？资源是不是投在了正确的地方？技能是不是匹配？流程有没有成为阻碍？

顾客价值铁三角

营销的本质是创造顾客价值。那什么是顾客价值？顾客眼中的价值有三种，我们把它叫作价值铁三角。任何一个产品或一种服务都由这三种价值构成，差异在于不同产品或服务，三种价值的构成比例是不同的。

1. 功能价值

一瓶两块钱的水具有解渴的功能价值；一台挖掘机能帮助我们施工；一辆汽车，作为交通工具，能帮助我们实现出行的功能价值。**功能价值是产品带给消费者的首要价值和基础价值。**

2. 心理价值

一瓶水不仅能够解渴，喝了之后还能让人觉得很健康，因为这瓶水含有大量微量元素，可能来自阿尔卑斯雪山之上千年的雪水，可能来自北极冰川的水。**这是一种心理价值，通过自我认知、身份的映射，从而产生小而确定的幸福。**

3. 经济价值

一台挖掘机，每挖一斗土，都给我带来 5 毛钱的收益，它的油耗很低，二手处理时价值残值仍旧很高，我的 60 万元的投资很快就能回本，这叫经济价值。

真正的问题是：我们的产品要为顾客创造卓越价值，就要在这三种价值当中进行创造，进行有效的配比，形成我们独特的价值配方 —— 凡是只有功能价值而不创造心理价值和经济价值的产品，往往都要面临惨烈的同质化竞争，只能拼价格。

对于消费品来说，新的价值怎么创造？创始人的梦想、品牌的缘起、品牌的故事、美好的体验、有趣有价值的内容、激发新的使用场景、启发消费者生活新意思、培养消费者新的爱好，带给消费者与众不同的看待生活的方式、让消费者成为受喜爱的社区的成员……这些都是心理价值。看一看那些成功的经典品牌，看一看今天快速起量的超新星品牌，它们都是创造心理价值的高手，同时它们的心理价值和产品功能价值是互相呼应、互相验证的，是用功能价值完成了心理价值的梦想和承诺。

如果做的是 B2B 产品，除了功能价值之外，主要是经济价值。买你的产品，可以获得更高的投资回报率，可以降低风险，降低总使用成本，使我的产品在顾客端更有竞争力，实现更高的绩效，等等。**经济价值是 B2B 产品的核心，功能价值是基础**。

现代营销的三个核心基石

围绕着顾客价值铁三角，可以得到现代营销的三个核心基石，分别为顾客需求管理、建立差异化价值、与顾客建立持续价值关系。

基石一：顾客需求管理

营销是企业负责交付顾客需求的核心职能。彼得·德鲁克曾经说过一句话："企业存在的唯一目的就是创造顾客。"我们需要深度理解我们的顾客是谁，有什么样的需求，我们的产品和服务该如何满足顾客的需求。需求管理不仅是调研，而且是对消费者使用产品和服务的场景、动机、效用评价的全方位的感知。

在当今企业中，我们要有效理解需求，建立市场营销的研究部门，持续收集和归纳消费者的多维度数据，形成顾客洞察并进行解读，让这些洞察辅助管理决策，从而帮助我们优化产品创新和场景设计，优化产品定价，甚至优化我们该如何、用什么样的内容、什么样的形象来和消费者沟通我们的产品。

基石二：建立差异化价值

制胜的营销策略一定是能创造产品和服务差异化的，从而帮助顾客更精准更容易地进行选择。

我们处在一个产品高度同质化的时代，导致产品本身的任何简单的功能性差异，都很难保持领先优势。在一个产品同质化、产能过剩、消费者注意力稀缺的时代，如何塑造差异化？差异化可以来自产品配方、产品功能、产品包装、产品使用场景，还可以是用户的差异化，传播的差异化，甚至是品牌 IP、品牌调性的差异化，更有意思的还可以是付费方式的差异化、商品交换模式的差异化。试想一下：别的企业都是按照卖一个产品收多少钱，我们能不能改变这种交易方式？比如按照顾客使用这个产品获得了多少收益进行分成？差异化来自对顾客的深度理解，与需求管理高度相关。很难想象一个对用户和消费者根本不了解的企业能够创造出来差异化的价值。

基石三：与顾客建立持续价值关系

顾客的终身价值取决于，在顾客整体生命周期当中，每次购买的客单价乘以购买次数，把这个数据用现在的利率折现之后所形成的净现值。比如，一瓶可乐 5 块钱，我连续喝 20 年可乐，那么我这个顾客值多少钱？值 7 万块钱，这叫顾客终身价值。如果你明白了顾客原来值这么多钱，那么企业最优秀或最有利的经营方式是什么？一定是想办法让顾客成为我的老客户，买我的产品更多、买我的产品时间更长，而且还经常介绍朋友来买。

过去说要经营顾客，要让 1 个老顾客抵上 10 个新顾客，回头客很重要。但我们做不到，因为顾客过去买完东西之后就失联了，消失得无影无踪，过去我们没有和顾客进行连接的基础。但现在，顾客可以通过移动互联网和社交平台，和我们的企业实现实时连接，帮助我们实现"私域营销""会员营销"等，本质上都是在建立持续交易基础之上做的工作。

存量时代，增长的 4 个核心驱动力

驱动力一：超级产品

当下，消费者对未来的不确定性有了深刻的体验，他们应对不确定性的唯一方式就是提升自己的应对能力。消费者需要能够帮助他们提升

个人竞争力的产品。比如：消费者开始关注健康，需要具有健康功能的产品；消费者希望自己有竞争力，需要能够提升颜值和能力的产品；消费者开始关注内心的丰富、安静和愉悦，需要能够激发心灵感应，激发内心幸福，充满了启发的文创产品……

今天的消费者还需要什么？除了更快、更高、更强的产品，一代一代升级的产品之外，消费者还希望有产品能够帮助他慢下来。我们今天处在一个高度竞争型社会当中，每个人都在比较，每个人都害怕被落下，每个人都有发财焦虑症，都害怕错失机会。所以在竞争性环境当中，每个人在生活当中都会面临挫折和失败，因为无论怎么努力，总是有人业绩比你好，总是有人成绩比你好，总是有人跑得比你快，总是有人比你有钱，总是有人家庭环境比你好，总是有人比你长得帅……

在这样的环境当中，其实消费者厌烦比较、厌烦竞争，需要慢下来，回归生活本身。这时，慢生活、慢产品、极简生活、简约循环经济开始受到欢迎，需要企业用全新的超级产品来满足消费者这些新的需求。

那些把功能性、生活方式的满足、文化价值有机整合在一起的产品，叫作超级产品。这种产品是非常强大的，因为其他企业可以模仿产品的功能、外观，甚至可以讲述产品的故事，但无法创造产品给顾客带来的这种坚贞的、强大的、被感动的、融入生活方式的、构建本人完整认知的产品体验。

所以超级产品是企业应对竞争，满足消费者全新需求的重磅武器，是存量时代一个重要的驱动力——学会开发超级产品、战略大单品。比如食品饮料品牌"元气森林"，服装品牌"NEIWAI"，轻奢品牌"端木良锦"，汽车品牌"蔚来汽车"，厨房电器品牌"美善品"等，都是具有超级产品的品牌。

驱动力二：品牌维新

企业需要改变打造品牌的方式。从过去高高在上，通过大面积广告轰炸的洗脑式的品牌塑造方式，变成和顾客像朋友一般交流，给他鼓励，让他成为更好的自己。品牌维新的深层含义是品牌要成为消费者生活当中的朋友，帮助消费者培养、激发新的兴趣爱好和生活新意思。

今天的品牌还需要帮助消费者构建人际关系。比如：我和你都是蔚来汽车的车主，我们有共同的价值观、生活方式，处于同一社会阶层。好的品牌会把一群人连接在一起。

好的品牌还应该成为品类思想领导者，帮助消费者更好地认知社会和生活，带来全新的启发和启蒙。

好的品牌应该给消费者带来信任感。当面对产品和服务不知道怎么选择的时候，消费者只需要信任这个品牌：这个品牌价值观非常正，这个品牌非常专业，买它就不会错，以此降低消费者选择的风险和难度。

品牌维新，"维"的是内容之新，是和消费者的关系之新，是消费者生活空间之新，是生活方式和价值观之新。

品牌维新怎么实现？科特勒咨询集团在研究报告《2021 超新星品牌白皮书》中，总结了品牌维新的 5 大模式。这 5 大模式都是紧紧围绕着如何让品牌成为我们生活当中更美好的新力量。

驱动力三：经营顾客

当今市场竞争非常激烈，竞争最终落实在顾客之争上。

各行各业的顾客忠诚度都在下降，而获客成本却在急剧提升，现在线上英语教育课程的获客成本（要获得一个新的学员签约）前期平均要花 5000~6000 块钱，而季度流失率高达 40%。

那么针对流失率较高的顾客，怎么办？这就要求企业必须提升经营顾客的能力，要为顾客创造长期价值，要连接、锁定顾客，使其变成企业的忠实顾客，并且推荐更多的新顾客。经营顾客特别考验企业的运营能力，直接会反映在企业的收入报表和利润报表中。

经营顾客一定要改变一锤子买卖的旧有模式，非常重要的一点是企业的组织、流程、内部人员的激励体制也要随之改变，重构组织为顾客中心型组织，从过去的部门导向的单向流程，变成从产品到顾客经营的端到端的增长性流程。

企业要搭建智能营销体系，搭建中台，实现线上线下一体化体验，实现线下店面的数字化、货架的数字化、产品的数字化和顾客的数字化。唯有如此，我们才能够真正实现企业产品、顾客和顾客的使用场景——经营效果无缝连接。

驱动力四：渠道融合

渠道是所有企业在增长当中最大的一个杠杆，因为渠道可以放大企业的资源。企业生产产品，不用自己建分销渠道，就能通过社会分销渠道，比如经销商、代理商、合伙人触达消费者。用得好，它可以实现四两拨千斤的效果；用得不好，它会让我们的产品寸步难行，产生大量的功能问题。

目前，渠道正在发生融合和解构。一方面，新兴渠道不断出现，比如线上平台电商、社交电商、兴趣电商、视频电商等，线下有超级物种、盒马鲜生这样的新零售O2O^①，还有社区团购、DTC^②等。

对于老渠道，需要去挤压，让老渠道提升效率，让产品在老渠道当中成为首选产品、首卖产品，提升产品在老渠道、成熟渠道当中的占比。

对于新渠道，要积极尝试，找到与核心渠道合作的模式，最终要形成新渠道的尝试使用。最终形成新老渠道线上线下、公域私域和商域的完美融合，而不是互相打架。今天的渠道融合面对的很多问题是打架、窜货、定价不一致，冲击了既得利益者和新来者的关系，需要系统整合。

每个企业都在寻求增长，无论是利润还是收入，但它不会自然发生。以上4个增长的主要驱动力不是一个线性结构。增长是一个正向激励的增强型回路，也就是我们所讲的"飞轮"。

如何评价一个公司的价值？回到 PPE 公司的故事

如何评价一个企业的价值？比如PPE公司，该如何看待它的价值？

估值有很多种方法，比如贴现现金流量法（DCF法）、市盈率法（PE法）、股价计算法（PS法）等，一般采用收益（销售收入）的倍数，按照企业重置成本法等现金流折现法。

但是从营销的角度，我们认为，企业的真实价值是：企业目前所有顾客终身价值的净现值。

我们做个高度简化的计算：假设PPE公司有1万名顾客，按照测算，在未来20年会跟我做10次生意，每次生意收入100元，那么所有的钱折现之后，就是今天PPE的公司价值。

---

① O2O: Online to Offline，意为将线下的商务机会与互联网相结合，让互联网成为线下交易的平台。

② DTC: Direct to Consumer，意为直接触达消费者的品牌商业模式。

如果认可这种算法，你会发现企业经营的根本，就是经营顾客，顾客才是企业真正的资产。所以，企业要经营优质顾客和顾客的优质组合，要提升顾客的终身价值。唯有如此，企业价值才能提升。企业存在的唯一目的就是顾客，顾客是企业归根结底唯一的真正资产。

所谓资产，是在未来不断产生现金收入的东西。顾客是资产，土地不一定是资产，现金更不一定是资产。土地会折旧、现金会通货膨胀、厂房会折旧、专利会到期……这些都是手段，这些手段的目的，归根结底都是要让顾客的资产产生更多、更好、更丰厚的现金流。顾客因为使用购买的产品获得了收益，而愿意长期跟进一家企业，常年和那家企业做生意，还会推荐其他顾客，购买更多产品，这是顾客对企业最简单也是最深刻的认知。

所以企业要问自己：我最重要的顾客到底是谁？我的顾客和我的关系怎么样？我的顾客终身价值是多少？我可以留住我的顾客吗？我可以让顾客更多推荐我，让顾客爱我吗？抑或是：我的顾客和我关系淡如水，他们有更好的选择时，或者别的企业给张优惠券，他们会不会就跑了？这是一个需要持续思考和不断实践纠错的问题。

按照顾客的平均需求制定营销策略，将会失败

营销思维正在从每笔交易最大化当期收益转向每种关系的最大化长期收益，所以企业要做终身价值，要经营顾客、连接顾客，锁定顾客。

我们经常做市场调研，做新产品开发计划，做市场细分，会说这个产品要卖给都市白领，那个产品要卖给小镇青年……千万要注意：当企业的营销策略、产品策略是按照这个维度来制定的话，就掉到坑里了，注定失败。为什么？

从来不存在一个平均抽象的小镇青年，更不存在一个所谓的都市白领，这是传播概念，是用来拍广告片的概念。**真正的营销决策要决定渠道、定价、产品、包装、内容等关键营销要素，企业必须按照具体的顾客来制订，而不是按照顾客的平均需求来制定。**

要大大深化对顾客的认知，不要被以传播为导向的顾客细分和标签忽悠。要打造出真正想开发的"心中对象"，并针对这一群顾客的深度了解来开发它，即不要开发平均的、四平八稳的产品，要做针对特定顾客的极致产品。

在这种产品开发当中，特别是对互联网产品、服务产品来说，企业要关注长板思维，要找出来最长的一个板，要实现交付差异化曲线。

仅仅满足顾客需求已经远远不够了，因为很多产品都可以满足顾客需求。企业除了要满足顾客的功能性需求之外，还要满足他们的情感需求、心理需求，让顾客高兴、美好、幸福、兴奋、小确幸、有意义、有目标感、有掌控感等，这些才是真正让消费者不愿意离你而去的东西。消费者买的从来不是产品的功能，从来不仅是用产品解决问题，而且是那些美好的感受和永远离不开你的那种感觉。

一定要注意，顾客是不一样的，企业要按照顾客的规模大小、购买产品的多少来进行分级。

顾客分级通常是怎样进行的？大客户由大客户团队负责，小客户通过互联网进行销售。这种分级策略在经济形势好的时候可以，但在经济形势差的时候，或者说市场从增量市场变成存量市场的时候，则需要按照顾客的利润贡献度、终身价值，顾客对企业竞争力的成长贡献度等多个角度，重新对顾客分类。**科特勒咨询集团将顾客划分为：左侧顾客和右侧顾客。**

在资产负债表中，左侧是负债，右侧是所有者权益。我们用"左侧"

来指代负债，"右侧"来指代权益。那么左侧顾客就是指看似买了很多产品，但是经常拖欠货款，而且利润很低，经常需要额外服务的这类顾客。他们不一定是好的顾客，但是在经济形势好的时候，企业需要这些顾客，因为他们能解决企业的产能问题！还有一些大客户，他们能帮助我们提升在行业的知名度，所以是没问题的。但是在增量市场，这类顾客会影响企业的现金流。

右侧顾客是指为企业贡献了现金收入和利润的顾客。他们帮助企业赚钱和盈利。尽管这些顾客每一单可能并不大，但是这些顾客是盈利顾客。为什么？因为他们小，谈判力（Bargain Power）不足，他们需要企业的专业服务，企业能从他们身上获得利润，帮助企业更好地成长。

左侧顾客、右侧顾客组合的比例会随着市场经济情况的变化而变化。**针对左侧顾客和右侧顾客，所采取的策略、提供的产品和设定盈利的目标都要有所不同。**企业要构建这样的思路，从这个角度分析、理解你的顾客。

总结

营销要能帮助企业驱动增长，实现企业利润的增加，通常要具备 10 个特征：

1. 要从单一产品变成服务，要形成解决方案。

2. 要把与渠道的交易对手关系，变成合伙人关系。因为本质上来说，企业和渠道是共同协作完成卓越顾客价值交付的。企业要以顾客的 5A 模型为核心，对接营销 4P、对接渠道、对接营销链条，要让营销工作和营销链条更好地帮助顾客顺利完成每个阶段的任务。

3. 要以进入顾客的手机为核心，展开移动营销、基于位置的营销、无处不在的沉浸式营销，因为每一部手机都对应一个人，这是基于个人化的营销。

4. 要从过去依靠广告去构建顾客之间的传播和认知关系，变成更多地从品牌社区，通过把相同的人、拥有共同品牌理想的人聚在一起，共享品牌、探索品牌的内涵。

5. 要从过去基本上以制订传播方案为目的的静态市场细分，变成以战略型客户、以最有价值的顾客为核心的战略细分，从而指导开发针对特定用户的差异化的超级战略大单品。

6. 要以内容营销和分发为核心，塑造企业和顾客的知识互动，塑造顾客的黏性，用知识、内容、短视频、图文来塑造顾客对企业的品牌认知，塑造顾客的购买欲望。

7. 要学会在顾客的 5A 模型中运营顾客。

8. 在零售店面、后台和中台分析当中，使用营销技术，从广告技术到营销技术，到传感器，到大数据，实现人机合一，从而最大化地提升营销效率。

9.关注以卓越的顾客体验，以良好的、深刻难忘的服务赢得差异化竞争。要让顾客高兴，让顾客记忆犹新，让顾客获得小确幸。

10.企业不要仅满足于做一个情感品牌，还要打造价值观，弘扬社会上共同关切的事物，要以更合适、创造更多共享价值的方式去做生意。企业要成为一个人人有爱，弘扬社会价值观，对社会有益的企业，而不是一个只会闷头挣钱、打造狭隘情感故事的小小品牌。要做一个友爱的品牌，一个由价值观驱动的企业。

Micro Moment Management 方法：业务增长线如何发现蓝海 ①

王赛
（科特勒咨询集团大中华及新加坡管理合伙人，增长战略总经理）

吴俊杰
（科特勒咨询集团大中华区咨询顾问）

扩张新业务是企业家增长棋局中最常见也最重要的一步。

扩张新业务的需要既在传统公司中出现，也被新兴公司关心，但侧重点不同。 传统公司面临发展公司第二曲线的需要，因而需要探索新业务——自英国管理思想大师查尔斯·汉迪（Charles Handy）提出"第二曲线"后，越来越多的企业开始在现有业务达到巅峰前布局新的非连续性的业务，跨入新行业，例如医药公司纷纷布局大健康产业、地产公司纷纷布局造车等业务；新兴公司则主要面临如何持续突破业务天花板的考验，在资本和数据的双重驱动下越来越没有边界，例如从新闻起家进入短视频、游戏等领域的字节跳动，从团购起家进入外卖、本地生活等领域的美团，扩张的脚步永不停歇。

---

① 本文曾发表在《清华管理评论》，2021 年 11 月刊，有删改。

出于对增长需求的回应，本文作者王赛在《增长五线：数字化时代的企业增长地图》中提出"增长线"的概念，帮助企业家找到穷尽增长可能性的思路，**基于业务扩张的增长，本文中称为"业务增长线"。**

但正如多年来学术界对多元化的争论所暗示的，布局业务增长线越来越显现出不确定性。且不说从创业明星到黯然退市的乐视，哪怕是中国数字化创新标杆腾讯，也在电商、微博、搜索等领域马失前蹄，不得不回归"社交＋数字内容＋金融"两个半核心业务，内部赛马主动叫停的新产品、新业务更是不计其数。

这种不确定性根本上是因为业务增长线极易进入红海。过去几十年，中国经济腾飞叠加新兴产业红利，中国企业实际上面对的是一个需求大于供给的卖方市场，这种"产品稀缺"时代使得新业务机会处处是蓝海，靠胆略和速度制胜，也造就了一批多元化集团；但随着产业发展，我国供应链体系日渐完备，中国企业面对的市场变成了供给丰饶、客户稀缺的买方市场，连移动互联网红利也进入尾声，四面扩张已意味着四面树敌，在狼多肉少的红海中发展新业务，结果可想而知。

一边仍需要不断扩张，一边又是极大的不确定性，这种矛盾的局面如同冰与火之歌，使得许多企业陷入发展的困局，也让我们不禁思考一个问题：业务延伸如何发现蓝海，以提高布局业务增长线的确定性？我们将其分解为三个子问题：

1. 以前的业务增长线是怎样的？

2. 发现蓝海增长线的方法是什么？

3. 业务增长线如何取胜？

为了解答这些问题，我们提出 3M（Micro Moment Management）方法，具体在下文展开（见图 1-3）。

图 1-3 3M 方法分解

过去的业务增长线

从企业增长的底层逻辑来说，业务扩张机会来自外部市场机会与内部资源及能力的协同，涵盖品牌、客户、渠道、技术、人力、供应链、知识产权等等。概览中国企业既往业务扩张实践，过去的业务增长线基于外部市场机会和内部资源能力形成了 4 种主要逻辑：

1. 基于外部市场机会视角：品类机会逻辑。

2. 基于内部资源能力视角：品牌资产逻辑、客户资产逻辑、技术能力逻辑。

品类机会逻辑指的是以产品品类为视角，通过对行业动向和流通数据的扫描，发现高增长、大空间、有利润的新品类。品类机会视角是目前市场机会分析的主流视角，咨询界谈及市场机会必分析市场规模、增速和利润率，企业界也学会利用电商丰富的流通数据挖掘新的产品机会，背后都暗含按品类延伸的假设。

以品类机会为视角的延伸一般采取大单品战略，聚焦少数明星产品，通过新老明星产品的接力实现业务扩张。 典型的成功案例如汤臣倍健，从蛋白粉到氨糖，再到益生菌，几乎每一个新业务都面对不同人群、满足不同需求、使用不同品牌，同时也采用并非相同的供应链，其成功延伸的主因正是对品类机会的深度把握和共享强大的渠道体系。而由于这些产品关联度较低，因此每一个产品都需要投入大量的市场营销费用以教育市场，聚焦大单品就成为必需的选择，这一点常常被研发能力强的公司忽视。

VDS	满足全家需求	关节护理品牌	眼部健康营养	运动营养	孕婴童营养	收购澳大利亚儿童健康品牌	收购澳大利亚益生菌品牌
	汤臣倍健	健力多	健视佳	健乐多	天然博士	Pentavite	Life Space

图 1-4 汤臣倍健的品类延伸

因此品类机会延伸的关键成功要素，是数据分析与洞察能力、大单品战略和渠道能力， 这些是众多品类机会延伸失利者所忽视的。例如另一个品类延伸的典型案例云南白药，在创可贴和牙膏品类取得了令人惊艳的成功，但在洗发水、益生菌等不借用母品牌的领域，在进入时缺乏机会洞察、资源投入有限、渠道不共享，结果实在乏善可陈，这也说明单纯的品类机会延伸难度的确极大，**随着市场进入供给丰饶、客户稀缺的买方市场，品类机会延伸难度将会越来越大，市场数据也表明，盲目延伸新产品失败率约达 97%。**

品牌资产逻辑是指以品牌核心价值为视角，寻找与品牌核心价值贴

近的产品形态，其本质是对顾客信任链的延伸。例如上文提到云南白药"止血"的品牌价值在创可贴、牙膏形态上的延伸，品牌延伸使得顾客自然地相信云南白药创可贴和云南白药牙膏比其他同类产品更有止血功效。这一逻辑的负面实践是因品牌知名度高而广泛贴牌，品牌延伸范围脱离品牌核心价值，这样的品牌延伸极易失败且会伤害母品牌，例如肝病药品片仔癀推出的食品、心血管药、感冒药等多元化产品中大部分产品处于萎缩、亏损状态。

客户资产逻辑是指围绕与企业连接的客户发现需求、寻找业务扩张机会，传统企业中只有少数重视客户关系的企业与客户连接形成了客户资产，这种方法在互联网行业更为常见。围绕客户资产延伸考验企业对客户或用户的洞察深度，洞察深度不够则可能导致失败。例如罗辑思维公众号延伸到得到 App，是基于对用户的成长需求和价值观的深度洞察，而因知名女艺人投资而声名大噪的轻断食果蔬汁 Hey Juice，则面向用户推出了口服美容胶原蛋白肽 Hey Fresh，却没有得到用户认可，究其原因，轻断食的自律型用户从内心并不认可口服美容的方式，这便是对用户洞察深度不足。

技术能力逻辑是指从供给侧出发，基于企业的独创性技术寻找具备潜在优势的产品领域。有一些行业的技术可以迁移到其他行业，这为基于技术能力延伸业务增长线提供了一种可能性。例如菲利普·科特勒先生盛赞的富士，虽然遭遇了胶卷行业的灭顶之灾，却依靠过去多年积累的光学、印刷等技术进入了数码影像、光学元器件、高性能材料、印刷系统、医疗生命科学、化妆品等行业，促使公司业绩强势复苏，演绎了起死回生的神话。但供给侧创新也并非所向披靡，1981 年宝洁研发出一项技术，在不影响口感的同时，可将人体每天所需的钙融入橙汁，基于此技术宝洁推出果汁品牌 Citrus Hill，美汁源、纯果乐如临大敌、强势阻击，最终以 Citrus Hill 亏损两亿美元退出收场。由此可见，供给侧创新也要充分考虑市场中的竞争力量。

通过诸多案例可以发现，这四种业务增长线逻辑各有不同的关键成功因素，企业实践也有成有败，以品牌资产、客户资产、技术能力逻辑延伸面临很大的需求不确定性，以品类机会逻辑延伸则已成为红海，企业界亟须采用一种新的视角，发现业务增长线的蓝海，并将以上延伸逻辑有机整合，才能提高业务延伸的成功概率。

3M 方法：寻找业务增长线蓝海的新方法

蓝海业务增长线来源于市场机会，市场机会则来源于低竞争的增长的消费者需求。如前文所述，以品类视角挖掘需求在丰饶经济时代已经难以为继，必须找到一种更贴近消费者生活的需求管理方法。

2016 年，哈佛大学教授克里斯坦森（Clayton M. Christensen）提出了一种新的需求管理方法，称之为 Jobs to be done（想要完成的任务）。他在《哈佛商业评论》刊文指出"越来越多的顾客数据正把企业引向错误的方向，企业真正应该关注的是顾客在一个给定的环境中想要改善的事、完成的任务，这就是 Jobs to be done 的用处"。这一思想将需求管理从品类（Offering Category）管理提升到了顾客任务管理的高度。

然而，我们在咨询实践中发现，Jobs to be done 虽然提出了一种新的需求发现视角，但却没有回答那个"给定的环境"是什么，更没有告诉企业如何去发现、选择、评估这些"给定的环境"。这种开创性的思想还是没能变成一种可实践的方法。

根据在咨询实践中的总结，我们将这种"给定的环境"定义为**顾客时空切片（Customer Micro Moment），其本质是消费者某时某地身**

处的微观博弈环境，身处于此微观博弈环境的消费者心理上自然地产生某种渴望，产生一系列"想要完成的任务"。这样一来，企业就可以从管理隐性的消费者任务升级为管理显性的顾客时空切片，也就能够对实践切片进行发现、选择和评估，形成一套体系化的方法。

这套方法我们称为 **3M 方法**（**Micro Moment Management，也叫作时空切片管理**）：围绕消费者"一天与一生"中的时空序列，发掘不同的时空切片（Micro Moment），并且对这些时空切片进行选择和评估，针对既定时空切片中的消费者渴望确定业务延伸方式，将需求管理（Demand Management）细化为时空切片管理，企业将从传统行业争夺顾客钱包、互联网行业争夺顾客时间升级为争夺顾客时空。

时空切片管理包含三大逻辑：发现、选择和进入时空切片的逻辑。

发现时空切片的逻辑

在消费者一生中不可计数的瞬间中，如何发现有意义的时空切片？我们提出"1+1方法"，即围绕消费者"一生 + 一天"发现时空切片。

第一个"1"，指的是从消费者生命周期中寻找时空切片，为消费者匹配不同的产品或业务。此时的时空切片是与企业业务相关的、消费者生命中具有普遍性的重大时刻，企业要如同传记作者一般描绘出消费者生命旅程中与我们相关的节点，如对照季羡林先生的《留德十年》，则应该为消费者写一本《与我们的十年》。正如在 2021 年小米发布会上，小米创始人雷军展示了一本由"米粉"6 年消费账单拼成的书，作为"米粉"和小米一起成长的见证。奶粉行业也是典型的按照消费者生命周期延伸产品 / 业务的行业，根据婴幼儿的年龄段将奶粉细分为 1 段、2 段、3 段，一些品牌也将自己与年龄绑定，例如铂臻奶粉打出的"一岁就要换铂臻"的口号。

企业应主动根据消费者生命周期布局产品。例如我们曾为某银行挖掘消费者生命周期的有意义的时空切片与需求（见图 1-5），据此银行可以在消费者不同阶段匹配不同的需求管理手段，形成新的业务增长线。

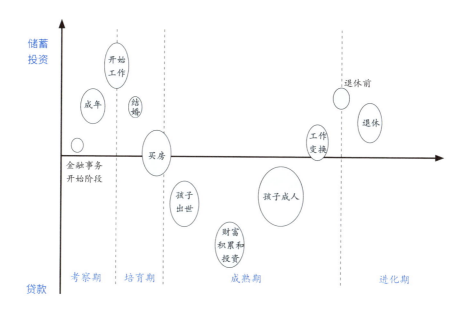

图 1-5 某银行客户的有意义的时空切片与需求

第二个"1"，指的是在消费者典型生活的一天中寻找时空切片，目的是发现消费者高频的刚性需求点。此时企业要如同纪录片导演一样深入消费者一天生活中的行动旅程，就像《长安十二时辰》一般建构和细致描绘。图 1-6 是我们分析用户一天生活的简化工具，企业可按照时间序列拆解和描绘顾客与我们的业务有关的需求。

由于这一方法找出的是同一类顾客、同一生命阶段、不同时空下的需求，因此能以最低的资源耗费度带来显著增量。例如美团等外卖平台早期只做晚餐和午餐，此后逐渐增加了早餐、夜宵和下午茶，围绕已连接的用户迅速获得了增长；吉野家在早期追求业务扩张时，也是按照一天三餐来扩张，因此在日本有"三餐吉野家"的说法。

图 1-6 消费者生活场景

需要明确的是，这两种视角在业务延伸中扮演的角色并不相同。 在业务延伸的语境下，我们可以认为企业已经拥有了一批规模不小、具备某种特征的消费者，那么发现"一天中的时空切片"就是基于这一群消费者的增长，只要布局产品或业务就能获得立竿见影的增长，资源耗费度很低。而发现"生命周期中的场景"则意味着讨论其他年龄段或者收入层次的消费者，作为新业务延伸就需要从外部获取更多新顾客，资源耗费度更高，但却能够延伸消费者在本公司的生命周期，提高客户终身价值（Customer Lifetime Value）。

选择时空切片的逻辑

按照"一生＋一天"发现时空切片时，如果缺乏约束条件，企业将难以寻找到思考的主线。例如一个餐饮企业发现自己的顾客饭后多数会去 KTV，那么要不要延伸到 KTV 领域呢？这里需要一个时空切片的约束条件。

时空切片服务于业务延伸逻辑，业务延伸逻辑服从于公司战略逻辑。在思考时空切片的可能性时，应受到公司战略愿景或细分市场选择的约束。例如我们服务过的某医药集团，其战略选择为从医药向健康滋补延伸，那么我们对于时空切片的思考就不会出现上文中的滑稽场面，这就为时空切片的思考和选择定下了约束条件。

如果企业采取的是涌现型战略（Emerging Strategy），并没有清晰的战略选择，那么也可以按照资源可转移度和资源耗费度的逻辑，围绕原业务的核心竞争力思考延伸方向。

进入时空切片的逻辑

"一生＋一天"的时空切片能够帮助企业发掘许多新机会，但随之而来的问题是，**如何在如此多的时空切片中决策是否进入、如何进入？**

我们提出决策逻辑如下。第一步对时空切片初筛，去除市场容量小、需求增速低的时空切片；需求最终需要回归到产品，因此第二步要匹配现有的满足该时空切片的产品品类及品类参与者；第三步分析企业与现有参与者之间是否存在比较优势，以决定用怎样的方式进入。我们将进入方式分为三种：

1. 跟随，现有品类有头部品牌，但竞争不激烈，或本公司有显著的比较优势，可采用跟随策略进入；

2. 引领，现有品类无头部品牌，则本公司可在此品类下创新，作为引领者发展；

3. 撤退，现有品类有头部品牌，本公司无比较优势，则不进入。

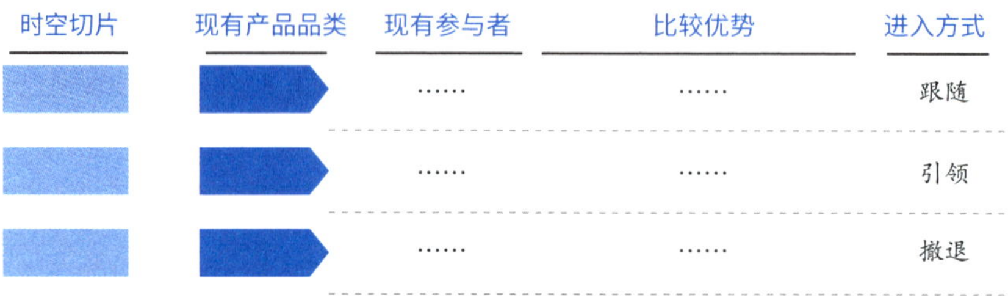

时空切片	现有产品品类	现有参与者	比较优势	进入方式
		……	……	跟随
		……	……	引领
		……	……	撤退

图 1-7 时空切片的三种进入方式

按照以上逻辑，企业已经可以做出"在哪里竞争"（Where to Play）的决策，找到业务增长线，但"如何取胜"（How to Win）仍没有得到回答，因此我们提出数字时代的业务增长线整合逻辑，以提高企业布局业务增长线的胜率。

业务增长线如何取胜？

取胜的根本逻辑在于构建和巩固竞争优势。业务增长线是对原有业务的延伸，那么当发现新的业务延伸机会后，企业应当如何构建竞争优势？

竞争优势来源于资源和能力，如上文中所分析的，企业延伸中常用的资源和能力主要是品牌资产、客户资产和技术能力，必须将时空切片发现的市场机会与这三大资源能力整合为有机的协同延伸逻辑，才能形成延伸业务的竞争优势。

我们提出四种延伸方式的协同逻辑：

1. 出发点是基于市场机会，而且是以时空切片细分出的市场机会，而非原有品类细分出的市场机会；

2. 基于时空切片下的消费者需求，用技术转化供给侧，按需创新，而非以技术为导向创新；

3. 形成产品后，围绕品牌核心价值进行品牌延伸决策，用品牌资产建立认知优势；

4. 最后回归时空切片对应的交易场景，用数字化工具连接用户，形成公司的客户资产。

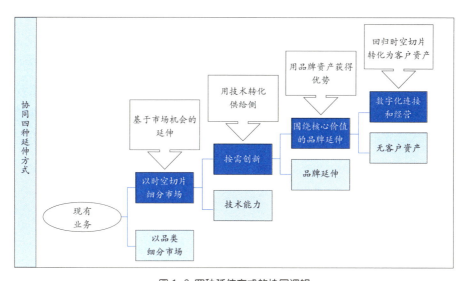

图 1-8　四种延伸方式的协同逻辑

这样的逻辑整合摆脱了既往市场延伸逻辑的单一视角，最大化地共享了公司的竞争优势，大大提高了业务延伸的成功率。

结语

在咨询实践中我们发现，3M 方法不仅适用于企业寻找增长线，也能帮助创业公司发现新的市场需求。从需求发现的角度看，3M 方法的优势在于，时空切片结合 Jobs to be done，对消费者需求的管理偏向于确定性，而不是"什么火做什么"的跟风逻辑；同时它能够将企业机会具象化，增加企业的顾客视角，这对于大量以渠道管理为核心的快消公司是至关重要的一个转变。

从行业来看，正在向 DTC 发展的快消行业，正在学习管理客户终身价值的高端服务业，如银行、保险、航空公司，拥有强大顾客连接能力的互联网行业，都是 3M 方法很好的落地点。同时，作为一套思维范式，也可以向 B2B 行业迁移，发掘服务市场等等。

回归本源来看，我们认为应用在企业内部的数字化技术（Enterprise Technology）和应用在顾客端的数字化技术（Customer Technology）将持续推动品类竞争红海化，谁能更贴近消费者、谁能占据更多消费者的时空，谁才是最后的赢家。从这个角度来看，我们乐于看到 3M 方法为更多行业和企业带来新的发展机遇，同时也为不同时空序列下的消费者带来更丰富的需求解决方案。

第 2 章

数字浪潮下的市场营销

专访米尔顿·科特勒：人人皆媒体的时代，还需要市场部吗？①

米尔顿·科特勒
(科特勒咨询集团全球创始合伙人及原全球总裁)

互联网进入下半场，流量红利式微，公司市场营销疲态尽显，与此同时，一些拥有大量粉丝的个人用户、KOL运用个人的社交媒体影响力完成商业变现，实现了弯道超车。

在人人皆媒体的数字经济时代，我们还需要营销部门吗？传统市场营销理论正面临怎样的颠覆，我们又该如何应对？

下文中，科特勒咨询集团主席、现代营销学创始人之一、世界实战派营销大师米尔顿·科特勒先生，对上述问题逐一给出了前瞻性的思考和洞见。

---

① 本文首发于华章管理（ID:hzbook_gl），内容来源于对米尔顿·科特勒的专访，有删改。

数字时代，市场营销理论的发展新趋势

必须重视社交媒体的爆发性增长

数字经济时代不是新鲜事物了，我们已经进入数字时代，并且在过去的十几年中，随着技术的不断成熟，也已经进入数字营销的时代。

市场营销的未来是数字化。在数字营销时代里，传统的营销理论中强调的渠道（Place）与个人（People）的连接度会越来越紧密，并且会全部打通。在此过程中，各种各样的新技术将赋能数字营销，诸如 VR 技术、物流配送的创新、机器人技术，等等，都将使得未来企业的营销效率更高。

因此，首先，我们要认识到，我们正在经历从过往的"关注"营销战略，向"实践"营销战略的转变。在这个"实践"的过程中，数字技术是至关重要的元素。近年来，我和我的哥哥菲利普·科特勒也一直在推动数字营销战略的实践。随着世界经济的增长和衰退，将有越来越多的公司采取更多数字化的手段。在数字营销实践中，相关技术、专业人员的配比都需要重新调配。

在数字营销时代，很有意思的也不能忽略的一点就是：我们必须非常重视社交媒体的力量。社交媒体爆发式的增长，是营销未来非常重要的领域和营销人应该特别关注的方向。因为，**社交媒体会使得每一个消费者的个人数据都有效地商业化**。在这一数据商业化的过程中，就会涌现出大的聚合平台。

比如拼多多，我最近对拼多多的商业模式和商业行为进行了追踪。我发现，拼多多不仅是把消费者聚集在一起、获得消费者的消费信息。实际上，它更聚合了消费者个人需求的大数据，以此向制造商寻求更合理的价格。

类似拼多多这样的消费者需求聚合平台，未来将会直接把消费者的信息、数据，比如地理数据、个人信息、消费需求等全部聚合在一起，通过数据与生产厂家直接打通。我认为，对于传统零售商和渠道商来说，这将是一个很大的冲击。

聚合者时代的"草根营销"

我们正在进入聚合者（Aggregator）时代，聚合者在聚集消费者数据、完成消费者数据商业化的过程中所起到的作用是不容忽视的。

从生产者的角度来说，社交媒体正在重塑生产商的生产方式：**从过去的公司内部进行产品研发测试的方式，逐渐转向生产者与消费者个人建立直接联系**。而建立这一联系的通道正是社交媒体，如微博、微信、Facebook 等平台。

生产商通过大众媒体和每一个独立的消费者建立直接的联系，并通过消费者个人数据、喜好、行为、需求等大数据进行产品的设计、研发和生产，从传统的内部研发生产转变为外部驱动的方式。为此，生产者必须将设计师、消费者及其个人需求融合进产品生产研发的过程中，我们称之为**"草根营销"**（Grassroots Marketing），包含草根产品研发、草根分发、草根销售、草根定价。

这里的"草根"并不是中国语境里的普通大众的含义，而是指满足每个个体需求的营销方式的转变。比如，针对每一个消费个体，采取特定的定价策略、渠道策略的转变。这是一个自下而上的转变，而不再是过去自上而下的营销方式。

换句话说，这是一个由大众媒体引领的、关注到每个个体的个性化营销时代，我们称之为"大众式营销"（Popularity Marketing），而不是过往的"精英式营销"（Elite Marketing）。

在人人皆媒体的数字营销时代，还需要营销部门吗？

过去，做营销战略的时候，我们会做消费者研究、市场细分等。

如今，我们再做这样的调查研究，一定要关注到社交媒体平台这样一个大的群体，分开不同的社区、兴趣小组，分开不同的人群，在此基础上做新的、有效的细分和消费者调查。因此，我认为在今天，社交媒体公司，比如 Facebook、推特（Twitter）、微信等，会成为新的营销公司。这些公司掌握了大量的消费者数据，比如消费者的喜好、需求、平时聚会的地点，等等。

社交媒体公司会颠覆传统的营销公司，而传统营销公司可能正一步一步地走向死亡。实际上，社交媒体公司也正在把掌握到的数据进行二次的商业化开发。比如，爱奇艺可能依托社交媒体数据来研究特定用户群体的喜好，加以分析和挖掘，并针对特定群体来拍摄影视剧。包括美国的网飞在内的这些公司都是依托社交媒体数据进行新的电影、视频的制作拍摄。

由此，我们可以看到，内容生产商们已经在与社交媒体公司开展紧密的合作。当然这种转变会发生在各行各业，包括汽车行业、房地产行业、酒店等其他许多行业，都会以这样的方式进行合作。

因为新技术的介入，酒店业传统的分销渠道商、代理商、中介机构正在慢慢消亡。在这样的情况下，大公司、巨头企业会逐渐把营销部门的职能开放给外部合作伙伴，进行功能性外包。从产品的设计、研发到新技术的应用等，都可能会跟不同的主体开展外部协作。

给初创型企业的一些建议

在中国正处于改革阵痛期的当下，许多初创公司面临融资难的困境，为什么？因为越来越多的投资者更倾向于以市场为导向，而不再是以创业团队的技术为导向来进行投资。越来越多的投资者更关注初创公司**有没有以消费者为导向进行产品的生产、设计和销售，有没有以消费者为导向来实现公司利润的增长**。

在此过程中，数字营销技术的使用，比如运用大数据进行消费者数据挖掘等，就变成了初创公司应该关注的热点，以此来实现利润的增长，获取投资者的关注。与此同时，也就需要更多善于运用新技术的企业家和创业者站出来。

这是我对初创型企业的一些建议。

每家企业都必须意识到社会化营销的重要性

中国在社交媒体和数字营销方面，已有成熟经验

在美国，就医疗科技的领域来说，比如医疗器械公司，过去传统的产品研发过程中，他们主要和医院的临床医生进行沟通，去探讨生产的产品适不适合医院使用、符不符合医生的需求。而在今天，我会更多地建议他们应该跟社交媒体公司和掌握大量消费者数据的社交媒体平台进行沟通，面向消费者来做需求挖掘。

从中国市场来看，在数字营销，包括数字技术领域，实际上中国已经走在美国的前列。中国的社交媒体公司、数字技术公司、数字营销公司，已经有很成熟的经验是可以向美国公司分享的。

社交媒体、大数据正在重塑商业

　　大 V、KOL 可以成为很好的创业领域。我的侄女就是一个 KOL，她在社交媒体平台拥有 1 万多名粉丝，目前也正在尝试商业化。我认为，社交媒体的 KOL 首先要做的是个人领导力的建设。其次，商业模式也是需要重点考虑的问题。在这个过程中，KOL 通过跟粉丝、消费者互动，产生了大量数据，通过对这些数据的挖掘，来获取新的商业模式、新的产品机会，也是一个很好的可关注的领域。

　　过往，是由生产商主导产品的生产；未来，则是由社交媒体的大 V 来主导商业行为和产品的研发、设计等。对于公司来说，就需要更多地选择和一些特定的大 V 来合作，挖掘他们所掌握的消费者个性喜好的数据，并据此开展从前端研发到后端推广、传播的全方位合作。这也给零售业带来了巨大的转变和挑战。

　　我们知道，传统零售业更多提供的是一种便利性，而在数字化时代，便利性已经由在线电商巨头，比如京东、亚马逊等提供了，所谓的传统零售业的便利性优势不复存在了。在这个过程中，**传统零售业应该更多地考虑提供体验化的服务，包括娱乐化、社交化、教育化的服务，还应该重新思考如何为消费者提供培训的机会、知识普及的机会，以此来重塑对消费者的吸引力。**

从社会化营销到信念营销

　　未来，AI 会取代很多传统营销过程中的岗位和职能，而传统的营销人员则要更多地承担起人与人之间沟通交流的职能。

　　过去明星代言的方式，会越来越不适合数字化时代的营销。反之，草根的 KOL、更接近大众的代言人，会越来越适合在数字营销时代作为代表出现，完成意见的引导等。

我很喜欢"草根"的定义，"草根"意味着更真实、更接地气，更了解大众需求。

在今天这个时代，我希望每一家公司，每一个 KOL，每一个个体消费者，都意识到一点：我们提到的社会化营销的概念，更多强调的是对社会整体负责，对环境负责，对消费者负责，对大气、动物等负责的一种可持续的营销方式。我希望每一家企业都能意识到社会化营销的重要性。

由此，延伸出一个很重要的概念：信念营销（Belief Marketing）。举个例子，每一年苹果的发布会都有成千上万的人到场参加，"果粉"也会不断更新自己的苹果手机，这实际上就是一种信念营销。

信念营销的力量在于，它把一群有共同信念、共同信仰的人聚集在一起。比如，把那些注重环境友好的、保护珍稀动物的人群，对精准营养食品有强烈信仰的人聚集在一起；比如，特朗普实际上是一个非常好的信念营销的实践者，他可以把美国底层民众聚集在一起，让他们相信他正在用一切办法使美国变得更好。我不清楚特朗普具体如何做的，但他的的确确已经达到了这样的效果。

在中国也是一样，在中国梦的指引下，我们相信中国也会变得越来越好。

科特勒兄弟的初心：
让普通人过得更好，让世界变得更好

跨界化的思维使得我们沿着初心不断向前

我和哥哥为什么常年致力于在营销领域做一些工作和实践，有几个原因。

首先，我们来自犹太的商人家庭，作为犹太人的后代，我们对父辈们在商业领域做出的贡献和工作耳濡目染。

其次，我们接受了广博的教育，父辈带给我们的人类学、社会学等，包括音乐等各个领域的广泛化教育，使得我们从小就培养了非常广泛的兴趣和好奇心。因此，我们一直具有跨界化的思维和眼界，能把复杂的问题运用跨界思维来思考。

在此过程中，我们一直保持着高度的、开放的包容心、学习心和好奇心，学习了很多新的技术、新的理论，不断地向未知的领域跨界和探讨。举个例子，我哥哥菲利普·科特勒是学经济学出身，后期他开始学社会学，一直在不断地跨界，向新的、未知的领域进行探索。我也是一样，我从学习政治经济学开始，到后来关注到社区自治的问题，再到后来我关注到消费者行为学等领域。

所以，是不断探讨、不断学习的过程使我们保持高度的热情。实际上我们心里的想法是希望用我们做的努力和工作，使普通人过上更好的生活，让这个世界能够变得更好，这也是我们一直致力于在营销学这个领域做研究，保持热情的最根本的出发点和目标。

从营销服务提供者到产业生态聚合平台

过去我们会一家一家地为客户服务，今天我们依然在做这样的工作。同时，我们也在做新的突破和尝试。比如，我们在东莞松山湖建立了自己的精准医学园。在这个医学园里，我们打造了一个面向大健康产业的整体生态。在这里，我们会关注很多创新性药物研发的企业，包括生产医疗器械的企业。

除此之外，我们即将在郑州建立一个国际源头创新中心。在那里我们更多会关注智慧产业，比如智能制造产业，将来自德国、法国、中国、美国的人工智能研发公司、企业、机构等聚合在一起。

与此同时，我们也从过去的一家一家为企业提供服务逐渐转向一个社区型的聚合平台，这样就又回到了前面提到的社交媒体正在做的聚合平台。这样的平台体现了一个非常好的、很明显的特点，那就是融合。不同的技术，不同的企业家，不同的公司融合在这样一个聚合平台。在聚合平台里，会发现很多不同的需求。我们会依托这个平台了解到有针对性的需求，明确客户正面临的问题，再提供定制化的服务和工作。

第三种营销范式：种草 ①

曹虎
（科特勒咨询集团全球合伙人、大中华及新加坡 CEO）

赵佳代
（播客"代表作"主理人）

品牌进入小红书的最佳时机

对于品牌来说，目前进入小红书是一个非常好的机会。如果你从事消费品和打造品牌行业，那么小红书是必须要做的平台。因此最大的红利是尽快下定决心找到策略做小红书，这是毫无疑问的，无须担心时间早晚。

许多人想从零开始，通过小红书找到原始客户，然后扩大规模，但有时候品牌并不能了解哪部分群体最适合，应该如何洞察消费者。

我认为有两种情况。第一类是品牌创始人之所以创业，是因为他是超级用户，或者他看到了非常明确的消费者需求机会，从而打造了品牌、制作了产品。对于这类用户来说，他们的核心问题并非不知道原点人群和解决痛点的人群，而是需要在小红书平台上寻找合适的语言和沟通切

---

① 2023 年底，在小红书的 Will 大会上，科特勒咨询集团和小红书共同发布了《营销的第三种范式》，揭开了小红书种草的神秘面纱。本文根据曹虎与播客"代表作"主理人赵佳代在节目上共同探讨"如何高效高回报地种草"的内容整理而成，有删减。

入点、调性。通过与原点人群的深度沟通，挖掘用户视角。

我认为小红书能够起到很大的作用。小红书有许多工具可以用于打磨传播策略和产品，解决产品最关键的问题。

第二类是大企业或者成熟品牌，内部经过了完整的新产品开发流程（New Product Development，NPD）以及产品上市流程（Go To Market，GTM）。在完成任务后，却发现产品销售不尽如人意。

这时则需要再次进行消费者研究和市场研究。然而，由于很多时候研究效果和目标人群出现错误，或者没有达到要求，导致品牌没有真正地洞察消费者。

这时候，品牌会回过头与小红书用户进行共创、社交倾听和访谈，以挖掘到底是哪些人在购买产品。品牌会根据小红书笔记的语义分析来识别消费者真正使用了产品的哪些功能，购买动机是什么，以及哪些消费者才是品牌真正的核心消费人群。这些动作都会帮助品牌来优化自己的产品市场匹配度（Product Market Fit），找到产品真实、独特的价值。

归根结底，企业的这两类需求都有共同特点，**即深度融入社区，了解真实消费态度**。

这些分析和洞察对精准化市场细分十分有用。过去我们使用静态数据进行市场细分，比如，按照自然人口属性和价值观、行为和动机进行市场细分。而如今我们能够实时融合多种标签形成基于场景、任务和生活方式的动态细分，例如知识女性在不同品类和场景中购买产品的行为和心理表现不同。

5A 流程中，品牌可发挥主观能动性的是哪一环

构建顾客旅程时，品牌需要具备两种能力。**第一，品牌需要具备动态化整合社交和电商平台数据、第三方数据、品牌的第一手成交数据，构建三方数据融合的动态标签体系的能力。**这是非常重要的基础能力，没有这个能力就无法谈论数字化营销。这种能力用简单的话总结就是客户数据中台能力，即 CDP（Customer Data Platform）能力。

第二，品牌需要有制作高质量营销内容的能力。目前很多品牌用于营销的预算并不高，尤其是在早期阶段。品牌希望能够通过自己创作内容，利用小成本的方式撬动大流量。

某种程度上，内容本身变成了产品，品牌需要潜移默化地通过内容来引导用户对品牌形成认知和偏好，从而产生购买行为，这就是"种草"。"种草"通过给用户提供有用、有趣、有关的内容，实现消费者与品牌和产品之间的更深度关系、关注、评论、试用、推荐或者购买，缩短了营销转化路径。

品牌需要制作 IP 化节目、直播、图文、短视频、长视频等以及举办各种线上研讨会。现在，内容策略在营销投资预算中的占比越来越大，在服务各大快速消费品品牌时，我们发现这些品牌在内容营销的投入普遍超过 40%，即一年 10 亿美元的营销预算中有 4 亿美元投入内容营销中。

谈到内容营销，我们必须衡量一个非常重要的指标 —— 内容回报率（Return on Content，ROC）。

品牌协同还是品效合一，如何实现？

直播带货很容易衡量结果，但 ROC 或者广告营销往往很难衡量。小红书之前一直被大家诟病，虽然投入很多资金也有销量，但是很难衡量销量是"种草"笔记带来的，还是其他营销动作带来的。

这就涉及几个方面，**第一个是效果广告（Performance）**。因为在品牌广告中两人总是争吵，所以有人提出"品效"。

品效合一是伪命题，因为"品"和"效"不是对立关系。现在我们提出一个新概念——品效协同（Performance Branding）。品效协同才是真命题，品效协同解决了品效之间的冲突。

过去之所以会有品效冲突，是因为在整个 5A 漏斗中，营销的不同部门、不同环节的衡量指标没有拉通。大家都站在自己这一部分进行衡量，可能指标很好看，但是到下一段你可能接不上手，没有实现端到端的打通。

现在不少公司开始在向"品效协同"转型，其核心是为传播部门、内容部门和销售部门打通度量衡障碍，设置统一的指标体系。

第二个是过去企业营销的综合性指标中有过多的过程性指标和事后性指标。例如在进行内容营销时，我们通常会衡量到场人数、点赞人数以及转发人数、获得多少线索等，通常这些指标都是营销部门的"自嗨性"指标。

尽管各个公司都开发了许多指标，但是大多数指标并无实际意义，仅是简单拖延的指标。这时你需要站在更高的视角总结公司收入增长过程中的关键性指标。

我们有很多洞察指标，每家公司不同，与公司业绩和业务有关，我认为这是一个非常深刻的问题，虽然没有统一答案，但是有统一的思想和模式。

小红书"种草"方法论

"种草"是非常重要的一环。许多人都知道小红书上面可以"种草"，然而这时又出现了一个问题，许多品牌都在小红书上"种草"。是否在重复"种草"，种在别人的地皮上？

首先，这个问题需要看你的产品是不是优秀的产品，是否具有鲜明的个性和价值观。假如是一棵"坏草"和"毒草"，是非常弱的品牌，仅靠"草原种草"无法解决这个问题，小红书不仅仅成为"种草"平台，还成为"拔草"平台。我认为"种草"成功的前提条件是：产品要质量好、功能独特、使用体验简便，品牌要具有鲜明的个性和价值观、信守承诺（Always Deliver What You Promise）。能做到这些，就已经超越了 80% 的竞争对手。

剩下 20% 的竞争对手，其中有 10% 是没有耐心，把"种草"当成投放。这不是"种草"，而是"收割"。他们没有"种草"内容策略、没有打通公司营销端到端系列动作，这 10% 又被淘汰了。现在，只剩下 10% 的竞争对手，其中还有 5% 将被淘汰，因为"种草"在他们公司是孤立的，没有形成与公司增长目标的协同。

公司仅仅把"种草"当成战术是没有前途的，**正确的做法是以"种草"（真实顾客价值）为核心来构建"第三种营销范式"体系。**

目前你只剩下 5% 的竞争对手，这时你胜出的概率已经很大了。

市场竞争需要不断用优质的生产力和方法淘汰落后的方法，企业要向先进学习，这样整个行业才能不断上升。经过几个环节的淘汰，草原上能长出好草，水草肥美的品牌都会茁壮而出，这是一场非常激烈的淘汰赛。

坚持"种草"并且高质量"种草"，一定会带来超额的经济回报。

破局之道不仅在于在平台上更优化地投放，平台的算法永远比你聪明，广告效果不会因为广告投放得多而产生改变。

在 5A 流程中，你可以发挥主观能动性的是 A3 和 A5，A3 是"种草"，它会通过客户数据平台（Customer Data Platform，CDP）和内容提升效率，同时 A3"种草"会影响广告和 A4 转化率。

A5 是顾客经营，包括老顾客经营和会员经营，这是企业的顾客资产，它是增长的自来水，是转化的助推器，是顾客杠杆。

在我的新书《新增长路径》中，我专门提到："企业要实现结构性增长的重要来源之一就是'顾客杠杆'。'复购、升级购、交叉购，评论、推荐、共创'6 种顾客行为，都推动了企业增长。"

在做社群时，可以采用"漏斗"与"喇叭"的模式进行分析。**漏斗是前端，例如投流、获得线索，然后逐层清洗，到中间层形成客户。**

"喇叭"是客户认同，认为产品好而进行口碑推荐，然而由于前面的获客投流、转化和销售成本非常高，因此公司非常重视这一端的工作。很多品牌在做私域、社群、媒体阵地等，这非常有利于扩大这一层的流量效应。

我认为"喇叭"模型的比喻非常好，上面的"漏斗"是典型的广告流量经营逻辑，最终成交者和下面的"漏斗"则是典型的顾客经营逻辑，这两者都非常重要。

品牌必须具备足够的影响力和知名度，否则无法保证有足够的机会人群。然而，今天许多品牌会面临的真实窘境是最上层"漏斗"开口非常大，意味着品牌拥有极高的知名度，"漏斗"成交转化率却极低。这种叫好不叫座的品牌有很多。有高品牌认知，没有品牌动力，问题出在 A3"种草"没做好，A5 顾客经营也没做好。

除此之外，问题还会出现在品牌老化，品牌形象模糊，品牌调性与其核心用户群渐行渐远！

这是非常典型的现象，我想强调的是喇叭形模型具有启发性。

小而美的公司或超级个体最终结局

目前小红书平台上有越来越多的年轻人开始创业，大家认为现在没有那么多做独角兽的机会，更想专注于做小而美的品牌。我认为小而美品牌的最终结局，通常有两种：第一种是小而美品牌被更大的品牌收购，成为大集团中的一部分；第二种是小而美品牌的创始人整合并购了其他小而美的品牌，使其成为品牌组合（Brand Portfolio）的管理者。

我认为小而美品牌很难独立长期生存。小而美品牌是服务了某种特定的细分人群或者有非常独特的价值主张的人群。随着时代的更迭和社会的变化，这种主张、细分人群会被平淡化，成为社会主流。

小而美品牌的最大敌人并非其他品牌，也不是大公司，而是平庸化，平庸化背后的根本原因是社会大众的普遍化。

现在有很多小而美品牌，实际上大多数我并不认为其是品牌，我更认为其是带有极强创始人个性的爆品，是创始人自我表达的外化，就像艺术家一样，需要通过绘画、音乐、语言、文字、形体和建筑来表达自我。

许多创始人通过产品和品牌叙事来表达自我，这非常伟大。创造精神非常棒，这才能让社会充满趣味。然而，创始人面临的第一个挑战是如何持续产出爆品。每次都能踩中爆品的机会对于一个品牌而言概率有限。

第一步，要真正掌握做爆品的逻辑。这种逻辑是 Know How，非常重要，已经淘汰了许多人。

在我们提供的众多咨询服务中，我越来越发现世界上没有人能在多个领域都取得成功。许多产品非常成功，但从爆品转向品牌后，其实经历了外界无法想象的失败。特别是在消费品领域，成功是幸存者偏差，而媒体仅仅报道了成功。

第二步，不能只是谈论爆品，而是要把产品设计得更好，产品功能强、特别会讲故事、善于内容营销，这就是爆品体质。

但不能仅仅关注功能、利益，而且需要逐步学会与核心顾客持续沟通，因为核心顾客是非常关键的。需要将功能和利益转化为价值观，功能和利益会随着代际变化而变化。价值观相对来说是恒定的。在价值观加持和引领下，会吸引一批崇尚品牌价值观的用户，提升做爆品的成功概率。

随着产品不断更新和迭代，品牌最终还是需要有一个载体落实到品牌、顾客认知和经营顾客终身价值上面。

我们希望品牌能拥有复利性宿命。复利的意思是通过不断积累顾客资产和品牌资产持续提升公司总体回报率，实现可持续发展。

品牌资产的定义来自两个方面。第一，消费者愿意多掏钱购买产品并且推荐给他人。第二，品牌能够改变消费者对产品和营销的反应。这就是品牌的价值。能够让消费者支付溢价。

品牌的魅力源于不断输入故事、坚持风格，为最重要的人群服务，舍弃那些不符合品牌原点、梦想和价值观的东西。因此，从爆品到品牌的核心是找到自己，只有足够坚持才能够成功。

品牌价值观是否应随着代际发生迁移？

价值观会随着代际发生变化，父母的价值观与"95 后"、Z 世代①的价值观有所不同。那么如果一个品牌的价值观发生很大迁移，应该如何做才能够持续吸引客户？品牌画像是否会因此受影响？

这也是很多大品牌面临的核心挑战。品牌需要保持、传承并不断纳新。很多品牌同时面对 5 代人消费，例如可口可乐和麦当劳。我认为在这种情况下该如何解决问题并没有绝对的正确与否。

我认为价值观分为两类，**第一类是人类基础价值观，无论代际如何更迭，它都不会改变，非常稳固**。例如，我们要与人为善、帮助彼此、为社会做贡献。在中国，我们倾向于集体主义，以家庭为中心，共同快乐。我认为这些价值观无论代际如何更迭，变化都较小，这是恒定的，是价值观体系的基石。

品牌需要在基础价值观体系中找到认可与共鸣，品牌的内核应坚持永恒且值得尊敬。品牌的存在是让这些美好的价值传承，影响更多人，将更美好带向世界。实现这些美好的传承就是品牌的使命！

第二类是消费价值观，它会随着代际更迭和社会文化、科技变迁而动态变化。例如现在我们讲究分享与快乐，过去我们讲究的是一起从事劳动。现在我们可能一起非常快乐地打一款游戏，也拿一瓶自动售货机上的可乐共享，今天的品牌在社会文化媒介和表达方式上进行了价值观更新。

品牌发生了非常大的变化，即媒介形态的变化。每次媒介形态的变化都会导致新品牌崛起和老品牌衰退。那些跨越时代的品牌是既能够脚

---

① 通常指 1995—2009 年出生的一代人。

踏实地扎根于人类永恒价值观，又能够充分尊重和引发当代年轻人共鸣的品牌，他们通过广告、内容、优质产品和积极融入社会，将这些品牌所倡导的价值观汇集到所有人身上，就是新时代伟大品牌的使命和原动力。

正如哈罗德·罗森堡在《死于荒野》中说道："一个时代的人们，不是担负起属于他们时代的变革重担，便是在它的重压之下死于荒野。"

巨变的时代，正是新一代品牌和企业崛起的机会。

五条营销链路（DMC）： 再看品牌广告 VS 流量广告 [①]

王赛
（科特勒咨询集团大中华及新加坡管理合伙人，增长战略总经理）

吴俊杰
（科特勒咨询集团大中华区咨询顾问）

数字营销链路（Digital Marketing Chain，DMC）是继整合营销传播（Integrated Marketing Communication，IMC）之后，近两年来在营销传播领域最火热的新概念。

业界为什么对数字营销链路如此津津乐道？我们认为有三个原因：

原因一，对于理论界，传统中心式营销传播的实施土壤被侵蚀。数字时代消费者与企业之间的信息交互、购买传播的模式发生深刻变化，引导理论界去重新认识和定义企业与顾客之间的"发生关系的模式"。2018 年出版的教科书《营销原理》中，"现代营销之父"菲利普·科特勒吸纳了体现企业与顾客关系特征的"顾客浸合"（Customer Engagement）这个术语。

---

① 此文曾发表在《中欧商业评论》2021 年 9 月刊，有删改。

原因二，对于品牌主，营销费用的投资是真问题，而营销传播效率的度量却是圈内当世难题。2020 年中国营销界发生所谓"流量广告 VS 品牌广告"之争，而真正的现实是，流量与品牌并非对立概念。忽视转化率的营销投资不可持续，而缺乏品牌资产建立的转化率难以常青。

原因三，对于平台商，尤其是不同互联网公司，比如腾讯、阿里巴巴、抖音、小红书等，都基于自身的数据平台，提出基于自身链路的营销传播方法论，这些方法论对于传统时代的品牌投入模式有升级，但是不同的平台由于数据维度不同、在消费者旅程中扮演的重心不同，使得百家争鸣。企业可能需要一个更大视野的"消费者 — 数字驱动全景"。

作为咨询顾问，我们希望参与这场极有意义的讨论，在展开"整合营销传播"如何迁移到"数字营销链路"的方向、地图以及操作细节前，我们做出三个具体洞见：

洞见一，链路并不是只有一条，**我们提出五条营销链路，包括消费者心理链路、消费者行为链路、企业行为管理链路、媒介管理链路，以及营销效率测量链路**。五条链路需要系统一致，比如媒介管理的链路，需要和消费者心理、行为两条链路匹配。如不匹配，在线下不管投放多少广告，也会形成"链路不连"，无法有效驱动消费者购买。

洞见二，在真实的营销中，开始从以消费者为中心转向以消费者决策为中心。如果链路上的按钮设计不指向消费者决策，那只有自娱自乐的意义。从影响消费者决策行为的环节入手来谈链路，企业所谓的"品牌广告 VS 流量广告"才可有的放矢。

洞见三，数据与行为可以通过 A/B Test[①]，来围绕链路优化验证。数字时代由于连接，形成消费者行为比特化，行为比特化使得企业可以动

___
① A/B Test 即 A/B 测试，是一种新兴的网页优化方法，可以用于增加转化率、注册率等网页指标。

态决策。企业可以依据分类测试、对比、优化，再循证式投入，这就是波普尔所言的科学之"可证伪"，而非传统那句营销传播投放名言——"我知道一半广告打了水漂，只不过我不知道是哪一半。"营销效率围绕营销影响的行为路径来监测、来闭环。

那么数字时代的营销链路到底如何为企业所用，我们从以下三个方面来深入剖析：

1. 概览：目前有哪些营销链路模型或假说？

2. 融合：什么才是数字时代的营销链路全景，有哪五条链路？

3. 提升：提出这组营销链路的意义是什么？

概览：目前有哪些营销链路模型或假说？

纵观全球，目前对数字时代营销链路的研究成果，主要来自三个领域：营销学界、企业界以及两者融合的黑客增长界，分三类模型。

第一类：学者模型

学者模型中的代表是菲利普·科特勒先生及何麻温·卡塔加雅（Hermawan Kartajaya）在《营销革命 4.0：从传统到数字》中提出的"5A 模型"：了解（Aware）—吸引（Appeal）—问询（Ask）—行动（Act）—拥护（Advocate）。相较发源于广告和销售的 AIDA 模型，5A 模型描述了一个典型的数字时代消费者被动接受信息、激发兴趣、主动获取信息、购买和再传播的全外部行为过程。

第二类：企业模型

国内外许多互联网企业都基于自身业务推出了自己的链路模型，代表模型包括：

谷歌提出的"Micro-Moments 模型"，将用户搜索行为分为四种情境：好奇时刻（I-want-to-know Moments），探索时刻（I-want-to-go Moments），行动时刻（I-want-to-do Moments），血拼时刻（I-want-to-buy Moments）。

阿里巴巴基于用户行为数据提出"AIPL 模型"来对顾客分群。AIPL 模型包括：品牌认知人群（Awareness），包括被品牌触达和进行品类词搜索的人；品牌兴趣人群（Interest），包括广告点击，浏览品牌、店铺主页，参与品牌互动，浏览产品详情页，品牌词搜索，领取试用，订阅，关注，入会，加购收藏的人；品牌购买人群（Purchase），指购买过品牌商品的人，针对新客；品牌忠诚度人群（Loyalty），包括复购、评论和分享等，针对老客户。

巨量引擎融合 5A 模型后，提出了"GROW 模型"，包括：品牌知名度（Gain），深度种草（Relation Deepening），众媒养成（Owned Self-media）和口碑建设（Word of Mouth）。

爱奇艺也基于其视频广告提出"AACAR 营销模型"，包括：引起注意（Attention），产生联想（Association），共鸣共识（Consensus），购买行为（Action），口碑（Reputation）。

第三类：增长黑客模型

AARRR 模型（增长黑客模型），是互联网运营界流传最广的链路模型，因为它是从运营视角提出的任务式链路，并且更适用于互联网产品，分为五个步骤：获取用户（Acquisition），提高活跃度（Activation），提高留存率（Retention）、获取收入（Revenue）和自传播（Refer）。

综合以上三类模型来看，会发现其提炼视角各不相同，它们之间的关系有待思考。有的站在用户心理及行为视角，如 5A 模型；有的站在用户行为视角，如谷歌的 Micro-Moments 模型；有的站在企业行为视角，如 AARRR 模型。然而，如果不指向企业的经营目的，再多的链路模型也只是一种智力愉悦。

所以需要一个全景式的，基于企业应用层面的融合，要能够符合我反复强调的"好营销"——"上得去、拆得开、落得下"。

融合：
什么才是数字时代的营销链路全景，有哪五条链路？

我们在咨询实践中发现，不同视角的链路必须有机结合，才能完成从分析到实践再到监测的闭环。因此，我们在业界，融合并首先提出指向企业经营目的的 5 条链路：

链路一：消费者心理链路 —— 消费者的完整购买心理进程；

链路二：消费者行为链路 —— 对应心理进程的消费者外显行为路径；

链路三：企业行为管理链路 —— 企业采取什么行动影响消费者心理及行为；

链路四：媒介管理链路 —— 通过什么媒介影响消费者心理及行为；

链路五：营销效率测量链路 —— 如何管理以上营销过程中的营销效率。

可以发现，这 5 条链路是一个相互协同的逻辑，它真正帮助企业进行传播费用投资决策，以及如何定义"真结果"和"好结果"。但是在今天这个数据以及基于数据 A/B Test 贯通的时代，每个链路点都可以趋向量化和动态反馈，让每一笔营销传播投资效果可回溯。

链路一：消费者心理链路

来源：戴维 L. 马瑟斯博（David L.Mothersbaugh）与德尔 I. 霍金斯（Del I.Hawkins）《消费者行为学：构建市场营销战略》

图 2-1 消费者心理链路

消费者行为学认为，顾客的购买决策行为是受顾客的"内心因素"和社会"外部因素"共同影响而发生的。而发生在顾客心智中的"内心戏"，就是市场营销管理中最隐秘和底层的链路，消费者认知与心理链路可大致分为四大阶段和六个具体阶段：顾客需求唤醒、购买动机产生、广告信息处理和记忆、情绪及态度形成。而消费者在每个心理阶段，表现出不同的认知习惯和偏好。在此我们旨在为大家展示一个全景图，不深入展开。

聪明的企业会认真学习和掌握顾客的"内心历程"特点，通过综合运用各种外部手段，如广告与传播信息的设计、传播信息曝光方式、购物环境及产品包装设计等等，友好和有效地影响顾客的购买心智状态，进而影响消费者的购买决策和行为。而那些忽视顾客认知、记忆和处理信息特点的企业市场活动，将注定是低效和带来负面情感反应的。

链路二：消费者行为链路

2017 年，菲利普·科特勒和何麻温·卡塔加雅提出 5A 模型，可以从 5A 模型的子元素中看到，5A 模型是从消费者心理逐渐过渡到消费者行为。这里面有一个隐含的假设——基于消费者心理和情绪的驱动，消费者会采取一系列相应的外显行动，这些行为可以被企业直接观察和管理。在数字时代，这些顾客外显行为可以被更加细致和全面地记录、分析和管理。这就是我们常说的消费者旅程。字节跳动就在用科特勒的 5A 模型发展与衡量数字营销。

来源：《营销革命4.0：从传统到数字》

图 2-2 以 5A 模型为底层逻辑的消费者行为链路

消费者旅程如果转换成动作视角，我们即可进化出一条新的消费者行为链路，我们将其总结为 8 个关键行为：见、搜、入、比、进、购、联、扩。

图 2-3 消费者行为链路——见、搜、入、比、进、购、联、扩

消费者旅程中的 8 大环节让企业可以抓住消费者触点：看见（见）、搜索（搜）、进入落地页（入）、与竞争对手的信息比较（比）、进店（进）、购买（购）、与企业平台联结（联）、裂变和推荐（扩）。这条链路最大的优势是把消费者行为和企业可以管理的行为打通，比如企业都做内容营销，而在 8 大环节中的内容营销指向的意义却不同。以新能源车为例，有些数字信息是为了"见"，让有潜在需求的消费者看到品牌信息；有些信息是为了"比"，这里就涉及品牌如何锚定，比如蔚来一直锚定特斯拉，为其增加了巨大的品牌势能。

消费者行为链路上的 8 个关键动作，又可以分为"购买前链路"和"购买后链路"两部分。

在前链路阶段，见、搜、入、比，消费者通过"看见品牌、搜索品牌、点开进入搜索内容、将品牌与其他替代方案对比"，来完成对品牌的认知，企业可以通过内容与传播来影响消费者。在后链路阶段，进、购、联、扩，消费者通过"进入门店（线上、线下）、进行购买、与品牌的客户留存平台进行联结、拥护品牌并分享"，完成购买和扩散，企业可以通过新购物者营销（New Shopper Marketing）来影响消费者。

这也是为什么要将行为链路单独划分出来，正是因为心理链路企业无法管理，而行为链路是可以管理的，企业是可以加强影响力的。

当然，这 8 个节点是我们根据共性总结出的最大公约数，不同行业链路长短不同。复杂决策类产品，其顾客行为链路往往较长，需要在每一个行为节点进行布局，避免顾客行为链路的断裂，例如汽车行业就属于此类；习惯性购买、寻求多样性产品，其顾客行为链路往往较短，需要在关键节点进行资源倾斜投入，促成顾客行为的转化。例如知名主播的直播带货活动，从见到购发生在几秒内，跳过了搜、入、比、进的步骤。

链路三：企业行为管理链路

这条链路是企业最实用也最关心的一条链路。如果说前两条链路是分析型链路，那么从这条链路开始就进入了操作型链路。企业要决定在这个用户行为触点，是否干预以及如何干预顾客的行为，影响消费者的决策。

图 2-4　与消费者行为匹配的企业行为管理链路

必须强调的是，不同企业的顾客心理和行为不同，因此不同行业和企业的行为管理链路也不同。

例如，过去 10 年大量企业选择在"见"和"进"的环节干预顾客行为，投放大量广告影响占领消费者心智，再通过店内张贴 POP 海报或安排导购引导购买。这样的模式随着数字化渗透已经几近瓦解，且不说巨量广告投入导致半年只能赚一部 iPhone 的香飘飘，前几年风口上的二手车，也因巨额的广告偏离了良性的企业运营。

相反，新一代企业的操作思路更看重搜、比、联、扩这些与顾客口碑更紧密的环节。例如悦刻电子烟就是先"联"结顾客，再通过品鉴会一步一步实现用户"扩"散；又如霸屏小红书的钟薛高，实际上是通过布局内容等待被用户"搜"到，因为这些内容能够被沉淀、反复被搜索，因此获客边际成本大幅度降低。

在这些具体环节中，企业如何准确判断用户喜好，做出正确决策？此时可以考虑引入 A/B Test，通过实验数据对比确定更优方案。比如悟空租车发现，用户在其平台从选车到付款中，有一个必经环节 —— 押金缴纳，而这一环节大大影响了下单转化率。于是，他们通过 A/B Test，用小流量进行对比实验：

对照组：现行支付流程，用户在下单页面需要同时支付租金与押金；

实验组：新方案，用户在订单支付完成后，再进入押金缴纳页。

测试运行两周后，团队发现实验组比对照组下单转化率上升了 7%，增长非常明显。于是悟空租车对产品进行了迭代，在提升用户体验的同时，也为平台带来了 7% 的收入增长。

当然，随着企业的逐步发展，应当形成对各个环节进行管理的闭环，这样每个环节的营销效率才可控，对整体的营销 ROI 才能做到心中有数。

链路四：媒介管理链路

确定在哪几个环节干预顾客行为后，就能够匹配出营销传播需要的媒介，打穿媒介 - 触点 - 顾客行为 - 顾客心理的闭环，直指顾客决策。

当今企业最应关注的变化是消费者注意力的变化。如今的年轻消费者，很大一部分注意力已经转移到了小红书、抖音、哔哩哔哩（Bilibili）等内容平台。这一重大的变化将使得企业不得不改变媒介策略和内容策略，诸多洗脑式的广告话语再也不可能植入消费者的内心，因为在内容平台上，他们可以选择关掉，也不会有"疯传"式的转发。

企业未来的营销传播活动，将越来越依赖互联网平台和内容社区，这将是营销传播领域的一场媒介大变迁和内容大革命。

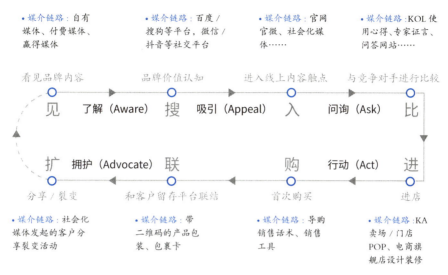

图 2-5 企业的媒介管理链路

这些数字媒体应该形成新的媒介组合，比如"见"的环节，要依据消费者画像做出更精准的触达，"搜"的环节要求在百度、抖音、小红书、知乎进行"种草"，"比"更多依赖专业的垂直媒介，比如汽车领域的汽车之家、懂车帝等。另外，媒介链路的投入还应该量化，比如新兴消费品在小红书的帖子关注量如果低于 1 万，基本激不起品牌浪花。

链路五：营销效率测量链路

企业市场部最常见的困扰就是"要不到市场费用"。其背后是传统广告效果的不可测，导致市场部无依据，决策者无信心。诚然，传统户外广告之流也有千人展示成本和转化率这样的简单估算工具，但这种传播方式可称为"薛定谔的转化率"，对企业就是一场不知结果的赌博。

因此，我们提出了基于上面四条链路的第五条链路：营销效率测量链路。

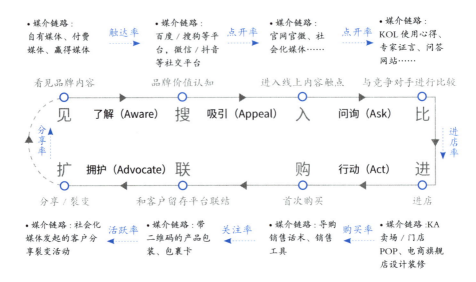

图 2-6　企业的营销效率测量链路

这个测量逻辑的前提是，企业首先应转变营销行为，基于消费者心理和行为实现营销动作和媒介的闭环，继而在企业行为对应的媒介之间，测量每一环之间的转化效率：大面积传播的触达率、线上内容的点开率、进店率、购买率、关注率、活跃率、分享率。

比如我们看过去二手车赛道铺天盖地的线下广告，行业百亿广告投入实际只击中了营销链路中的"见"，触达率高，但是"见"之后的消费链路，以及链路指向的点开率、进店率并没有得到系统优化。资源耗费之大，令人咋舌。如果此时引入 A/B Test，先从整体流量中分流出一小部分进行测试，那么对于效果不佳的方案，就可以及时"避险"，避免投放资源的浪费，并在不断测试中找到更能打动用户的优化方向，确保每个投放决策都为企业带来正向收益。精准红利是数字时代最大的红利。

营销效率测量链路的加入，有两个重要意义：1. 帮助企业有的放矢，有针对性地在目前的弱点环节进行补强，达到整体效率最优；2. 对数字时代的市场工作，进行量化管理。例如，在转化率固定的情况下，可以倒推需要获取多少新顾客以达成市场目标；抑或在市场费用固定的情况下，需要提升哪些环节的转化率。

关注营销效率并不等于不建立品牌。企业要真正意识到品牌和数字化、品牌和流量、品牌和效果转化并非对立关系，其中的差异是大家对品牌、流量以及效果的不同定义和内涵理解引起的。我们认为，单一强调一个方面有"以偏概全"或"标题党"的问题。在今天超竞争的环境下，全面与科学的认知能力已成为企业的底层核心竞争力。

至此，5 条链路全部展开，包括 2 条分析链路——消费者心理链路和消费者行为链路，2 条操作链路——企业行为管理链路和媒介管理链路，最后是 1 条监测链路——营销效率测量链路。

缺失其中任何一条链路，都会只看到树木，不见森林；会被很多虚荣概念搅乱：比如说硬要把广告按照品牌与流量区分，而忘记消费者行为层面的营销目的只有一个——全链路、有效地促使消费者优化决策。

提升：提出这组营销链路的意义是什么？

第一，看品牌广告与流量广告的争论。 2020 年"品牌广告和效果广告"之争四起，在我们看来，广告不过是营销链路的一个环节，干预顾客行为的一种方式，流量广告也是一个品牌接触点，品牌广告也是一个流量集散点，关键在于企业将它放在营销链路的哪个环节。

我们甚至反对这种分类方法。流量与品牌并不矛盾。数字化经济时代，品牌与数字流量脱节，不可想象。而流量本身也能孵化出新兴品牌，比如完美日记、拼多多。

第二，建立数字经济时代的营销 BPR。 我们曾提出，数字营销是数字化转型的入口，因为企业的变革必是从需求倒逼供给。如何为旧组织构建出新能力？传统企业必须经历一次以链路为核心的数字营销 BPR（Business Process Re-engineering，业务流程重组），以适应数字化时代。

过去的营销环节单一，品牌、内容、媒介等各个小团队的"工作目标、策略打法、时间节奏"都是独立与割裂的，而在链路视角下的营销必须打破组织内部的墙，按照营销效率测量链路使每个职能板块背负不同环节的细分指标，重组过去垂直作业流程，形成内容制作、媒介选择、投放、优化、用户转化与连接、用户复购与运营环环相扣互相配合的新流程。

第三，迎接新的营销管理时代。过去 60 年，市场营销已经走过了三个时代：

1. 需求大于供给的"工业化时代"。此时营销管理的范围主要是 4P 管理，产品由研发部门负责，在产品、价格两个变量基本确定的情况下，营销人员的管理重心在渠道和促销，也就是菲利普·科特勒先生讲的 Push and Pull（推与拉）"广告＋促销"，一个是推，影响消费者认知；一个是拉，影响消费者购买。

2. 大需求、大供给组成的"后工业化时代"。在"后工业化时代"，供给变多了，有部分企业开始将市场营销的管理范围，从 Push and Pull 扩大，首先是"STP+4P"，然后前向一体化到对渠道商的精细化管理，与渠道商一体化，提升效率实现在终端的拦截，这就是"深度分销"模式。同时，为了保证这套体系更偏向于消费者，在推广端实施"整合营销传播"，在渠道端实施购物者营销（Shopper Marketing），按照消费者怎么做购买决策的标准来倒推线上、线下动作。营销管理的范围，在这个时代变成了"购物者营销＋深度分销＋整合营销传播"。

3. 以信息碎片化为特征的"经济丰饶化"时代。信息的碎片化与去中心化是数字时代信息的主要特征。消费者接收信息的方式，消费者做决策的判断方式，开始变得更为多样；从供求关系来看，目前还叠加了"丰饶经济时代"的特征，消费者的时间份额、胃部份额、钱包份额、时空序列都是有限的，而企业的供给是无限的。倒挂的供求关系逼迫企业去建立与消费者直接沟通的渠道，去提升对消费者需求、消费者决策点进行管理的能力，否则将面对劣币驱逐良币的局面。这个时代面临的是"STP+ 新链路组合"。

基于大时代的演进，我们才可以去看待每一种策略调整背后，其细节的张力和涌动力的来源。从大数据（Big Data）不断向决策数据（Decision Data），从整合传播到基于链路和 A/B Test，营销科学逐渐扮演增长的催化剂角色。

最后，回到我经常引用的，菲利普·科特勒的那句话——**市场比市场营销变化得更快**。但是，我想补充的是，理念由实践而涌出，但又必然回去指导更广阔的实践。

　　从整合营销传播到数字营销链路以及本文所提出的五条链路，我们看重的是，企业界应该注重这场不同于传统营销的数字变革，并上升到消费者行为价值链的高度去俯瞰，讨论策略才会具备整体感、战略感和系统感，而不会被带偏。

挖掘"单客经济"：
4 条路径最大化顾客生命周期价值

周再宇

(科特勒咨询集团增长实验室内容经理)

单客经济是以顾客为中心，满足其生命周期的不同需求，并借助提升该顾客的生命周期价值而获得业务增长。

单客经济区别于以往跑马圈地式的用户增长策略，更侧重于用户变现与顾客关系维护。即当用户即将、马上或已经与你发生交易行为时，如何增加他的生命周期总价值？

单客经济的概念在 2015 年左右就有人提出，当时的背景是以电商和游戏为主的移动互联网应用对于用户 LTV[①] 的追逐。因为 LBS[②] 技术和大数据技术的进化，营销者可以探知用户属性、追踪用户行为、推测用户喜好与需求，从而能够挖掘顾客在更长周期内的价值。

2020 年，科特勒咨询集团之所以重提单客经济，是因为营销背景已经发生了巨大的变化：人口红利衰减，劳动人口增长乏力，出生率低迷；从 PC 向移动互联网迁移的流量见顶；除非再次发生大规模的硬件迁移，

---

① LTV：Life Time Value 的缩写，意为生命周期总价值。
② LBS：Location Based Services 的缩写，意为用户定位。

否则就是存量在不同的 App 中游来游去，企业营销进入存量厮杀时代。

　　用户的时间精力是有限的，在这个时代，别人得到的就是你丢失的。重提单客经济背后的逻辑是：在获客成本上升的前提下，如果不能提升单客收入，获客的 **ROI** 就会持续走低，导致企业业务增长受困。2020年，很多企业都在提"破圈"，原因正在于此。

　　必须要界定的是：单客经济与私域经济不同，私域经济是从公域沉淀粉丝到私域，再进行运营转化。单客经济则站在转化的临界点，力图提升顾客的生命周期价值，如果一定要比较，更接近于 LTV。

　　那么，"公域淘金"时代已经结束，"单客经济"时代轰然来临。你做好准备了吗？

底层逻辑和运营动作 —— 雪花图

　　要找到影响单客经济的关键点，必须将其拆解到最小元素，才能找到对应的落地动作。首先看一个公式：**单客利润＝单客（客单价 × 消费频次－成本）**。

　　这个公式里涉及四个元素：单客、客单价、消费频次、成本。为什么着重拆解这四个元素，因为很多人会忽视"单客"这一元素。如同我们简单粗暴地评价传播效果就是"阅读量""曝光量"等，从来不去考虑"被谁看到"。针对这四个主要元素再进一步拆解其影响因素，我们就可以得到具体的运营动作，见图 2-7。

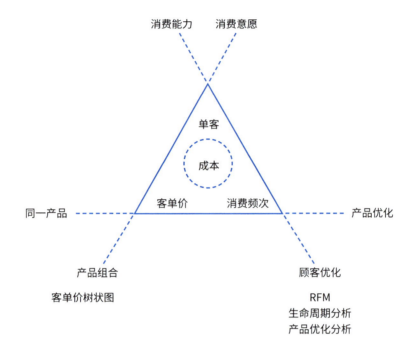

图 2-7 单客矩阵分析

路径一：单客

　　强调"单客"，是因为涉及顾客分级。在增量时代，可以暂时不考虑这一点，因为增量就意味着价值；但是在存量时代，在支出同样成本的情况下，更精准的高价值顾客会带来更多的业务增长。

　　如何评估"高价值顾客"？可以仿照波士顿矩阵，以消费意愿为横轴、消费能力为纵轴做矩阵。消费能力有具体的指标，比如收入情况；消费意愿则需要根据大数据洞察其爱好与需求。

图 2-8 消费意愿与消费能力矩阵

第一象限：消费意愿和消费能力都很强，是不折不扣的金牛顾客。对这类型的顾客需要进行全周期的运营：转化、激活、召回，最好能进入会员体系。

第二象限：消费能力强，但消费意愿不高，是需要重点拓展的明星顾客。主要借助传播策略，从情感和认知上去影响其意愿。

第三象限：消费能力和消费意愿都很弱，需要抛弃这部分顾客。很多品牌靠补贴积累起一些私域群，寄希望于靠提升后期用户生命周期价值来收回成本提高收入，但是一旦补贴停止，这部分顾客就会流失。

第四象限：消费意愿很强，但是消费能力不足，可以提供分期支付或进行低价促销，暂时提升其消费能力。这点视企业所处不同阶段或不同营销目标而定。

第三和第四象限有个共同点：不适合做长期顾客运营，耗费成本较高，与收益不对等。

路径二：客单价

提高客单价，常规做法有两种：提高单价，提高消费数量。

但科特勒咨询集团主要将客单价视为顾客的"购物车总值"。购物车内可能是同一种产品，更可能是多种产品的组合。其中可能有高价品牌商品，也可能有性价比较高的低价促销品。这为提高客单价提供了更为广阔的思路。图 2-9 列出了提高客单价的一些标准动作。

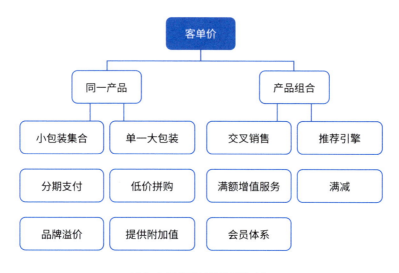

图 2-9 提高客单价的标准动作

和其正的"大瓶更尽兴"有其定位上的考量，但同时也借助大包装提高了客单价；淘宝店家支持分期支付，则为高客单价商品降低了转化门槛；理发店和健身房的充值会员卡提前锁定消费的同时，也是一种打包满减的促销策略。还有些企业会通过涨价的方式提高客单价，比如东阿阿胶、喜茶、爱奇艺。拼多多的低价拼购模式让消费者为获得低价商品自发组团，与针对单个消费者的批量折扣异曲同工，还额外带来了新顾客。

商超"啤酒＋尿布"的交叉销售已经成为营销经典案例，同时为电商推荐引擎提供了创新思路；推荐引擎根据顾客大数据，将关联性强的商品推荐给顾客，或者将与顾客属性相似的顾客所购买的商品进行推荐，以实现交叉销售，进而提高客单价。

案例 1：飞亚达推出高客单价新品，销售额翻了 30 倍

2013 年左右，飞亚达是国内唯一的钟表上市公司。当时公司有三大业务，包括自主品牌飞亚达手表的产销和以亨吉利为主体的瑞士名表连锁门店。飞亚达是当时国内最大的钟表企业，曾连续 12 年名列国内同类产品销量第一。

销量第一却不是销售额和利润第一的境况，让飞亚达品牌非常被动。如何通过品牌战略和市场营销提升销售额和利润，是飞亚达面临的最大难题。

科特勒咨询集团为飞亚达进行品牌战略规划及市场营销咨询服务。在完成飞亚达品牌定位之后，科特勒咨询项目组围绕"时间艺术和钟表文化传承者"这一主轴，开始为飞亚达策划明星产品：金佛祈福腕表。

新品将药师佛、金刚石、绿松石、蔓草吉祥纹、药师心咒等多重祈福元素融于一体，成为近年来钟表界最具文化内涵的人文艺术珍品。该表的零售价提至劳力士等高端名表的价格水平，从原定的 26000 元直接提高到 39800 元。

在该产品宣传费用不足 2 万元的基础上，当年销售量与原型表款相比翻了 12 倍，销售额翻了 30 倍，占年度销售额的 1/5，利润贡献占到 1/3。

案例 2：平安产险借助交叉营销，使商机产生率提升 300%

2002 年，平安集团获得综合金融控股集团试点资格。金融控股集团有以下经营优势：1.实现品牌共享；2.实现信息等基础管理技术及多种管理能力的共享；3.实现投资优势；4.实现客户资源共享；5.实现渠道共享。但挑战在于：在"金融混业经营"的战略下，如何充分打通各业务，使"共享"得以实现。

2003 年 9 月，平安集团与科特勒咨询集团合作，科特勒咨询集团为平安制定了以"金融混业经营"为核心的营销战略，在大中华市场内首次进行金融集团的交叉营销探索。

交叉营销使集团内部各业务能够向现有客户销售更多本企业的其他产品，提升客单价，有利于现有客户的维持，同时还可以降低营销成本。但难点在于，组织架构、产品、信息技术、人员等都急需打破条块分割的局面，这涉及营销渠道、内部组织架构和薪酬激励体系的改革。

科特勒咨询集团为平安集团重新设计了营销体系、销售管理体系、销售支持系统、销售流程、薪酬体系，进行了系统诊断，全面优化和革新方案，获得了平安高管层的高度认可，并有效执行，销售商机产生率提升了 300%。

2003—2005 年，平安财产保险通过寿险交叉销售的业务由 4.43 亿元增长到 13.38 亿元，两年增长了两倍；财产保险交叉销售业务占总财产险业务的比率由 2003 年的 5.2% 提升至 2006 年 9 月的 10.5%。

路径三：消费频次

根据 RFM 模型对于顾客进行细分是非常重要的基础工作。代表 RFM 模型的三个因素分别是：最近一次消费（Recency）、消费频率（Frequency）、消费金额（Monetary）。

根据最近一次消费的时间，可以把顾客划分成四个生命周期：活跃期、沉默期、睡眠期和流失期。在不同周期内应采取不同的刺激方式，以提升消费频次。仅以 to C 的商品举例：

活跃期（1 个月内）：在活跃期是最容易把顾客加入会员系统或进行私域沉淀的，继而进行积分，保持一定频次的触达与沟通，但不做促销。

沉默期（2~4 个月）：根据用户大数据进行再营销触达，同时给予少量的营销折扣，比如优惠券、现金抵扣券等，刺激复购。

睡眠期（5~10 个月）：给予较大折扣强力召回，或者进行交叉销售，赠送试用装，满足多样化需求。

流失期（11 个月以上）：抽样进行问卷或电话调查，发现潜藏的问题，比如影响顾客体验的因素等。

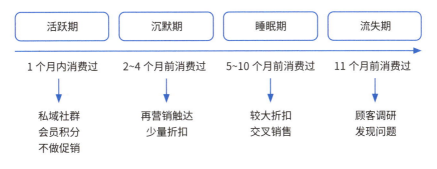

图 2-10 顾客生命周期

2020 年特别火的私域是会员制的变种。如果从海盗模型（AARRR）来看，私域的漏斗口比会员制要大得多。只有产生消费并办理会员才会成为会员；而私域是将可能产生交易的顾客全部囊括进来，甚至可以包括不能产生交易但具备传播价值等其他价值的用户。私域的作用在于降低获客成本、提高接触频次，在低成本的高频接触中创造交易可能性，提高消费频次。

比如药店的私域社群，通过相关性强的医疗保健内容吸引用户，在持续接触中创造消费需求或定期提醒消费，将低频变成高频。

孩子王借助私域 KOC[①] 粘住顾客，提升了单客销售额。孩子王的一线员工大多数拥有育婴师证书，他们以育儿顾问的身份服务和管理会员，并加微信。育儿顾问不承担普通门店销售任务，其核心职责就是会员的开发与维护，业绩指标、奖金收入等与会员的数量、消费频次、消费额等直接挂钩。

咖啡是高复购品类，但是集中度并不是很高。为了提高顾客对自身的消费频次，加拿大咖啡品牌天好咖啡（Tim Hortons）在微信小程序内进行私域运营，通过会员体系来提升复购率，目前天好咖啡在中国80% 的销售都来自小程序。

完美日记、橘朵等国货美妆品牌通过统一人设的账号和顾客成为微信好友，每天都在微信群里发布优惠和新品信息、鼓励顾客参与各种小活动赢取福利，并积极引导讨论，增强顾客黏性的同时，也提高了顾客的消费频次。

除了针对顾客进行运营优化之外，产品优化也可以提高消费频次。

---

① KOC: Key Opinion Consumer，意为关键意见消费者，指能够影响自己的朋友产生消费行为的消费者。

比如：开发产品的新用法、加大产品单次消耗量、重设产品使用周期、加快产品更新迭代等。

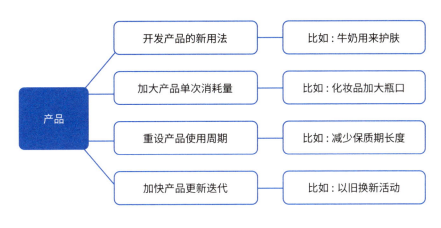

图 2-11 产品优化

农夫山泉就曾以缩短产品保质期的方法，促使经销商加速产品销售和现金流转。同时，保质期较短也会使消费者产生"产品更健康、更新鲜"的心理感受。很多食品企业都会采用这种"标短实长"的保质期标注方法。比如东方树叶在 2020 年初，也将原本 12 个月的保质期缩短为 6 个月。

应该注意的是：产品使用周期缩短，会给销售过程中的每个环节都带来更多挑战，比如库存、出货效率、产品周转率以及代理商资金周转能力等。

路径四：成本

单客成本是指营销者为了转化顾客、服务顾客和维护顾客关系所付出的成本，包括获客成本、服务成本和关系维护成本等。对于传统行业和互联网行业来说，单客成本有所不同，前者一般分为获客成本和留存成本两大类，后者还包括变现成本，因为获客仅代表获取"用户"而非"顾客"。

私域和地摊的本质都在于降低了获客成本。但是营销者应注意获客成本与留存成本、变现成本之间的关系。有些渠道的获客成本较低，但可能留存成本较高，也可能由于获取的顾客质量不高，很难在后续营销中变现，比如提升其客单价或消费频次，最终导致用户流失，使营销者无法在顾客生命周期中收回成本。

瑞幸是个典型的例子。为了在短时间内扩大顾客规模，瑞幸通过低价促销的方式吸引了大批价格敏感型顾客。尽管瑞幸表示与在公域范围投放广告相比，获客成本可以承受，并寄希望于后续的营销提升。但是，瑞幸没有形成网络效应（数字化能力），没有建立品牌忠诚度（品牌价值），没有达成垄断地位（议价权），一旦补贴停止，价格敏感型顾客失去利益点，转换成本又很低，自然就会流失。

企业要付出的留存成本与顾客的转换成本息息相关。企业降低留存成本的过程就是提高顾客转换成本的过程。一般可以分为提高内部引力和降低外部引力两种方式。科特勒咨询集团提出的结构性增长模型中，将品牌与数字化作为企业增长的护城河，对应的正是提高顾客转换成本的两种方式。

图 2-12 提高顾客转换成本的方式

　　数字化传播和销售渠道的兴起，对品牌打造造成了很大的影响。一部分企业选择追随数字化传播的脚步，将预算投向效果更加"立竿见影"的数字化营销中。如宝洁等大公司一度宣布取消所有传统广告，全力支持数字化营销。

　　但是我们看到，也有一些大公司开始反省数字化营销对品牌的影响。2019 年底，阿迪达斯全球媒介总监 Simon Peel（西蒙·皮尔）承认，阿迪过度投资了数字和效果渠道，从而牺牲了品牌建设。2020 年，阿迪达斯更是直接向全球 61 家主要广告代理商发出一封"全球停工信"，要求代理商在没有采购订单的情况下停止工作。2020 年 4 月 27 日，阿迪达斯在其官方渠道公布了 2020 年第一季度业绩摘要：收入下降了 19%。

　　必须承认，社交平台、直播平台的兴起让中小品牌摆脱了传统渠道的限制，借助内容营销，开始在消费者心智中撕开一道口子。但是对于大品牌来说，盲目放弃品牌广告这一优势阵地，是不可取的。

　　IBM 商业价值研究院 2016 年做的调查发现，消费者对品牌的偏爱依然存在。新一类"高能力消费者"重新激发了对品牌沟通、交流和分享的热衷度和兴奋度。这些消费者主要是年轻人，主要是来自全球发展中市场的消费者，但也分布于每个国家、不同年龄段和收入水平的人群中。其中，与其他年龄段的消费者相比，千禧世代[①]更愿意为提供有利于健康的产品（64%）、实行负社会责任的做法（54%）以及对产品采购和制造提供全面透明度的品牌（54%）付费。品牌价值观是构建品牌忠诚度的重要元素，进而提高内部引力，降低顾客留存成本。

　　价值观偏理性层面，而 IP[②] 严格来说是基于移情，是感性层面的。

---

① 一般指出生在 1980—2000 年间的这一代人。

② 此处是 Intellectual Property 的缩写，意为知识财产。

网红能够打通从短视频到直播带货的路径，正是基于粉丝对网红个人 IP 的信任和移情。

作为一家收入在两年内翻了超 10 倍的企业，泡泡玛特的法宝之一就是 IP 运营，且搭配了盲盒的玩法。目前泡泡玛特拥有 85 个 IP，包括 12 个自有 IP、22 个独家 IP 及 51 个非独家 IP。其中最大自有 IP Molly 2019 年卖出 4.56 亿元。

适用边界和注意要点

1. 以顾客为中心：单客经济涵盖顾客的完整生命周期，营销者应围绕顾客生命周期不同阶段的不同需求进行满足。而不是以产品为中心，围绕产品生命周期来匹配不同的顾客。在交叉销售的过程中，尤其要注意这一点，切忌为了推销更多商品而无视顾客的需求。

2. 多做测试，不要盲目全面推行：为了提高客单价，很多企业会选择直接提价的方式，但一定要谨慎。这么做一方面可能引发消费者反弹，比如海底捞、西贝就因为提价而遭遇舆论危机；另一方面则容易被竞争对手乘虚而入，抢占自己本来占据的价格带市场。比如康师傅纯净水，盲目进军 2 元价格带，结果脚跟还没站稳，1 元市场就被冰露抢占了。

优秀的企业正在静下心来"种草"和"种树"①

曹虎

(科特勒咨询集团全球合伙人、大中华及新加坡 CEO)

需求管理是营销的重中之重。

营销的第一个基石是需求管理。营销是企业负责满足并交付顾客需求的核心职能。

彼得·德鲁克（Peter F. Drucker）曾经说过，企业存在的唯一目的就是创造顾客。企业用产品和服务满足顾客需求，这就是企业得以存在的意义和价值。

所以，市场营销工作的第一步就是深度理解企业的顾客是谁，顾客有什么样的需求，企业的产品和服务该如何满足顾客的需求。

什么叫作需求？需要（Needs）、欲望（Wants）和需求（Demands）之间有什么区别？

"需要"是一个生物学概念，与物种和进化有关，相对恒定。

"欲望"是一个社会性概念，与社会文化环境、科技发展等有关，多变且可塑性强。

---

① 本文摘自曹虎博士《新增长路径》一书，有删改。

"需求"则是一个经济学概念，与供给和经济水平有关，是经济增长的主要推动力。

从营销视角对需求的定义是：需求等于有支付能力的欲望。

举个例子，在尼安德特人的时代，人们口渴时怎么办？他们大多只能喝天然的地表水。作为人类，我们基本的生理需要是不会改变的。人类以前会口渴，十万年之后的今天仍旧会口渴。

但到了今天，人类满足生理需要的方式发生了很大的变化。比如当一个人口渴了，他可以喝自来水、白开水、矿泉水、纯净水，怕上火可以喝王老吉，出于口味和营养的需求还可以喝果汁、啤酒、牛奶等等。

也就是说，在今天，人类身体的基本生理需要有很多种方式满足，这些叫作欲望。欲望是超出生理需要的，是由社会和文化场景、科技发展催生的社会化需求。

而需求是基于经济学概念的"欲望 × 支付能力"的产物，有支付能力的欲望构成了当今营销学意义上的"需求"。

所以，企业的营销并不创造新的"需要"，但是它通过激发新的"欲望"，创造了新的"需求"。

好的营销可以让人们的生活更加丰富多彩，让人生更加有趣和有意义。

营销工作首先要做的就是理解和创造新的需求，满足那些没有被很好满足的需求。如果没有需求，就不存在企业，也就不存在市场价值和顾客价值。

需求管理是营销的第一个基石。那么企业应该怎样做需求管理？

很多企业都会建立专门的市场研究部门，自己做调研或者外聘专家、顾问做消费者研究。

市场研究部门可以帮助企业理解消费者如何使用产品、产品和服务如何解决消费者的问题、企业如何创造美好的需求、企业的产品和服务在消费者生活中扮演的是什么角色等问题，这些都是帮助企业理解和满足消费者需求的工作。

但是在真实世界中，企业对消费者需求的理解并不仅仅依靠市场研究部门和外聘专家团队做的访谈调研。**那些有着卓越营销的企业，除了会做定期调研，更重要的是它们对消费者使用产品、服务的场景和消费者的生活有着全方位的观察、体验，以及深度理解**。

今天，我们有了数字化平台和大数据，衣食住行得到了全方位的关照，这让我们能够更加深刻地理解消费者的需求。

很多时候，消费者并不会将需求直接表达出来。假如你去做访谈，问消费者："你觉得我们的产品好吃吗？饮料好喝吗？"消费者说："好吃，好喝。"

而当你进一步追问"为什么你觉得好吃和好喝？你的感受如何？你将我们的产品和其他产品进行了怎样的对比？"时，很多时候消费者就说不出来，**因为消费者本身并不是产品专家**。

企业不应该期望消费者可以直接说出产品应该怎么做，该如何改进，企业真正可以从消费者处获得的高价值信息是：消费者对所使用产品的效果有什么样的期待，消费者真正要解决的问题是什么。

所以，当企业做需求管理时，需要观察消费者的行为，消费者对产品和服务的使用场景、消费者使用产品和服务后的评价，以及消费者与其他人的互动。

比如企业可以从消费者对产品和服务的评价中，挖掘消费者用语言无法表述的真正的需求满足程度，以及决定消费者购买产品和服务的"购买标准"。

因此，需求管理绝不仅仅是访谈调研。需求管理是对消费者使用企业产品和服务的场景、动机、评价的全方位感知，需要从多维度数据出发，结合对人性的洞察和行为学研究方法，穿透表象直达本质。

当下，企业想要有效理解消费者需求，就要建立针对市场营销的研究部门，建立对消费者多维度数据持续收集、监控和归纳的洞察部门。

同时企业要能够对这些数据进行解读，将它们变成知识，并让这些知识变成管理决策，从而帮助企业优化产品设计、产品场景选择、产品定价，甚至助力企业探索该用什么样的内容和形象与消费者沟通企业的产品和服务。

比如，宝洁公司的市场研究部门就代表了它的核心竞争力，该部门负责"思考和优化"宝洁公司和消费者市场之间的动态互动。

该部门的核心工作是持续不断地深度理解消费者需求到底是什么，以及消费者需求是如何变化的，同时洞察市场趋势，为宝洁公司的战略和商业决策提供支持。

宝洁公司的很多产品看似简单，比如洗发水、家庭清洁用品、牙膏、个人护理产品等，但实际上这些产品针对的消费者需求是非常多样化的，都是基于对消费者需求的深度洞察。

所以，需求管理是营销的重中之重，是深度理解和提升营销竞争力的根本性来源。

建立差异化价值是营销的重要工作

营销的第二个基石是建立差异化价值，也就是企业的产品和服务如何实现其独特性。**好的营销一定能够帮助企业通过建立差异化价值，实现产品和服务的独特性，从而使消费者的选择变得更加容易。**

当下，一旦一个设计新颖、独特的电子产品面世，很可能在一个月内，就会出现类似设计的产品。在食品饮料领域，一个爆品上市两个月后，就会有企业推出模仿产品。

由于供应链上游的生产制造能力在不断加强，智能化、自动化使中国成了全球制造中心，导致产品本身任何简单的功能性差异都很难保持领先优势。

显而易见，我们正处于一个产品高度同质化的时代，一个产品过剩而消费者注意力稀缺的时代。在这种大环境下，企业该如何塑造差异化？差异化来自哪里？

有不少企业家朋友告诉我："我们的行业非常难做，因为这个行业的差异化都被别的企业抢占完了，产品已经没有什么创新空间了。我的企业非常难做，根本没有办法做到产品差异化。"

其实并不尽然！在任何一个行业和产品品类中，都存在无穷无尽的创造独特性的机会，关键是企业对独特性和差异化的理解太过狭隘，才限制了创新的空间。

如今，差异化可以来自以下方式。比如产品配方的差异化、产品功能的差异化、产品包装的差异化、产品使用场景的差异化，还可以是顾客的差异化、品牌 IP 或文化调性的差异化……

更有趣的是，企业还可以实现付费方式、商品交换模式的差异化。其他企业都是采用每卖一个商品收多少钱的商品交换模式，商品交换模式能不能进行差异化？比如按照顾客使用企业产品获得的效益多少收费。

举个戏剧公司的例子。西班牙有一家戏剧公司从不卖票，观众全是免费入场。当观众进入剧场之后，剧场会有摄像头进行拍摄，查看每个人笑了多少次，每笑 1 次收 1 元钱。

如果观众的笑点很高，观看台上表演的情景喜剧根本不笑，那他就可以免费观看；但如果观众的笑点很低，假如笑了 100 次，不好意思，那观众就要交 100 元钱。这是什么？这就是基于顾客使用效果进行的收益分成。

过去，我们认为手表这个行业已经发展了这么多年，无法实现差异化，因为该设计的都被设计了。

但是有一个极具创新性的企业叫斯沃琪（Swatch），它就实现了手表的巨大差异化和独特性，因此获得了巨大的成功。

斯沃琪重新创造了手表和消费者之间的关系，为了让手表在消费者的生活中扮演一个全新的角色，斯沃琪推出了全球第一款时装表。引导消费者 1 周佩戴 7 块不同的表，使手表成为服饰的一部分，而不是昂贵的计时工具。

在 B2B 行业，做纸浆产品可以实现差异化吗？也许有人会说："纸浆就是纸浆，怎么差异化？"所有人都认为纸浆行业没有办法实现差异化，于是大家都在拼谁的产品价格更低。

但是，纸浆行业其实是有实现巨大差异化的机会的，比如在纸浆运输过程中是否可以减少人工成本、提升流程标准化，从而提高效率，节省顾客的总体使用成本？

以前运输纸浆采用铁丝固定包装，在包装和卸货时需要很多人力和时间进行捆扎和剪铁丝，而现在用塑料固环包装、固定纸浆块，一提一拉塑料扣环，就能实现纸浆的固定与拆卸。

这样一来，就节省了人力和时间，提高了运输效率，实实在在地节省了成本。这都是差异化的方式。

所以，今天可以进行差异化的点太多了。如果企业没有发现可以进行差异化的点，就一定会进入"价格战"的红海。

没有差异化的点，企业就无法打造品牌，因为品牌对消费者来说应该是有差异化和独特意义的所在。发掘差异化和创造独特性就是营销的重要工作。

差异化来自超越竞争对手的对顾客的深度理解，它和需求管理高度相关。很难想象一个对用户根本不了解的企业能够创造出差异化价值。

如果企业只知道经销商，却根本不了解顾客到底会在什么场景下使用企业的产品和服务，顾客使用企业的产品和服务需要解决什么样的问题，企业怎么可能创造出差异化价值？

这样的企业只能模仿竞争对手，于是在市场上，各个企业之间模仿来模仿去，最后只会进入完全竞争状态 —— 所有参与竞争的企业，经济回报为零。

所以，营销工作就是要让供给曲线"失调"，超出唯价格决定论，创造和交付顾客独特的差异化价值。建立差异化价值是营销的第二个基石，它是营销部门和整个企业创造独特用户价值的载体。

与顾客建立长期价值关系是营销的持续基础

"把顾客当成猎物，抓住一个是一个，卖出一单是一单，之后老死不相往来""只有产品出了问题，顾客才会找人维修"的营销理念已经过时了。

今天，新的营销理念已经从将一次性的短期收益最大化，变成了把顾客终身价值（Customer Lifetime Value，CLV）最大化并作为企业的长期资产。

所以，营销的第三个基石就是：与顾客建立长期价值关系。其本质是提升顾客的终身价值。

顾客终身价值的简单计算就等于顾客在整体生命周期中购买的总金

额减去与之相应的企业直接营销成本，把得出的数据用现在的利率折现形成的净现值（Net Present Value，NPV）。

比如一罐碳酸饮料的价格是 5 元，我每年喝 365 罐，连续喝 20 年，那么我作为一个顾客值多少钱？

即"5×365×20 －针对我的直接营销成本"，得出的数据经过折现后的净现值，就是我对于碳酸饮料公司的顾客终身价值。这个公式中的关键是客单价、购买频次和顾客生命周期。

顾客生命周期的简单测算方法是年度顾客流失率的倒数，比如一个企业的年度顾客流失率为 20%，则该企业的顾客生命周期为 5 年。

所以，顾客流失率的降低（忠诚度的提升）对顾客终身价值的提升影响很大。在美国的保险行业，顾客流失率和企业利润之间的比值可以达到 1 ∶ 17！

如果明白了顾客原来值这么多钱，那么企业最有利的经营方式就是想办法让顾客成为老客户，购买更多的企业产品并且购买的时间变得更长，不仅自己购买，还推荐别人购买，这就叫作经营顾客。

和顾客建立深度互动关系，形成持续交易基础，是营销非常重要的工作。

其实，经营顾客的观念过去也有，但是企业很难做到。在传统营销环境下，顾客买完东西就和企业失联了，消失得无影无踪。为什么会这样？

因为在过去，企业没有和顾客进行连接的基础。而如今有了微信、有了私域和社交网络，顾客可以通过移动互联网和社交平台与企业实现实时连接，从而让企业拥有长期经营顾客的基础。

今天的一些新概念本质并不新，比如"私域营销""会员""超级会员""会员权益管理"等，它们都是依托新的数字化工具，在建立长期顾客价值上的新实践。

如果企业有强大的、深刻的超出竞争对手，甚至超出顾客本身对自己需求的深度理解，企业做出来的产品一定会具有差异化特征和独特的价值，让消费者愿意选择企业的产品，从而形成品牌。

同时，由于企业的产品差异化很大，能创造出独特的价值，深度满足消费者能说出来、能意识到甚至没有意识到的需求，那么消费者就不会离企业而去了，他会爱上企业的产品、推荐企业的产品，会长时间购买企业的产品。对于企业来说，自然就形成了与顾客持续交易的基础。

所以，这 3 个基石之间是高度关联的。

当下，企业需要真正静下心来，让这 3 个基石在企业扎根，在这 3 个基石的领域做深做透。

AI 时代的"超强营销" ①

曹虎

（科特勒咨询集团全球合伙人、大中华及新加坡 CEO）

　　上一次来雅加达还是 2018 年，这 5 年世界变化很大，我看到了这座城市巨大的发展和变化，看到了印度尼西亚的巨大进步，也看到了亚洲市场的巨大进步。与之相同的是，中国市场和美国市场也在快速变化着。我从技术的角度来分享——中国的技术和团队如何在亚洲市场创造价值。

营销是能让企业获得有机增长的一套准则

　　与过去几十年相比，世界市场有低增长的现状。譬如中国市场，往年通常有 8%～10% 甚至 11% 的价值增长，但是现在仅能达到 5% 左右，我们称之为"低增长"。中国市场内部进入低增长时代，每个人都在谈论如何获得增长。

　　2019 年，"现代营销学之父"菲利普·科特勒给出营销的最新定义——**营销是能让企业获得有机增长的一套准则**。让营销的定义不仅留

---

① 由菲利普·科特勒东盟营销中心、Markplus.Inc、科特勒咨询集团等联合举办的第 18 届东盟营销峰会于 2023 年 12 月 7 日在印度尼西亚雅加达圆满结束。作者在会上发表演讲，本文根据演讲内容整理，有删改。

存在功能和部门职能，而且作为增长引擎，帮助企业保持有机增长。

科特勒将增长划分为两种——**结构性增长及战略性增长**。我们不需要改变模式，甚至不需要在这方面投入更多，但提高了效率。结构性增长的三大支柱来自客户，我们有更好的客户表现，更牢固的客户关系，另外需要重视客户的生命周期管理。

此外，我们还可以改进产品的组合。很多企业通过渠道改革获得增长。现在有很多新渠道出现，比如直播，从线上到线下，社区销售，新旧渠道的融合，全渠道的运营，等等。

对于中国企业来说，他们面临着两个战略选择，第一个选择我们称之为"全球化"（Go Global）。其中企业出海有四个阶段，从 1.0 到 4.0时代。像中国新能源汽车品牌比亚迪、新能源储能品牌宁德时代，他们现在正在成为全球性的公司，他们拥有全球总部，但每个地方都有非常本地化的运营商，我们称他们已经进入了"出海 4.0"时代。

人工智能在营销上的启发

人工智能和数字化为业务增长创造了驱动力，这是一场革命。

在 AI 时代，顾客行为深受新媒体和内容营销影响。这些与品牌相关的信息将会对顾客行为造成很深远的影响，当然，这些影响不仅来源于品牌、KOL，而且越来越多地来自朋友口碑，我们称之为 KOC。

在中国，我们还有 KOS[①]，他们利用直播，拥有一定的影响力，这是线上线下市场策略相结合的一个亮点。

因此，我们拥有庞大的信息来源，各种不同格式的内容。PGC

---

① KOS：Key Opinion Sales 的缩写，意为关键销售人员。

（Professional-generated Content）和 UGC（User-generated Content）两种模式受到数量、质量和成本的限制。另外，人工智能生成内容（AIGC）能够有效地解决 PGC 和 UGC 模式的局限性。它的优势在于能够以较低的单位成本生成数量更多、质量更高的内容。

企业为了将 AIGC 整合到营销工作流程中，必须计划内容策略并了解品牌的需求和目标。大量的内容和信息会将消费者淹没，你的品牌内容如何在其中脱颖而出，在恰当的平台与消费者的需求相匹配，对企业是一种挑战。

消费者行为、消费者兴趣、消费者所处的地理概况等众多因素最终将影响消费者对品牌的认知。渠道内容、渠道策略如何改变市场呢？中国有约 800 万零售商店，包括夫妻个体店、餐厅，每个小店都能提供精彩的"内容"，这些小店能够有效地帮助销售人员提高与顾客对话的效率和机会。品牌的内容是通过各种与顾客建立联系的方式传递出来的，并在消费者中形成强大的影响力。

产品内容化，产品构成内容，而内容也要以产品的形式呈现，人们喜欢有故事的品牌，这些故事有趣、有用，并且与人们的生活息息相关。

现在，AIGC 可以从 0 开始创造这些内容，可以看到 AIGC 拥有能够提供由机器生成媒体内容的创造能力，从 0 级到 5 级，我们看到越来越多机器参与内容制作，这是对"内容生产完全由人类完成"概念的根本性突破。

像中国企业华为，他们用 AIGC 制作产出了很多内容。AIGC 在企业营销中发挥了真正的商业影响力来推动公司增长，我们必须将 AIGC 这种人工智能工具放入业务系统中。每个品牌都需要有自己的增长目标，所有的内容要求都是从商业角度出发的。智能科技正在改善线上和线下的营销整合。如何通过每个触点提升顾客体验，AI 可以帮助企业进行一些营销决策，为销售团队提供更有价值的需求信息。

顾客在做出一个决策前，他们会去社交媒体，或者官网浏览介绍和评价，也会去线下的商店看实物，线上线下整合营销是 AI 时代的营销现实。我们需要整合线上和线下的营销触点提高消费者的体验，这将是企业面临的挑战。

关于线下营销的新形式，中国有一个名为"全世萝卜"的咖啡机器人比较有趣，它能够在线下渠道给客人做出 300 种咖啡，这是一般人力所无法完成的，而它只需要接受 30 分钟的培训，机器人可以收集大量的数据，在离线状态中与用户互动。机器人的高效率和顾客良好的体验感，提升了 O2O 整体的营销绩效。

另外，很多购物中心面临的挑战是如何吸引新的顾客。"大道智创"移动零售机器人帮助商场和品牌吸引新客户、推广新产品、与顾客互动，能够大幅度降低商城的人力成本。

毫无疑问，现在正处于 AI 时代，但我们不能完全依赖技术，营销的核心仍然是人类对人类真正的价值。

菲利普·科特勒说过，如果您的企业不做任何改变，将在 5 年内关门大吉。现在我觉得是 3 年，甚至说是现在就必须要行动，不断重塑自我，跟上消费者的步伐，否则结束将来得更快。

AI+ESG 时代顾客价值创新 ①

曹虎
（科特勒咨询集团全球合伙人、大中华及新加坡 CEO）

数智时代的价值机会

过去十年，以机器学习、人工智能为代表的新一代通用技术缓慢地影响着人类的生产与生活。但是，这种缓慢的变革是不可逆的、深远的，如同早期的蒸汽机、电力和计算一样，AI 正朝向 AGI（通用人工智能）不断发展并成为可预见的未来。在这样的背景下，了解技术、拥抱技术尤为重要。

以 AI 为线索透视科学技术如何驱动顾客价值的演变与企业的增长，创新创业者需要思考以下两个问题：**技术创新将为企业的持续发展带来怎样的机会？技术如何推动社会发展和经济繁荣？**

实现可持续的生活和经济发展成为当今时代的一个重大议题和全球共识。

---

① 2023 年 5 月 18 日，作者应邀在北大汇丰创讲堂分享了关于 AI+ESG 时代下营销战略新范式的深度思考。本文根据演讲内容整理，有删改。

最早从 2006 年就开始构建的 ESG① 框架，迄今已形成了一个相对完整的公司治理、金融投资、负责任的消费、负责任的交通和负责任的生产的可持续性指导框架。

使用 ESG 框架可以帮助企业在经济发展过程中不以损害环境为代价，并在环境、社会和治理结构方面实现可持续发展。ESG 框架并非一个被迫为之的负担，相反，ESG 框架将是未来企业发展的一个重要方法。

按照 ESG 约束条件经营的可持续发展企业，带来的社会总体回报、经济价值、社会价值、可持续发展价值和股东回报高于非 ESG 企业。如果企业没有按照 ESG 标准进行可持续经营，将面临包括产品无法进入分销链条、供应商不愿采购、严重的合规成本在内的全球范围的挑战。

在技术导向和面向可持续性转型的时代中，**企业起步靠机会和速度，做强靠趋势和系统**。创业企业的起步可以来自技术发明、未满足的需求或独特的客户采购需求等机会，同时借助于企业灵活、聪明、高执行力形成局部竞争优势来与资源丰富的巨头竞争。

企业扩张到一定规模，在短暂的机会周期之外更需要关注缓慢的、深刻的、不可逆的趋势力量，来改变商业模式、行业、产品和顾客使用习惯。机会常常以月为周期，趋势则以 3—5 年为周期。

在获得机会和理解趋势的基础上，创业者需要总结归纳成功的经验和最佳实践，并将其变成系统，以构建组织能力。**创业者在保持对机会敏感的同时，也需要通过大量阅读、跨界交流和深入市场前沿获得一手信息，以识别趋势和保持长期竞争力。**

---

① ESG：Environmental（环境因素）、Social（社会因素）及 Governance（治理因素）英文单词首字母缩写。这是一种关注企业环境、社会、治理绩效而非财务绩效的投资理念和企业评价标准。

长期主义和有机增长

长期主义是未来重要的心态

基于科特勒咨询集团 2019 年的分析报告，未来十年或者更长时间内，大多数行业将进入一个缓慢增长和存量博弈的时代。市场份额扩大与外延式增长不再是企业的主要目标，跑马圈地、用资金拼命获得市场份额的情况会被改变，企业将转向关注现金流、利润和经营利润率。

企业的增长可以总结为**"五类增长来源"**：

（1）自然增长，由人口结构或需求决定的行业自然增长。如：高速公路里程增加带来的汽车销量增长。

（2）空窗增长，来自市场中空白领域带来的增长。如：原来只有 20 元的啤酒，现在可以推出 8 元的啤酒补充空白市场。

（3）创新增长，创新品类、产品、分销渠道和模式等带来的增长。如：电动车、洗地机、ChatGPT 等创新产品。

（4）挽回增长，挽回流失客户所带来的增长。如：移动通信公司给回头客现金补贴。

（5）转移市场，将竞争对手的消费者转移过来带来的增长。如：进口手机用户换用国产手机。

其中，空窗增长、创新增长、挽回增长和转移市场被称为 α 型增长，这些增长来源与企业的经营能力、战略、资源的投入和成本有效性高度相关，能够为企业带来超出行业平均增长率的独特性价值。

自然增长则是 β 型增长，反映行业的平均风险水平。未来大多数行业的 β 型增长都将是缓慢的，因此企业目标的制定和经营核心将不会以扩大市场份额为主要目标，反而是关注现金流和利润、经营利润率，平衡关注增长和盈利能力。提升企业能力的 α 型增长将是主要的增长来源。

关注顾客价值的有机增长

科技具有自我否定和自我迭代的特点，因此科技产品需要快速迭代和追求增长。此外，科技产品的采用率对于实现产品价值至关重要。

因此在未来低速增长和存量博弈的经济环境中，创新创业公司需要关注有机增长，实现真实的顾客价值，而不仅仅是追求快速增长或资本市场上市。

在短期全球疫情的冲击下，消费者改变了对于未来、自我、社会、确定性与不确定性的认知，进而改变了对品牌的偏好和对消费产品的选择。

具体而言，面对未来发展的不确定性和不连续性时，消费者将会抓住当下并提升自身竞争力。因此，消费者转向关注营养与健身领域，转向教育与自我学习以提升个人在职场中的竞争力，并回归慢生活与心灵的丰富，这些都成为新冠疫情冲击之后消费者明显的心理与行为改变。

针对时代冲击带来的改变与 ESG 环境，"节俭式"创新创业成为重新理解什么是生活本源之后的另一条创新创业路径。在追求更高、更快、更强的产品之外，重新思考产品是否够用、好用、负担得起，以满足低收入人群、中小企业和贫困人群的需求。

与之相应，诚实、真实和真诚的品牌传播方式在当下更具共鸣力。品牌应真实地承认自身的局限性，说真话、示弱，但内心充满热情、服务于真正能够服务的人群，而不是追求虚假的完美形象。

中期人工智能的爆发导致生产力和生产关系正在被重构，催生了众多提升效率的做事情的方式与创新创业机会，同时也让人们重新思考人的本质、人的能力、人的优势和未来工作的定义。

长期环境变化和地缘政治变化可能会产生新的经济地理结构，其中也会催生众多创新创业机会，深度全球化是不少企业面临的新课题。

冲击带来**两大反思：**

（1）理解人工智能的潜力和应用场景，以及如何利用其改变传统行业的方式，将是创新创业的重要思考点。

（2）人们通过反思自己的存在意义和价值，重新审视自己的角色、目标和动机，为创新创业提供有趣的机会。

从技术创新走向价值创新

在以人工智能和数智互联为特征的 Web3.0 时代，技术发展使得产品创新不断涌现，但技术并不直接创造价值。产品和服务的创新技术溢价、创新产品功效以及创新技术成本控制问题将对消费者的支付意愿产生影响。

只有当：

（1）技术所带来的超越现有产品的显著功能升级；

（2）技术所带来的使用场景变化；

（3）技术所带来的巨大的成本结构变化；

（4）技术所带来的付费模式变化。

以上四个因素发生时，技术创新才有可能真正创造顾客价值。

观察当下正在发生数字化改变的行业，如医疗设备行业、电动车行业以及卡车行业等，可以发现通过应用新的商业模式，将以传统产品销售方式运作的产品转变为运用数据传感器技术共享化的 SaaS[①] 服务，是

———————————

① SaaS：Software as a Service 的缩写，意为软件即服务。

一种重要的商业创新。这种创新不仅可以提供更好的用户体验，同时也符合 ESG 治理框架。

了解（Aware）、吸引（Appeal）、问询（Ask）、行动（Act）与拥护（Advocate）是菲利普·科特勒在《营销革命 4.0》中所提出的顾客购买决策 5A 模型。**市场营销的核心在于围绕 5A 框架帮助消费者在不同阶段快速流动与转换，"以人为本"的智能型技术将帮助营销链条与消费者体验更高效、个性化与价值化**。其中，商业创造力依然是推动技术变革与创新的核心因素，将帮助产品创造更多价值并适应新的商业模式和场景。

案例一： 电动车（新能源智能网联车）相比于上万个零部件的传统内燃机车辆，零配件减少了 30% 以上，并且具备强大的数据收集能力。

与传统燃油车的"4S 店 + 零整比"的盈利模式不同，电动车行业采用通过"直营和基于数据的增值服务"为特点的新盈利模式，进一步提升了资源利用效率，把汽车产业从制造业转化为 CaaS① 服务产业。

案例二： 人工智能技术。决策式 AI 主要通过模式识别和预测来帮助推荐产品，改变了传统产品与消费者的匹配方式，使得通过决策式 AI 驱动的平台如抖音可以更好地推荐适合消费者的长尾产品。

生成式 AI 则能够创造大量内容，在从 PGC②向 UGC③转型的过程中，消费者对产品的选择与评价更多依赖内容而非硬性广告，使得内容式营销变得更加有利。

---

① CaaS：Car as a Service 的缩写，意为汽车即服务。

② PGC：Professionally-generated Content 的缩写，意为专业生产内容。

③ UGC：User-generated Content 的缩写，意为用户生产内容。

　　案例三：元宇宙和 NFT[①] 技术。对于品牌和商家来说，进入元宇宙可以与年轻人进行互动和沟通，创造沉浸式的品牌体验并极大丰富顾客忠诚度。

　　同时元宇宙带来了新的产品销售平台和新的产品，如耐克旗下的 NFT 版运动鞋品牌与欧莱雅推出的数字化妆品。NFT 技术不仅仅是数字藏品，NFT 正在成为顾客忠诚度管理和会员计划的新平台和新范式，比如星巴克的奥德赛计划。

面向 ESG 人群的新时代营销

　　ESG 的重要性日益增加，主要是因为人们的"创造者"意识的觉醒。过去的商业社会通过广告营销创造了一种观念，即在这个社会中人的定义首先是"消费者"。

　　人们都在被动地等待新产品和品牌来吸引自己。物品象征社会地位，一个人的成功意味着拥有更多具有高价格和稀缺性特征的物品。人们在商业社会中的"消费者"身份定义导致人们每天生活在商业广告的洗脑灌输和永远的欲望焦虑中。

　　然而，人工智能的冲击和社会加速变化的影响，让许多人意识到自己可以是"创造者"，可以自主选择生活方式而不必受商业观点或物质主义的束缚。由此，人们的购买标准，不再是取悦他人和物质上的攀比，而是价值观的共鸣和悦己的生活方式的选择，以及企业是不是可持续负责任。

　　"创造者的觉醒"是新营销与 ESG 崛起的大背景。在这个时代中，

---

① NFT：Non-fungible Token 的缩写，意为非同质化代币。

有一些特定的人群需要我们关注，比如 ESG 人群等。举个例子："极简生活者"认为快乐更多地来自自我反思、与自己对话、与亲人共度时光、自我学习和充电。他们认为过多拥有物质会成为烦恼的源头，真正简化物质生活反而使心灵能够聚焦在重要的事情上。这些人群的兴起为我们带来了新的商机。

在 ESG 时代，消费者对品牌有着全新的期待。他们希望品牌对社会问题表态，积极参与创造更美好的社会，并为产品和生活赋予积极的意义。消费者希望品牌能帮助他们培养兴趣，而不仅仅是把产品卖给他们。他们追求与品牌的弱关系，通过与品牌共享价值观和参与品牌活动来扩展眼界和获得新的机会。此外，消费者也对品牌的可信度提出了更高的要求，希望品牌值得信赖。一个 ESG 企业的成功是通过将 ESG 理念融入企业文化中得以实现的。

案例四：巴塔哥尼亚（Patagonia）是一家专门生产户外装备和户外运动服装的公司，其创始人是户外运动的爱好者，他们将 ESG 和保护地球的理念融入企业文化中。他们采用可持续发展的理念，使用环保和再生材料，提供产品作为服务的租赁模式，倡导减少消费和精简购买。

创始人把其股权全部捐赠给了环保组织，他的宗旨是："地球就是我们唯一的股东。"巴塔哥尼亚吸引了和它价值观极度共鸣的超级忠诚消费者的支持，让它不仅取得了非常高的业绩回报，还被美国权威民意调查机构评为"2023 年美国 100 个最受尊敬的品牌"第一名！

有温度、说真话、有能力、注重人与人之间的关系构建是 AI+ESG 时代真正的可持续商业价值。

公司应秉承理念、宗旨和目标，并追求给生活、社会带来启发、希望和价值。

最后，创业者可以深度思考以下三个问题：

1. 我们公司的业务本质是什么？

2. 驱动我们增长的根本性力量是什么？

3. 我们如何从机会性增长发展至战略性增长？

问题驱动人类思考和进步。希望读者朋友能带着这些好问题，不断地思考和实践，把"技术创新"的种子变成"顾客价值"的参天大树。

"流量"就是注意力，
但注意力不等于利润 ①

齐卿 **菲利普·科特勒**

《中欧商业评论》资深编辑 　　科特勒咨询集团全球首席顾问、
凯洛格商学院杰出教授

2019 年 10 月 12 日，《中欧商业评论》（CBR）专访了"现代营销学之父"、科特勒咨询集团全球合伙人、首席顾问菲利普·科特勒教授，谈到了未来市场营销等话题。菲利普·科特勒认为，当下经济增长放缓，企业应抛弃以并购驱动的增长战略，重新重视市场规模和利润的增长。同时，企业应关注神经网络、机器人、AI、VR 等新的技术，以此寻求新的增长机会。

有效市场营销的两大要素

CBR：

作为近代市场营销理论的奠基人，您的研究历程基本上代表市场营

---

① 文章曾发表于《中欧商业评论》2019 年 12 月刊，原名为《菲利普·科特勒：未来十年营销关键词》，内容有删改。

销理论的演进过程。您认为在过去 10—20 年间，市场营销最重要的变化是什么？

菲利普·科特勒：

市场营销活动大约产生于 115 年前，它最初的本质就是销售。市场营销发展之初，是通过给予销售员销售线索、宣传册等，来帮助销售人员取得更好的销售业绩。随着销售活动的发展，我们意识到，市场营销不仅能促进销售本身，还能帮助企业决定要不要生产这个产品，生产什么样的产品。因此我们可以看到市场营销的内涵大于销售。

市场营销在 19 世纪 50 年代至 60 年代，在诸如宝洁（P&G）之类的大公司的推动下发展很快，消费者导向非常强。但那时是大众营销（Mass Marketing）的做法。例如通过电视广告，将一条 30 秒的广告信息传递到整个市场。但是这带来一个问题——如果消费者并不对这个产品有需求或者兴趣，这样的广告就很烦人。换句话说，这样的大众营销效率很低，不够精准。

因此，在此之后，我们开始思考进行市场细分（Segmentation）、确定目标市场（Targeting），最后进行市场定位（Positioning）。我们认为有效的市场营销有两大关键要素：**一是选择目标市场，二是创造目标市场的价值主张**。

我们同时也需要了解市场中的每一个消费者，这样才能定制相应的营销信息以及产品和服务。就像最近有人说的那样：只要你告诉宝马公司你对车的需求，他们就能帮你定制出一台独一无二的汽车。为实现定制化，我们就要用到大数据，要用到社交媒体等新的工具。

社交媒体能让我们即时捕捉众多个人的行为信息。这也意味着，**市场营销需要从过去的广泛营销思维转变为更个性化的营销思维，即一对**

一的营销思维。一对一营销，而非广泛营销，变成当前所需。通过适当的营销信息，在适当的时间，以适当的价格，提供给适当的顾客，这是新型市场营销。当前，我认为因为有 3D 打印、虚拟现实（VR）等新技术的出现，市场营销还将继续往前发展，经历不同发展阶段。

人工智能不能代替人类大脑

CBR：

您非常关注新技术对市场营销带来的变革。近期涌现的人工智能、大数据、区块链、5G 等技术对市场会带来哪些变革？

菲利普·科特勒：

我可以谈谈人工智能，我们知道算法技术非常重要。人工智能的目标是模拟人类大脑。作为消费者，他的大脑会做出例如购买某种汽车或搜索某信息的决定。因此，我们为什么不创造出能跟人类大脑做出一样决策的虚拟大脑呢？

通过融合更多信息（大数据），虚拟大脑或许会比人类大脑更有效率。我们现在正在尝试标准化 AI 运营，以节约时间。然而，市场营销中也有很多决策无法被人工智能模仿。**AI 可以做很多事，但是它并不具有衡量哪个市场更优的全局观，所以我们仍需要人脑来进行决策和判断。**

移动互联网，让美国企业开始向中国企业学习

CBR：

移动互联网给中国带来巨大变化，中国近期涌现的很多优秀企业，

都和移动互联网相关。您认为，移动互联网的风口之后，中国企业在哪些领域会有新的机会？

菲利普·科特勒：

我非常同意你的观点，智能手机改变了世界，人们不再需要携带电脑。买家和卖家口袋中的智能手机，就相当于一台微型电脑，什么信息都能获取。我不知道未来会向哪个方向发展，但是除了移动互联网，我知道现在还有很多新兴的领域，如神经网络、机器人等新技术，使我们还有更多进步的可能。

中国企业在新媒体上做得非常成功，比如阿里巴巴和腾讯。我甚至觉得你们在极短的时间内，在社交新媒体领域创造出很多新事物，做得比我们要好得多。过去你们向我们学习，现在变成我们向你们学习。

CBR：

移动互联网时代，中国的很多企业产生了"流量思维"这种营销策略。对此，有批评，有赞许。您对流量思维的看法是怎样的？

菲利普·科特勒：

我理解的"流量思维"是关于注意力的问题。注意力现在是个很重要的问题，当今人们的时间越来越少，他们不想看广告，甚至想阻隔广告。我也不爱看广告，我还有专门的广告阻隔器，因为我希望更好地利用自己的时间。

所以现在的问题是，采取什么方式能吸引消费者的注意力。这就涉及促销这个话题。很多公司吸引消费者注意力的方式是通过大降价。为了让客户进店，商家给客户某个优惠价格。

但是有一个问题：争取到销量增长是一回事，利润增长又是另一回事，如果不注意，销量增长了，或许利润并没有增长。假如我跟消费者说：明天购买我的商品只要半价，公司商品销量是增长了，短期有利，长期并没有什么益处。因为消费者下次只有在价格同样是半价时才会进行购买。公司短期内通过降价促销争取到了客户的流量和注意力，但是会伤害重复销售和长期销售。

CBR：

您提到过一个和移动互联网有些关联的营销概念（工具），即"消费者旅行地图"（Customer Journey Map，CJM），您能详细谈谈如何理解和应用吗？

菲利普·科特勒：

我们一直都想知道——到底是什么促使客户进店，和我们做生意。我们觉得答案是消费者之前就知道我们，看到了我们的信息，然后从我们这里购买了产品。但是这些信息太少了，我们需要对他们发生这些行为的内在原因进行更深入的研究。

比如说客户为什么选择走进一家丰田的经销店？这就引出了消费者旅行地图不同点的概念，我们称之为"触点"。触点有很多。如果客户触点不对，客户甚至不知道你在销售某辆车的信息。

所以，我们需要知道有哪些关键的触点，通过销售人员提及这些触点来建立客户体验，以促使消费者进一步决策。我们要让客户满意这些触点，如果客户不满意某一个触点，如不满意经销店销售员的说话方式，就不会实现销售。所以我们想让大家了解"触点"这个概念，并在客户体验历程中实现良好触点，提高客户满意度。

企业要实现成功的销售，就要在消费者购买的过程当中，保证与消费者有接触点，同时还要保证在每个接触点上的市场营销工作要有效。

图 2-13 营销革命 4.0：绘制消费者旅行地图

4P 不是营销理论

CBR：

您提出的 4P 营销理论，可以说是最基本的市场营销理论。下一代的市场营销理论是什么？

菲利普·科特勒：

我要先解释两个概念，什么是框架（Framework），什么是理论（Theory）。

理论通常是解释世界上发生的现象。"为什么地球要绕着太阳旋转？引力让地球和太阳之间保持当前的距离。"这类是理论讨论的事情。

但是 4P 并不是教我们如何去确定产品定价或如何确定产品，它是一个框架。做营销方案时需要框架，这个框架告诉你可以从 4P 开始，4 个 P 都需要考虑。在营销方案中或许甚至还需要考虑第 5 个 P。我觉得 4P 很重要，但是也还有其他重要的方面需要考虑，比如包装、服务等。因此，至今 4P 仍然是非常基础的框架。

我再介绍一下 5C[①]。5C 是营销当中的几个关键元素。**首先是竞争者和客户，除此之外，我认为我们还需要有伙伴和合作方，要有公司供应商和合作方。**当然，可能公司商业环境当中会有很多其他的因素产生，比如说女性的权益问题、多元化的问题等，会被它们影响的大环境，公司的 4P 应该根据这些大环境和背景进行调整。

我认为 5C 也是一个框架，而不是理论。第一个框架就是我们说的 4P，我们把它叫作 4P 营销组合，进一步扩展，就有了 5C 的框架。知道这些框架后你还是不知道如何确定方案，但是我们有了关注的重点。

营销如何创造价值增长

CBR：

我们观察到，近几年，世界宏观经济的增长大致是放缓的趋势。企业纷纷寻求增长，从市场营销战略的角度看，企业该如何做？

菲利普·科特勒：

我们首先要明确，经济增长放缓不是某一个公司的力量所能解决的。因此，企业应该关注如何扩大市场份额、快速增长，而市场营销的关注重点正在于此。

企业需要了解竞争对手的市场份额，用更优的产品和服务说服客户离开竞争对手来购买你的产品。你的产品组合对于客户来说更优，或许是因为你降价了，或许是因为你增加了产品性能。每个公司应对自己的

---

① 5C 即顾客（Customers）、公司（Company）、合作伙伴（Collaborators）、竞争对手（Competitors）以及环境（Contexts）。

市场增长率负责。

图 2-14 关于"增长"的发现

企业的增长类型，可以分为内生性增长和外生性增长。与通过并购实现的外生性增长相比，我比较倾向于内生性增长。有些企业现在的业务很不错，通过并购其他的企业，把竞争对手买下来，这些是外生性的增长。但是有更多的证据显示，如果一个企业不是通过并购，而是内生性的增长，这样的企业会更优秀。

什么是内生性增长呢？内生性增长意味着企业有更优秀的市场营销能力，有更好的领导力等。同时，企业的市场营销战略，也会更加彻底地融入企业的各个部门当中，并通过产品、通过客户，来进行企业价值的提升。

CBR：

谈到增长，必然要谈到利润。您多次强调，企业应为利益相关方创造价值，而不仅仅是创造利润。我们该如何理解为利益相关方创造价值？

菲利普·科特勒：

我举一个例子，我们不仅仅是给股东，还要给所有的利益相关方服务。因为通常成功是由一个团队，而不是由个人创造的。公司希望有一个好的 CEO，一个好的首席营销官，好的销售员和广告设计师，所有这些成功的因素都拥有后，利润如何进行分配呢？

假如你的员工们帮你拿下了一个大的项目，他们在赢单过程中发挥了重要的作用，为什么就不能给他们发更多的奖金呢？奖金不是长期地涨工资，而是表示你对他们的谢意：我们今年业绩很好，希望你跟我们一起分享今年丰厚的业绩奖励。如果明年业绩不好，员工仍然会拿到他们的基本工资，只是拿不到奖金而已。

有时候也可以给供应商奖金——假如在发货过程中碰到很多问题，比如货车司机不足，但供应商帮助我们成功解决了这些问题，现在项目成功了，我们非常愿意给供应商奖金以资鼓励，分享成功。

所以我们看到，为利益相关方创造价值与企业利润增长是不矛盾的，我们通过合理的利益分享，可以创造更多的价值。

研究市场营销的经济学博士

CBR：

最后一个问题，您在大学期间主修经济学，并取得了经济学博士的学位。为什么要从事市场营销的研究和教学？

菲利普·科特勒：

我确实师从三位非常优秀的诺贝尔奖经济学家，并获得了经济学博士学位。培养经济学家的思维方法，与培养工程师或律师的思维方法并无二致。

我之前并不喜欢经济学的一些学说，因为我觉得这些观点都不切实际。比如经济学的假设始终认为消费者是聪明而理性的。经济学只是在最近几年，才开始向行为经济学的方向发展，去研究消费者真实的想法和感受。

然而，市场营销很久之前就是行为经济学了。在人们知道行为经济学之前，市场营销已经在其 100 多年的历史中，了解到消费者的购买行为与感情相关。我认为现在经济学家也向着社会科学家的角度进行培养，这是一个很好的方向。

但行为经济学仍然是经济学的范畴，我们还需要社会学、人类学、心理学、社会心理学的知识。**我们不应该再叫这门学科为"行为经济学"，而应该称之为"人类行为学"，这门学科应综合包含经济学、社会学、心理学，从而更为全面地理解消费者。**

让市场营销重回董事会的领导核心——数智时代的营销增长新范式 ①

曹虎

（科特勒咨询集团全球合伙人、大中华及新加坡 CEO）

"市场比市场营销变化得更快。"顾客在变，营商环境在变，技术也在变……这一切都促使着顾客行为不断更新，因此，营销作为企业增长的原动力也必须要与时俱进，常变常新。

什么是营销？

在传统观念中，营销被认为是"广告 + 促销"，以最终销售量的提升为目标。随着时代发展，稍微新一点的观点认为，营销是从目标市场的创造、沟通、传递，到最后交付顾客的一个流程。而 2019 年，被誉为"现代营销学之父"的菲利普·科特勒先生来到中国，在北京的科特勒

---

① 2022 年 7 月 7 日，曹虎受科特勒咨询集团合作伙伴径硕科技邀约，出席 2022 "大湾区 B2B 数字营销创新增长峰会"并发表演讲。本文摘录了其主题演讲《营销 5.0：数智时代的营销新范式》中的部分重要观点，有删改。

未来营销峰会上提出了最新的定义：**营销是一系列驱动企业增长的商业准则。**

今天的营销理论和营销实践都已经远远超出了狭隘的传播和职能性的营销概念，已经和企业的根本性使命进行了挂钩。就像德鲁克先生说过的：企业存在的唯一目的就是创造顾客。

那么企业如何创造顾客？主要通过两个方面：一个是通过创新，另一个就是通过营销。所以，"营销"也就成为驱动企业增长的商业准则之一。

在这样的认知框架下，我们再来审视营销的现状，就会发现很多新可能性。

在数智时代，我们突破了过去对战略优势的狭隘认知，相信研究过"竞争战略之父"迈克尔·波特相关著作的朋友都知道，企业的竞争优势来源可以简单总结为两句话：

第一是**"成本领先"**，即 Cheaper Than Others；第二是**"差异化聚焦"**，即 Better Than Others。而随着数智时代发展，咨询顾问和研究人员发现增加了两种新竞争优势来源：

第一个是**"网络效应"**。网络效应颠覆了传统的战略定位，所以很多企业似乎都不是按照传统的战略定位来做，看似非常多元化（比如：亚马逊，美团，小米），但做得也很成功，原因就是通过一级和二级网络效应，极大地降低了获客成本和获客规模。

第二个是**"互补型产品"**。比如，亚马逊为什么能够从一个书商变为百货商，而后甚至做起了流媒体，研发火箭？就是因为它做到了在网络效应上通过互补型产品拓宽竞争源，让消费者在该平台上因为购书留存后，更容易购买百货商品，而后通过流媒体使内容越来越丰富，让消费者难以离开，会员的价值越来越高，越来越多人办理会员！贝索斯曾说："我们每获得一次金球奖，就能卖出更多的啤酒！"

以上，从"成本领先"和"差异化聚焦"到数智时代独有的"网络效应"和"互补型产品"，为企业获取竞争优势之路打开了新视野！

数智化重新定义了顾客和企业的连接，新营销模式、新战略优势来源，营销系统的未来，也更需要一个全局的、结构性的、以增长为导向的视角。

营销 5.0 时代，需要直面的困境

在过去 10 年的咨询实践中，我们访谈了近两百家 B2B、B2C[①] 企业的 CEO 或创始人，并发现了一个经典的现象：CEO 和创始人通常认为 CMO 的表现不尽如人意。在企业中，CMO 因为无法达到 CEO 心中的业绩目标，职业寿命常常只能维持在三年左右。

为什么？因为 CEO 是对 CMO 寄予厚望的，希望 CMO 能够给企业带来创新的模式、显著的增长，但很多 CMO 在实际工作中，依旧在采用传统的营销理念和营销方式，导致其带领的营销团队过于部门化和职能化，退化成为一个辅助部门、一个成本中心，根本无法承担起企业利润增长的重任。

所以，我们今天谈及营销，不可避免的是要直面营销的三大困境：

1. 营销过于部门化和职能化；

2. 营销过度依赖短期战术手段；

3. 营销无法直接驱动业绩增长。

那么，又如何解读当下的营销困境过度依赖短期战术呢？

---

① B2C：Business to Customer 的缩写，一种电子商务模式，也是直接面向消费者销售产品和服务商业的零售模式。

对 CMO 来说，未来的增长带有太多的不确定性，CMO 在无从把握的情况下，自然会选择最方便、最容易被衡量的短期增长作为权宜之计。这也就直接导致了第三重困境——无法直接驱动业绩增长。

回顾各大企业的增长发展历史，就能发现企业经营想要跨上一个全新的平台，常常受制于变革举措能否成功，以及其部门的伟大创举背后采用的管理方式。

比如，运营部门创造的全面质量管理（Total Quality Management, TQM）和业务流程重组（Business Process Reengineering, BPR），财务部门创造的经济附加值法（EVA）和平衡计分卡（Balanced Scorecard）等，都是在企业发展迭代中具有分水岭意义的。

一百多年前的营销人提出了"品牌"的观点，这无疑是重大的贡献。但让人失望的是，时隔一百多年，"营销"却没有再带来让企业获得新的有机增长的任何革命性的范式！所以，我们更希望：在数智时代，营销能够重拾它在企业董事会中的领导者（Leadership）地位，打造以营销为核心的增长。

在菲利普·科特勒先生的定义中，营销 5.0 是深度的整合，是"以人为本"的技术，是在顾客旅途中去创造、传播、交付和增强顾客价值，通过技术来提高人类营销工作者的效率和效能。这也是我们要在营销 5.0 时代，构建以顾客价值为核心、以人为本的数字化营销全链条，打造数字化营销增长引擎的原因。

营销完备度的 7 大指标和 5A 模型

数智时代，数据是实现营销驱动增长的核心骨架和关键环节，因此，我带领科特勒的团队对营销完备程度的指标进行了整理和完善。既涵盖了顾客的数字化、渠道的数字化和产品的数字化三大核心，更是以顾客的 5A 路径来连接多维数据接入、业务数据中台、营销内容中台、营销智能分析等四大部分形成的数字化营销经营底座。也就是说，在科特勒的营销理念中，营销 5.0 最核心的是以顾客旅程（卓越的顾客体验）为核心的多维链条融合。

今天的营销，不仅要追求将一个产品卖给更多顾客从而实现更多的当期收益，更需要把更多的"互补产品"卖给同一个顾客，让顾客在生命周期中带来更大的价值！把顾客当成最宝贵的资产，让单个顾客不断地在他的生命周期当中为增长带来更大的价值。

比如，一位顾客购买一辆汽车的一次性交易价值是 30 万元人民币，但是如果把这位顾客的生命周期扩展到 20 年，那么他的终身价值可能会超过 200 万元人民币。当我们用这样的视角去思考，你就会发现，如今连接顾客、经营顾客、提升顾客忠诚度，互补产品和网络效应在企业价值增长中扮演极其重要的角色。

那么怎样才能连接、经营顾客？怎样才能提升顾客保留率和终身价值？我们要围绕**顾客体验**去做提升。

我们生活在一个生活场景和工作场景都已高度数字化的时代，今天的顾客都是多触点、多渠道、全媒体的。在技术能够深入顾客完整购买路径中时，还在重复传统的营销无异于盲人摸象，无法从转化率的高低，广告推广的有效与否去做营销问责（Marketing Accountability）与归因（Attribution）。

所以，我们需要制定标准，需要把消费者的购买路径结构化和量化，从了解（Aware）、吸引（Appeal）、问询（Ask）、行动（Act）和拥护（Advocate），总结成 **5A 模型**。

值得注意的是，在 5A 模型中，伴随着四个关键时刻：

　　第一个是零时刻的选择（ZMOT），这是消费者产生消费欲望，开始去寻找与需求相关的产品的时刻。比如，某位消费者想要买车，在他的脑海中出现 2—8 个品牌之前，我们就可以称之为零时刻。在这个时刻，消费者是在被广泛搜集到的信息、短视频传达的信息打动。

　　当消费者进入 A1—A2 之间，如果消费者在此时购买的是一包薯条，那么在他打开薯条品尝之前，产品的使用环节，即为重要的第一个关键时刻——第一次选择（FMOT）出现之时；而接下来，因为薯条的口味将会影响其之后的购买行为，在 A3—A4 之间产生消费者是否会复购和优先选择可能的时刻，也就会进入第二个关键时刻——第二次选择（SMOT）；而最后在 A4—A5 阶段，也是产生第三个关键时刻的重要环节（UMOT），即消费者产生推荐意愿的重要时刻。

　　一位著名的将领曾说过，一场战役从来不能靠单一的武器决定胜负（除核武器外），而是一场武力与智力的系统决战。

　　广告转化率、种草转化率的高低取决于在 5A 模型中 A1、A2、A3 是否做得足够好，这是成功获客的关键，但是这并非完全的胜利，我们还需要和消费者建立连接，才会有复购和推荐。因此，我们要做到帮助消费者进行内容输入，构建对自身品牌有利的购买标准，帮助他们形成购买产品的参考框架，然后产生首购，再产生忠诚和复购。

　　当然，除了购买率（PAR）是营销的重要指标之外，另一个值得我们关注的指标是忠诚率 / 推荐率（BAR），如果说购买率（PAR）= 购买数 ÷ 知晓数，那么推荐率（BAR）= 推荐数 ÷ 知晓数。

　　那么，如何提升推荐率（BAR）呢？以汽车作为产品举例，当我们能够深度理解顾客的购买旅程，理解顾客在购买旅程的每一个阶段想要获取的信息，将产生的关键动作以及内心的动机时，才能够有针对性地去识别人群，营销动作和媒体投放才能够精准触达。

根据科特勒咨询集团与字节跳动旗下"懂车帝"合作的汽车行业数字营销工具，大家可以知道，从了解到吸引，到问询、到行动、到拥护，整个环节当中存有不同的人群资产，而营销工作中最重要的工作就是识别你的客户池当中，这些不同的人群是谁，规模多大，以及怎样差异化地触达他们。在触达之后，才有进入下一个 5A 环节的可能。

	了解	吸引	问询	行动	拥护
定义	我知道这个品牌 / 车型	我对这个车感兴趣	我询问车的细节	我留下线索 / 到店 / 成交	我成为拥护者
用户生命周期价值	品牌国民基础	品牌吸引度 / 好感度和话题性	潜在购买人群	用户运营成果的商业变现	口碑营销用户阵地
用户行为	近 21 天内被商业广告曝光，浏览 / 观看品牌相关内容 / 直播	近 21 天内点击商业广告，或收藏、点赞、分享、有效阅读 / 观看品牌相关内容 / 直播	近 30 天内主动搜索、IM 咨询，或者进入车型页了解价格、经销商，或进入车型车友圈发布提问回答	近 90 天内留下线索、到店、成交	成为车主后发表非负面评价、推荐

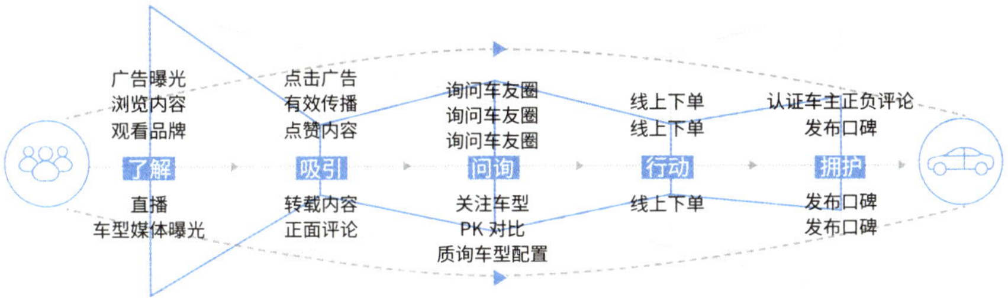

来源：《汽车数字营销新度量衡》，懂车帝，科特勒咨询集团

图 2-15 汽车行业：营销链和顾客路径的匹配

　　面对高客单价的产品，消费者不太可能在一瞬间就做出决策，消费者是"补偿性决策"模型①，无论是汽车消费还是其他高客单价的产品消

---

① 指产品在属性上的缺点或弱点可以由其他属性的优点来弥补，消费者在多个选择中进行权衡决策。

费，无论是线上还是线下，其核心骨架都是 5A 旅程，其本质是"顾客学习"过程。

不同阶段、不同的心理链路极大地影响了消费者对内容的解读和评判。在每个环节当中，消费者都会有自己独特的价值观、独特的态度、独特的任务，我们要了解顾客在每个阶段的心理链路，然后制定营销链路，包括营销动作、促销广告、优惠券、联名活动等，在什么环节出现才能较为准确地把握顾客价值。

营销 5.0 时代的八大核心能力

追求顾客价值的最大化，就意味着企业营销能力要发生迁移，组织结构要进行升级。

数字化绝对不仅仅是降本增效的一个工具，它是范式转移！它从根本上改变了企业获得竞争优势的路径。所以，我们总结出企业营销部门的八个核心能力，概括了从增长战略到品牌建设，再到新产品营销以及顾客经营等一系列需要我们时刻关注、不断提升的能力。

数智时代带给我们机会，在相应的营销工作中，企业最重要的创造顾客交付价值的工作也要随之而变，我们需要新的能力。

营销部门要承担的功能包括**八大营销模块：**

1. 战略与创新；

2. 品牌与沟通；

3. 销售团队效能提升；

4. 数字营销能力提升；

5. 市场感知和理解；

6. 市场细分和目标；

7. 价值创造和定价；

8. 商业价值实现。

变革不光是能力变革，企业中营销的组织以及营销扮演的角色也要发生变化。**我们不光是一个执行者，更是激发者、创新者、整合者。**

同时，我们也需要有高成熟度评估体系模型，当你能从各个角度，通过这些指标来践行营销行动时，也就能排除困难，完成部署，实现有效的增长。

写在最后

最后，我想送给各位朋友一段话：

菲利普·科特勒先生每次演讲结束时都会对大家说：**"如果 5 年内你还在按照一样的模式做着一样的生意，那么你将会关门大吉。"**我认为，现在这句话可能要改一下，应该是："3 年内，如果你还在按照一样的模式做一样的生意，那么你就快要关门歇业了。"因为在高速变化的市场下，企业 CMO 的岗位寿命往往只有 3 年，3 年内必须要加速学习和转变才能迎接不断涌现的新挑战。

因此，我建议大家可以回去和 CEO、CMO 等围绕以下几个问题以及通过这几个问题发散的 28 个问题，去明确企业要如何才能真正成为一个在数字化时代以顾客为中心的组织，而不仅仅是以产品为中心的组织：

1. 我们是否拥有以顾客为中心的战略？

2. 我们的流程是否使战略运转顺畅？

3. 我们是否围绕顾客需求进行组织？

4. 我们是否拥有以顾客为中心的文化？

5. 我们是否投资于营销能力？

6. 我们是否给营销分配了足够的资源？

…………

拥抱数智化才能带给我们机会，让新兴创业者、新品牌能够去创造属于新一代人的革命。我也希望更多的朋友能够把握住数智时代营销 5.0 的机会，投身营销行业！

第 **3** 章

市场营销核心观念再思考

Marketing 的中国启示 ①

卢泰宏

（中山大学市场营销系教授、科特勒《营销管理》中国版合著者，
菲利普·科特勒杰出贡献奖获得者）

　　Marketing 是西方现代商业文明的核心思想和重要构成之一， 它使得市场经济的体制框架得以创造性落地和有效运作。近百年间，西方生产力和财富的史无前例的快速增长，西方商业出现不断创新的旺盛生命力，Marketing 的贡献可谓厥功至伟、举世公认，也因此 Marketing 在西方社会受到充分的尊重和肯定，并且作为一种重要的应用性专业知识被广泛接受和应用。在美国的大学，Marketing 可以算是一门通识课程，是选修人数最多的课程之一。

　　20 世纪的最后 20 年，西方 Marketing 在中国形成了大气候。这并非偶然，乃天时、地利、人和之历史必然。**其"天时"是 1978 年中国的改革开放的国策打开了国门，1992—1993 年确立了社会主义市场经济体制；人口市场规模和超级的需求构成了"地利"；摆脱贫困、追求富裕、发展经济的社会共识促成了"人和"，** 这三者为西方的 Marketing 大规模深入影响中国铺平了道路。很快，Marketing 在中国大地势如破竹、

---

① 本文内容根据作者在《营销的力量》（机械工业出版社，2020）一书中撰写的序言所整理，有删改。

如鱼得水，形成滚滚洪流，成为近半个世纪中国企业成长的主要驱动力量之一。

在古代与现代、全球与本土、传习与创新、融合与冲突、东西方文化之间，Marketing 呈现出不同的面相，Marketing 在中国有怎样的演进路径？笔者关注 Marketing 在中国近半世纪的进化和命运。

Marketing 进入中国

中国开始实施改革开放的国策之际，时任上海市市长汪道涵在 1984 年赴美考察时，将当时最新版本的《营销管理》（*Marketing Management*）带回中国，并且指令上海财经大学梅汝和教授等人翻译此书。这本书是美国 Marketing 的代表性著作，作者便是现如今赫赫有名的"现代营销学之父"菲利普·科特勒。

1986 年冬，汪道涵还专门为这本西方著作的中译本写了"前言"。此外，上海人民出版社也面对财务难题：既要支付美元版税，又不知道这本书的销路如何。真是好事多磨，谢天谢地，1990 年《营销管理》第 5 版的中译本终于问世出版，《营销管理》中文版的引进出版前后历时近 6 年之久，事后看来，却是适逢其时，因为不到 2 年，1992 年邓小平南方谈话和 1993 年中国开始实行社会主义市场经济体制，为此书带来了光明的前景和潜在的巨大需求。《营销管理》一书在中国的出版是一个具有标杆意义的事件，标志着中国敞开了学习西方现代营销学知识的大门。

在此之前，中国南方的学者率先对 Marketing 表现出巨大的主动意识和激情，他们领头将大学中原有的"商业经济"专业改名为"市场营销学"（市场学）专业，随后推及全国。1990 年《营销管理》第 5 版出版时，新一版（第 6 版）的英文版已于 1988 年在美国问世。以暨南大学何永祺教授为首的编译小组秉持"只争朝夕，不负韶华"的翻译精神，让第 6 版《营销管理》在 1991 年出版，比第 5 版仅仅晚了 1 年。值得注意的一个细节是，在翻译 Marketing 这个词时，上海的学者采用了"营销"一词，广州的学者则将其翻译为"市场营销"，这为 Marketing 术语的中译选择埋下了伏笔。

Marketing 在中国的大规模传播

此后，引进的速度不断加快，第 8 版《营销管理》在 1997 年底出版，与英文版出版时间（1994）间隔缩短到 3 年。后续的各版本亦陆续不断被翻译成中文出版，至该书第 13 版时，英文版与中文版在中国已经是同年（2009）出版。《营销管理》在中国营销界和经济管理界刮起一阵又一阵旋风，成为经济管理类图书中影响最大的经典著作之一。

中译本《营销管理》第 5 版（1990）仅印刷了 2300 册，花了 3 年时间才销售完。到该书第 10 版（2001）及之后的中译本，每个版本的销量都达数万册乃至 10 万册以上。至 2022 年 8 月，《营销管理》第 13 版中译本（中国人民大学出版社，２００９）单本累计 27 印次总销量近 20 万册。《营销管理》在中国的传播速度之迅猛、影响之巨大，由此可见一斑。

Marketing 专业知识进入中国的发端可追溯到 20 世纪 30 年代，但是，相隔半个世纪的前一次引进影响并不够大，因为传入的是现代营销学之前的初级知识框架。1933 年复旦大学丁馨伯教授编译出版的《市场学原理》是主要标志，[①]他以美国的马纳德等人的 *Principle of Marketing* 一

---

① 丁馨伯 . 市场学原理 [M]. 上海：世界书局，1934.

书为蓝本，这本书是二十世纪二三十年代西方营销知识第一次整合的代表性著作之一。

20 世纪 80 年代出现了现代 Marketing 进入中国的高潮，主要通过 2 个渠道：知识的传播和跨国公司的示范效应。①

现代营销学进入中国内地的标志性事件，包括科特勒的经典著作 *Marketing Management* 的中文译本《营销管理》（第 5 版）及后续版本的出版；西方的各种管理和营销类的书籍络绎不绝进入中国。"现代营销学之父"菲利普·科特勒在 1979—2019 年，前后十几次亲自来到中国传播 Marketing 之道，一再掀起传播的热潮。

自 1979 年暨南大学设立"市场营销"课程后，中国高校的"营销学"专业脱胎更名于原有的"商业经济"专业，在 200 所以上的高校蓬勃兴起，包括研究生和 MBA。在美国等西方国家留学的营销学学者不断归来充实许多高校的营销学专业，促成了翻译、学习和培养专业人才的大趋势，持续数十年，至今经久不衰。

同时，1980 年开始跨国公司纷纷涌入中国市场。跨国公司在中国市场的"现身说法"和示范效应，带来了"活的 Marketing"，如宝洁等跨国公司近距离展示出西方成熟的营销观念、营销战略和战术，从广告到渠道、从产品到品牌、从市场细分到定位、从公司管理到公司文化等等，让中国企业和消费者眼前一亮、目不暇接、脑洞大开，好似开了"天窗"，激发出巨大的好奇、学习的欲望和跟随模仿的行为。跨国公司在中国高校不断招聘大量优秀的大学毕业生，这些年轻人在跨国公司的实践中快速学习和体验 Marketing，其中许多人后来成为中国市场营销的精英、中流砥柱和重要的传播者。

---

① 何佳讯，卢泰宏 . 中国营销 25 年（1979—2003）[M]. 北京：华夏出版社，2004.

上述种种带来的深远意义，是让中国企业拥有了提升竞争力、赢得市场和迈向全球的新武器和新法宝——现代营销学，从而改变了中国企业的气质和风貌。为了深刻理解这一点，下文将简略提及中国自古以来的商业传统及其背后蕴藏的智慧。在西方市场营销理念传入**中国之前的漫长历史中，中国人是如何做生意的?** 这是至今学术界并没有充分回答的一个重要问题。

中国的商业传统

关于中国商业传统，历史学巨人陈寅恪先生曾经作过这样的断言：

中国古人，素擅长政治及实践伦理学，与罗马人最相似。其言道德，惟重实用，不究虚理。其长处短处均在此。……此后若中国之实业发达，生计优裕，财源浚辟，则中国人经商营业之长技，可得其用。而中国人，当可为世界之富商，然若冀中国人以学问美术等之造诣胜人，则决难必也。①

这段话中，陈寅恪先生从历史长程的视角指出，**中国人重实用，（相比而言）经商乃中国人传统之强项，更易胜出，有可能产生世界级的富商，**隐含了陈寅恪先生对中国人商业传统的肯定。

这一点，已经被中国自古至今的卓越商人和企业家所证明，古有范蠡、胡雪岩、乔致庸等人的超世商业智慧，今有李嘉诚、马云、任正非

---

① 源于《吴宓日记》，吴宓特别注明此段"尽录陈君之语意"。见吴宓日记，1919.12.4. 条。转引自吴学昭，《吴宓与陈寅恪》，p9—10。

等创造出的世界级商业帝国。另一个辅证是，享有"日本商业之父"之称的涩泽荣一（Shibusawa Eiichi）在《论语与算盘》一书中推崇中国的仁义思想，[①] 该书在日本累计发行量超过千万册，对日本商界的影响经久不衰。

西方营销思想和方法传入中国之前的很长时间里，中国商人是如何及靠什么从事商业活动的？中国的生意经有什么特色？ 这个问题虽然有分散的资料和说法，如司马迁《史记》中的《货殖列传》，"货殖"意即"通过做生意让财富增长"，"列传"是司马迁通过范蠡等商业奇才的"传记"来记载中国古代商人如何通过做生意实现财富的增长。但遗憾的是，迄今还没有比较完整的学术答案，真正的研究更是凤毛麟角，例如历史学大家余英时先生的《中国近世宗教伦理与商人精神》一文[②]，试图找出与西方不同的中国商人精神的文化根源。

笼统而言，中国商业传统之特色，犹表现在强烈的以关系为核心的人本主义。**汉字"商"的本义，不是个人单独的活动，而是两个以上的人一起计划或讨论，是与人打交道的、图回报的活动。**

但是，被称为"生意经"的中国古代的商业智慧，是神秘的、封闭的、密而不传的，导致千年间，后人为了寻觅获得"商圣"范蠡的生意经，煞费苦心，千方百计，乐此不疲而又莫衷一是。最致命的是，中国传统商业尽管不乏智慧思想，但是始终没有提炼、总结出系统的解析理论和公共常识，即未能化"生意"为一种专业知识、一种可不断改进发展的理论范式和方法，只是停留在较为浅显的经验阶段，未能进入"现代"。

---

① 涩泽荣一. 论语与算盘 [M]. 高望，译. 上海：社会科学院出版社，2016.
② 余英时. 士与中国文化 [M]. 上海：上海人民出版社，1987.

为了理解这个关键点，我们再引用近代建筑学家梁思成的结论。他指出，中国自古产生了许多具有中国文化特色的美轮美奂的建筑，但没有发展出类似西方的建筑理论和美学。在《为什么研究中国建筑》一文中，梁思成说：

独是建筑，数千年来，完全在技工匠师之手。其艺术表现大多数是不自觉的师承及演变之结果。这个同欧洲文艺复兴以前的建筑情形相似。这些无名匠师，虽在实物上为世界留下许多伟大奇迹，在理论上却未为自己或其创造留下解析或夸耀。西洋各国在文艺复兴以后，对于建筑早已超出中古匠人不自觉的创造阶段。他们研究建筑历史及理论，作为建筑艺术的基础。[①]

梁思成的结论是，中国必须走出工匠阶段，向西方科学理性靠拢。

Marketing 和 Branding，作为西方商业文化之舶来品，为中国传统的经验商业打开了一个新的世界。犹如科学进入古代中国，现代营销学为那些古往今来在生意场上摸爬滚打的中国人提供了系统的知识框架、崭新的思维和先进的方法，让中国以一种全新的眼光重新看待和理解市场和商业活动，不断提升市场活动的效益。

重要的是，在 Marketing 的新范式和平台上，生意得以成形为专业而突破了个人经验的局限，开放升级的迭代演进取代了来回折腾和囿于神秘的暗中摸索。Marketing 是新的商业文明和新的曙光。这就是 Marketing 对当代中国的价值。

---

① 梁思成 . 为什么研究中国建筑 [M]. 北京：外语教学与研究出版社，2011.

Marketing 在中国的荣耀

20 世纪 80 年代以来，这一新曙光照亮了中国企业前进的道路。近半世纪的中国市场，生机盎然、龙腾虎跃，激荡起伏、气势恢宏，直接成就了中国经济增长的全球第一。在风云变幻、胜败交迭、英雄辈出、出人意表的许多案例构成的演进历史的纵深处，潜藏着耐人寻味、发人深省的若干个"为什么"。**为什么 20 世纪 90 年代以中国家电为代表的消费品能够收回失地？为什么中国能在近 20 年迅速创造出一批世界级公司？为什么跨国公司在中国市场既有飞扬的骄傲，又有水土不服的尴尬？**

对这些问题的追问，构成了中国营销的世界级命题。究其答案，其原因固然是综合性和多层面的，例如开放时代和人口规模等宏观和外部的历史因素，及企业自身因素等。但无可否认，在市场经济的前提下，Marketing 是竞争胜败的关键。Marketing 在中国的传播和进化是中国企业胜出的直接原因之一。

在传统与现代的交织中，**快速模仿、迅速赶超是中国企业在 Marketing 道路上奔跑的整体形象**。Marketing 在中国的荣耀、Marketing 在中国的演进和辉煌，或可以用中国企业三重境界的升级框架来说明。

第一重境界：4Ps 的本土化

早期的开创性案例是 1984 年在广东三水创建的运动饮料"健力宝"，它平地崛起，在第 23 届洛杉矶奥运会上风靡一时，被媒体誉为"中国魔水"，雄踞"民族饮料第一品牌"长达 15 年。健力宝与中国体育的腾飞交相辉映，洛杉矶奥运会上中国实现了金牌"零的突破"，共夺得 15 块金牌，中国女排实现了"三连冠"。"好风凭借力，送我上青云"，健力宝成为中国体育营销最经典的案例之一。其经典在于，创业企业家李经纬率先采用了"西方战法"，包括注重品牌命名、讲究商标设计、善于挖掘和利用广告机会、借助体育赛事等。这多半是因为李经纬生长在毗邻香港的三水，对近在咫尺的西方商业活动耳濡目染。

健力宝创造的市场神话，打破了因循守旧的"生意经"。榜样的力量是无穷的，从珠三角开始，民营企业家率先拥抱新的市场战法。"太阳神"率先导入 CI（公司识别）而红遍全国（1988）。**"产品＋广告＋渠道＋低价"成为新的生意经，这种类似于西方"4Ps"的营销模式在中国南方孵育出了一大批市场新星**，诸如小霸王、容声、美的、科龙、步步高、乐百氏等等。这一新生意经的市场魅力迅速向全国扩散渗透，并且分别**在渠道、价格、广告的策略点上先后出现了纵深的本土创新**。

1987 年，宗庆后成立食品饮料公司娃哈哈，在上述模式的基础上，**在快消行业集中发力于本土营销渠道，将渠道做到极致，实现了本土渠道的创新突破**。1994 年，宗庆后推出被称为"联销体"的创新营销渠道模式，即与经销商利益强捆绑共同开拓市场，例如要求经销商按销售计划交全额"保证金"，同时让对方获得高于银行贷款的利息回报，并享有年底分红的机会。这或许与他自己的经销商出身、熟谙经销商心理行为的背景经历不无关系。

"联销体"的创新营销渠道模式让娃哈哈在全国拥有 8000 多个一级批发商以及几万个二级、三级批发商，使娃哈哈的产品在一周内就可铺至中国的 300 多万个零售终端。笔者实地考察发现，娃哈哈的铺货甚至覆盖到了中国新疆地区的最偏远角落。其渠道网点的数量之大、铺网之密集、触角之长让人望洋兴叹、难以企及。依靠渠道为王的营销优势，娃哈哈不但成为中国饮料业的领头羊，而且在中国市场的竞争中战胜了"达能"等跨国公司。

这是在超大市场中解决渠道难题的成功创新。这种深耕渠道的营销模式在中国曾一度被奉为"渠道为王"，凭借这种优势，还产生了格力电器、TCL 电视等行业的领头羊。

将广告推到极致的，则是以中央电视台为首的大众媒体。虽然企业广告在 1980 年已经起步露头 ①，但直到 1994 年中央电视台推出"黄金时段广告招标"，"争夺标王"引发高度关注，才将广告推向疯狂。每年的 11 月 18 日，社会和媒体的焦点就集中在"央视招标：谁是今年的标王？"。这种以广告撬动市场的中国特色情境中，不仅有娃哈哈、步步高和后来的蒙牛等一大批本土企业，甚至跨国公司宝洁也在 2004 年央视竞标中投入过过亿元人民币。

渠道和广告之外，更加具有中国意义的，**是将本土的价格优势发挥到极致**。格兰仕（Galanz）是这方面的典型代表。1992 年广东顺德的民营企业格兰仕转向微波炉制造，在 OEM ② 吸收国际技术和管理的基础上，充分利用本土的总成本最低优势，2000 年前后反复迭代规模—价格的台阶，不断推出新的低价迫使竞争者退出。用了不到十年的时间，格兰仕微波炉不仅替代了国际品牌稳居中国市场第一位（市场份额超过 70%），而且最终成为全球最大的微波炉制造供应商。不言而喻，格兰仕的低价竞争方式覆盖了整个"中国制造"而具有跨行业的普遍性，一大批中国制造业、工程企业、电商，以及名扬四海的浙江义乌"国际小商品城"等，都不例外。

① 何佳讯，卢泰宏 . 中国营销 25 年（1979—2003）[M]. 北京：华夏出版社，2004.
② OEM：Original Equipment Manufacture 的缩写，意为代工生产。

中国企业大量引进设备、技术、生产线，OEM 快速提升了制造能力，加上对西方营销的 4Ps 模式进行的多点突进的本土化创新，并以单点突破为特色，带来的辉煌结果是，20 世纪 90 年代中国企业大面积从跨国公司和日本企业手中"收复失地"。1995 年，以 TCL 和创维为代表的中国电视机制造商以降价为主要手段，辅以渠道优势，成功从国际品牌手中夺回绝大部分国内市场。此后，夺回市场、进口替代成为大势所趋，从家电、洗涤品和饮料等消费品，到汽车（如长城汽车）、B2B 材料（如温州华峰）和装备制造（如乐惠国际）等，中国制造的竞争力开始崭露锋芒。

在中国市场上学生超过先生，也不限于制造业。顺丰速运是一个典型，它从零开始，只用十几年时间就成为中国快递服务业的霸主。1993年顺丰速运在广东顺德创立，这家民营企业，首先全面学习跟随全球快递业的标杆品牌联邦速递（FedEx）和联合包裹（UPS），快速实现了服务流程的同质化，同时充分发挥中国的成本和规模优势，2017 年在深圳A 股完成上市，2018 年收购了敦豪（DHL）旗下的敦豪香港及敦豪北京，即敦豪在内地、香港及澳门的供应链业务。没有联合包裹和联邦速递的示范，就没有顺丰速运的成长。

另一个著名的例子发生在娱乐业，1989 年创立于广州的民营企业长隆集团，以迪士尼为标杆从零起步。2006 年开创的长隆欢乐世界以国际化与本土创新并重的战略，居然使得年度游客人数超过迪士尼（中国），赢得了全球主题公园杰出成就奖等国际认可。

第二重境界：超越 4Ps 的营销策略层面，在营销战略、品牌资产等更高层面制胜

眼界更高的中国企业家，从策略上升到战略。例如创立海尔的张瑞敏和创立联想的柳传志，都是将营销置于战略优先位置的企业家。张瑞敏 1985 年怒砸不合格冰箱事件，象征对中国制造质量的坚定追求。他以服务为基奠定了海尔品牌的地位，2006 年又进军高端市场，成立高端品牌卡萨帝，开拓品牌国际化之路。柳传志带领联想登上全球 PC 制造业的最高峰，曾经是中国企业引以为傲的一个标志。他们都是极其注重学习西方先进管理和现代营销的楷模。

一般而言，中国优秀公司在 2000 年后已经打开营销战略的秘籍，学会掌握了运用 STP 赢得市场的高端诀窍，创造出了越来越多战略制胜的大案例。例如：如果不是立足和抓住更广阔的细分市场、提供更贴近目标市场的产品，智能手机本土品牌 VIVO 和 OPPO，在强大的国际品牌苹果和三星面前，怎么能创造出骄人的增长？怎么会有今日之辉煌？

如果不是把握了细分市场的战略思想，碧桂园就不可能跃升至 2017—2018 年中国房地产企业销售排名的第一位。当房地产业以聚集高投资回报的中心城市为主流思想时，碧桂园战略性加大力度开拓三四线的辽阔市场而取得成功。

如果不是瞄准中国三四线市场的相对空隙，拼多多怎么可能在阿里巴巴和京东两大电商巨头几乎垄断的格局中，2018 年还能够从夹缝中脱颖而出，并且在美国一举上市，成为独角兽公司①。**同理，在竞争激烈的社交媒体市场，趣头条在战略上聚焦于三四线的大妈之类的细分市场，**

___

① 指 10 年内市值超过 10 亿美元的公司。

2018 年奇迹般赢得了人气和流量，而成为高速增长并且最快上市纳斯达克的一匹黑马。

更不用说，特劳特和里斯的著作《定位》（*Positioning*）2002 年以来在中国广为流传，被中国企业奉为圭臬。成功运用定位战略实现惊人增长的著名案例，当数 2003 年王老吉的重新定位。从凉茶（药茶）变身为"防上火的饮料"，以新定位为统领，辅以渠道和广告，2007—2010 年红罐王老吉（加多宝）的销售额从 1 亿元人民币冲破 100 亿元人民币，遥遥领先于罐装饮料行业，后来甚至一度超过可口可乐在中国的销量，创造了定位战略的神话。

第三重境界：参透精髓，跨越创新

众所周知，21 世纪中国公司的新标杆是阿里巴巴、腾讯、华为以及小米等独角兽公司。与联想 2005 年成功收购全球巨头 IBM PC，被誉为"蛇吞大象"，实现了中国品牌国际化相比，与海尔以质量和服务实现品牌国际化相比，阿里巴巴和腾讯代表了中国互联网公司的世纪跨越。小米 2019 年成为最年轻的世界 500 强公司之一，华为作为中国最强的全球品牌，则代表了中国公司技术创新的实力和希望所在。这些标杆将中国公司的世界形象提升到新的境界。

试问，这一大步是如何做到的？

无论是阿里巴巴的电子商务平台、腾讯的 QQ 和微信，还是华为的交换机和手机，都并不是如苹果和 Facebook 那样开创了原创性的品类，而是起始于对国外产品的模仿。[①] 为什么它们能够迅速超越？

跨越的奥秘在 Marketing。其创新的核心思想和基础是：彻底实施顾客导向和顾客驱动的市场战略，对顾客价值的深刻理解和追求，对消费者行为的洞察和共鸣，更贴近用户的商业模式和产品服务。创新的关键在于营销。

试看他们与众不同的根本之处，是把握了现代营销的精髓或"道"：

阿里巴巴坚持"客户第一，员工第二，股东第三"，以"让天下没有难做的生意"为使命。易贝为什么在 2006 年输给了淘宝？易贝要求网购者按照西方标准在线使用信用卡进行支付，而淘宝了解很多中国人可能因为没有信用卡，也可能因为安全顾虑，不喜欢在网上使用信用卡支付，从而允许消费者货到付款。阿里巴巴对中国情境的了解和掌握，帮助它们创新出了安全又一呼百应的支付方式——支付宝，低门槛造就出大平台。所以说，阿里巴巴胜在营销。其实马云不懂技术，他的过人之处就是营销领导力。

腾讯的伟大之处在于马化腾从来将顾客资产，包括用户数量、流量，看得比利润更重要，在 QQ 面临破产时也没有动摇，当微信大获全胜时也坚持免费。这种高瞻远瞩的营销思想，终于使腾讯成为名扬四海的世纪商业巨人。腾讯最成功的微信和 QQ，虽然最初是模仿国外的软件开发的，却因为精准透视了中国用户，致力于方便用户和满足用户喜好，不断添加新的应用，快速迭代创新，最终拥有了 10 亿用户，在华人社交媒体领域占据一席之地并享誉全球。

回顾起来，中国互联网公司虽然都起步于跟随国外，却分成两类：

---

① 波特·埃里斯曼.阿里传 [M]. 张光磊，吕靖纬，崔玉开，译.北京：中信出版社，2015；吴晓波.腾讯传 [M].浙江：浙江大学出版社，2017.

一类以模仿为主，如搜狐、百度；另一类追求基于本土的创新，如阿里和腾讯。之所以同源而分道，关键在于营销的高度有所不同，创新营销成就了后者的划时代超越。

任正非创立的华为，虽然因注重研发而闻名，但在公司的战略和文化中，并不是"技术第一"，而是"客户第一""创新顾客价值第一"。无论是华为的电信设备制胜老牌的竞争对手并雄踞全球，还是华为进军智能手机新的业务领域并且后来居上，都与它们坚持"顾客价值至上和创新顾客价值"这一现代营销的核心思想密不可分，这或许也与华为长期聘请国际一流的咨询公司吸收先进的管理思想不无关系。华为因此进入 Interbrand 全球品牌价值百强排行榜，成为中国企业长远战略制胜的典型。①

小米公司之所以创立 9 年就进入世界 500 强，核心是营销创新。小米手机借助互联网创造粉丝和网上销售，集中在营造顾客的"参与感"上。显然，它是将加强顾客黏性放在第一位，充分利用社交媒体让它捷足先登。小米的第二大步是以生态圈的营销战略成功进入消费类智能硬件等新领域，而实现了高速发展的。

全球杰出公司的灵魂人物或有不同的类型，技术型和营销型是其中两大类。例如苹果公司的乔布斯、索尼公司的盛田昭夫、华为的任正非、阿里的马云、小米的雷军、娃哈哈的宗庆后、格力的董明珠等都是营销型的企业家，因为他们在营销方面均展现了出色的领导力，Marketing 的魅力也透过这些出类拔萃的企业家大放异彩。

在推动公司上市的过程中，中国企业家也更加深刻体会到 Marketing 的价值。投资家关注的品牌资产、顾客流量、市场潜力、盈

---

① 孙力科 . 任正非传 [M]. 浙江：浙江人民出版社，2017.

利模式等等，都在 Marketing 范畴之内。如果没有现代营销这座桥梁的连接和强有力支撑，企业几乎没有可能得到资本市场的青睐和上市成功。

与中国公司的历史性跨越相对应，部分跨国公司在华的水土不服甚至折戟沉沙，很大程度上也都可以归结于营销的胜负：创新者胜，僵化者败。

以全球变化最为激烈的零售市场为例，近 20 年中国零售业的巨大进化，得益于沃尔玛、家乐福等跨国公司和日本、中国台湾超市的示范引领，包括商业业态、赢利模式、供应链和吸引服务顾客的转型升级等。但是，国际零售集团在中国市场却是跌宕起伏，喜忧参半。

2019 年一年内的二退二进：全球零售业排名第三的乐购（Tesco）退出了中国市场；全球第二大零售连锁集团家乐福（Carrefour，1995 进入中国），被苏宁易购收购了家乐福（中国）80% 的股份；美国会员制超市开市客（Costco）和欧洲最强的零售商之一 ALDI 登陆中国上海，线下实体店开业。

全球零售之王沃尔玛在 1996 年进入中国深圳，前 15 年在中国各地铺实体店，2010 年开始线上零售，2016 年与京东战略合作（放弃网上 1 号店），2019 年启动中国初创企业合作平台（Omega8），提供技术解决方案。总之，"这头大象一直在中国奔跑"。

另一头超级大象亚马逊却在 2019 年 4 月宣布关闭在中国的电子商务业务。尽管亚马逊自 2004 年始，以收购卓越网进入中国，在中国已运营了十余年 [1]，但是它在中国市场的销售额一直很小，因对消费者未形成足够的吸引力而陷入挣扎。根本原因是亚马逊没能很好地适应独特的中国

---

[1] 2004 年亚马逊以收购卓越网进入中国，当时进入中国的限制比今天外国互联网公司面临的限制要少。

市场：中国消费者对许多商品价格敏感，偏好快捷便利的物流，也偏好海外正品。

亚马逊一开始就建立了自家的配送基础设施并掌控了大部分库存，却败在了本土营销的适应上。本土竞争者阿里巴巴和京东实施了更加贴近中国消费者的营销。阿里巴巴选择专注于成为一个托管一系列小型卖家的平台，并利用当地的配送公司提供更低的价格，结果是阿里巴巴的方法胜过了亚马逊。另一家本土竞争对手京东的电商模式与亚马逊更相似，为了满足中国消费者在配送方面的高要求（及时和免费），京东在物流上不惜采取更大的战略投入，结果也在与亚马逊的竞争中胜出。

此外，在中国本土，滴滴打车胜过优步，淘宝取代易贝，搜狐收购雅虎（Yahoo），道理都如出一辙。

对 Marketing 的偏见

1978 年以来，现代 Marketing 在中国播下的种子、创造的奇迹和为中国带来的荣耀璀璨辉煌、令人兴奋，Marketing 在中国遭到的各种偏见却也不可忽视。为描述方便，笔者称之为**晴朗天空中的 4 片"乌云"**：大面积的市场欺诈，被曲解的营销认知，全球品牌榜上中国品牌的尴尬以及营销学界的摇摆。粗略而言，这都可以归于对 Marketing 的偏见。

第一片乌云：大面积的市场欺诈

2008 年震惊全国的三聚氰胺毒奶粉事件，重创了整个国产奶粉行业；2011—2013 年各级媒体广泛报道的地沟油事件让消费者触目惊心；2018 年前后 P2P 金融平台的大面积"爆雷"，给成万上亿的无辜者造成难以估量的损失和伤害。这些骇人听闻的欺诈和造假充斥市场，提醒我们现代营销的基石"诚信""承诺"还未在中国完全牢牢扎稳地基，全社会诚信的理想的实现还有很长的路。

第二片乌云：被曲解的营销认知

什么是真正的 Marketing？尽管科特勒先生一再指出"营销不同于推销"，彼得·德鲁克（Peter F. Drucker）先生更强调过"营销就是要使推销成为多余"，但在中国的营销界和社会上，至今持"营销就是卖货""营销的中心是销售"之类看法的依然大有人在，而持"营销就是4Ps"之类看法者亦不在少数。诸如此类的认知错误当然成了 Marketing 在中国健康发展的基本障碍。Marketing 在中国被误解之深，是否与中译术语"营销"一词大有关系？反思之余，许多偏见确实纠缠于"营销"一词的云雾之中，故应该为此"正名"。

第三片乌云：全球品牌榜上中国品牌的尴尬

品牌是营销的制高点。中国已经创造出一批世界级企业，但至今拥有的杰出世界级品牌还是凤毛麟角。在全球公认的品牌价值排行榜上，中国品牌的数量有所增加，却还是不尽如人意。从 20 世纪 80 年代开始，中国企业对品牌的崇拜、热情和投入此起彼伏、延绵不断，品牌遍地开花。但是，如果比照中国的品牌与经济总量的全球地位之悬殊，以及企业品牌投入与产出的不对称，就显示出中国在品牌领域的尴尬。夯实地基，中国迫切需要品牌思想的真正启蒙；呼唤突围，中国的品牌任重道远。

第四片乌云：营销学界的摇摆

2004 年《营销科学学报》（JMS）在清华大学创刊，推进中国营销学国际化，实证方法蔚然成风，十几年来研究成果国际发表量明显增加。取得巨大进步的同时，只会写论文而不善解决中国营销实际问题的偏向亦显露出来，单纯追求论文发表的象牙塔现象一时积重难返。在诸多原因中，最主要的是急功近利的诱惑和随从。直至 2020 年前后风向才转向本土创新。

作为外来的 Marketing 能否真正在中国生根？这一问题并没有完全解决。学术的最终价值是能够解决问题。实地实证与模型实证不可偏废。全球管理学营销学的新导向，已从象牙塔向实践回摆。一些国际著名学者有影响的研究成果，更多来自长期频繁深入企业调查的求证。相比之下，中国营销学者深入企业第一线的身影，显得稀罕而反差强烈。如果不深入中国情境，中国学者或将失去创新 Marketing 的重大学术机会。

为"营销"正名：术语的坎坷路

"营销"是英文 Marketing 在中国目前最普遍的中译表达。但"营销"一词带来许多负面的联想和后果，在中文语境中，常被误解成"为了销售而营造，甚至不惜手段地钻营"。这显然完全背离了现代 Marketing 的本义和真精神。所以，关于 Marketing 的术语中译，需要重新界定和更新。否则，对"营销"一词重新启蒙就势在必行。

营销史奠基人巴特尔（Robert Bartels）在他的名著《营销思想史》（*The History of Marketing Thought*）中，专门讨论了这个词的出现及含义。Market（市场）一词早已有之，Marketing 一词却只出现了大约

100 年。巴特尔从语言学角度引证，认为 Marketing 这个新词的出现代表了新思想和新概念的出现，它是商业活动诸多因子的结合，它不是简单指某种实践，而是涵盖商业行为、技术、实践和交易等等。[①] 在国际上，Marketing 既指学科，也指实践。

Marketing 的中文翻译，却颇费周折。"营销"一词虽早已有之，却不尽如人意，并未达成共识。概括起来，华文世界 [台湾、香港和内地（大陆）] 对该词的翻译选择有以下 4 种：A．市场学；B．营销（学）；C．市场营销（学）；D．行销（学）。通常，在学科或理论学术的情境中，加"学"字；在实践的情境中，不加"学"字。

先看看华人世界中与台湾和香港有关的基本情况。

台湾在 20 世纪 70 年代前后的翻译中，有过"营销"的表达，如在广告学学者杨朝阳等人的早期翻译著作《广告的科学》中，出现"营销"一词，不过这是从广告或促销的视角理解 Marketing 的结果。也出现了"市场（学）"的表述，如王德馨、江显新的《市场学》。[②] 台湾政治大学商学院则采用了"行销学"的翻译，随后在台湾成为主流。1983 年，"行销（学）"的术语翻译被以文件的形式规范下来。[③] 2015 年台湾大学任立中教授曾经这样解释了台湾选择"行销"一词的缘由：

Marketing 谈的是供需双方，市场上的消费者和厂商所有的行为（合）称为 Marketing。后来决定把它译成"行销"，（是指）消费者行为的

---

① R.Bartels.The History of Marketing Thought[M].Ohio: Publishing Horizons, 1988: 3—4.
② 王德馨，江显新 . 市场学 [M]. 台北：三民书局，1970.
③ 1983 年台湾"教育部门"为规范中英文术语，公布并出版了《市场学名词》（台湾教育部门，1983）一书，其中，将 marketing 的中文翻译定为"行销"。此后，台湾几乎都采用"行销学"或"行销"。

"行"，销售的"销"。希望能够把消费者行为这件事情给凸显出来。①

2012 年，清华大学李飞等人对中译"营销"一词来源考证一文，②指出"营销"一词最早源自台湾（广告）学者，但未特别强调 1983 年后台湾将此术语规范为"行销"并作为正式术语，而不再用过去出现过的"营销"或"市场"等词。该文提出香港早期最有影响力的闵建蜀教授解释内地采用"营销"一词的影响，却忽略了闵教授并没有对几种选择下定论的事实。③闵建蜀 1979—1986 年期间在内地十几个城市的讲座中，"市场营销"的出现频率最高，但其出版的有关教材，依然选择用"市场学"或"市场管理"的书名表述。所以并不能说，闵建蜀是主张采用"营销"一词的学者。

20 世纪 30 年代内地最早引进 Marketing 时，选择了"市场学"的翻译，如丁馨伯的《市场学原理》，侯厚吉的《市场学》④。1979 年广州学者在开始翻译科特勒的书和编写教材时，采用了"市场学（或市场营销学）"。⑤作为全国性的正式社团，1984 年成立的"中国高等院校市场学研究会"（CMAU），至今也依然保留"市场学"的称谓。

直到 1990 年，科特勒的 *Marketing Management*（第 5 版）出版时，译者采用《营销管理》作为书名，即选择了"营销"的翻译。或许因为

---

① 任立中，中国 JMS 第 12 届学术大会上的演讲，上海，2015.10.24。

② 李飞，贾思雪，米卜.谁把营销学带进了中国 ——营销学在中国早期传播的史实考证 [J].营销科学学报，2012，8（4）:47—58.

③ 主要的事实是闵建蜀 1981 年 7 月在陕西财经学院的讲话，他说："市场学的称谓，比较静态且容易与微观经济学混淆；台湾政治大学商学院翻译的'行销学'，虽有动态但不顺口；'市场营销学'，虽动静结合，但字数太多，简化为'营销学'不错，但是没有表达出'市场'的意思。"

④ 侯厚吉 . 市场学 [M]. 上海：黎明书局，1935.

⑤ 何永祺 1979 年在暨南大学、中山大学开设"市场学"课程，后出版《市场学》教科书。

原著的影响力，这一译名造成了采用"营销（学）"的羊群效应。在内地（大陆），其广泛影响到高校专业学科和众多学术活动的用语（"营销学专业"），并且在企业组织和活动中不断扩散（营销部门和营销人），久而久之，习以为常。

不幸的是，这些年来，许许多多的情况表明，① 在中文语境中，"营销"常被误解成"为了销售而营造，甚至不惜手段地钻营"。因此带来许多负面的联想和后果，已经影响到该专业的形象和价值。这种误解和偏见显然完全背离了现代 Marketing 的本义和真精神，在语义联想的层面严重阻碍了 Marketing 在中国的进一步健康发展。

Marketing 在香港往往采用英语直接表达，台湾在 1983 年后规范为"行销"。所以，重点是内地（大陆）如何表达 Marketing？正如 Brand 不宜翻译成"名牌"而必须采用"品牌"一词，重新斟酌中文术语"营销"一词，为 Marketing 的中文表述创造更适合的术语联想和语境，已经难以回避了。

五大启示

近半个世纪中国商业和营销之进化，是传统与现代碰撞、交互的结果。幸运的是，西方 Marketing 在当代中国的命运，整体上是被接受而没有受到排斥，但接受的深浅高低差距明显、各不相同。细思过去，展望未来，笔者期待，中国商界和全社会能够在以下 5 点形成共识：

---

① 苗庆显．营销被叫作"营销"，害惨了多少企业和营销人 [EB/OL].[2019-08-27].https://mp.weixin.qq.com/s/QVAA2Xj9mHu8QHvv7k-8ig.

1.Marketing 是人类商业文明的宝贵思想和方法

中国企业的实践已经证明其价值和辉煌。不仅应坚持以 Marketing 提升企业竞争力的宗旨，**还应致力于运用它解决商业之外的重大社会问题，**如教育、医疗、区域发展、养老等等。

2. 不可满足在术（战术）的层面接受学习 Marketing

中国近代对西学东渐的态度之一谓"师夷长技"，即只吸收西洋的技法。例如，推销、广告、传播、促销、公关的手法，乃至顾客满意、品牌形象、零售业态的技法等等。在策略的层面模仿，将单点做到极致，虽然如前所述可能取胜，却难免有短视之局限和弊端。价格战阻碍走向高端价值。广告"标王"名噪一时，一些早已昙花一现、销声匿迹了。

面对已经到来的数字时代和智能时代，新的技术手段层出不穷、令人眼花缭乱，在企业数字转型中依然应该战略至上，防止落入"术的陷阱"。

3.Marketing 并不是一成不变的"圣经"

科特勒的《营销管理》被誉为"圣经"，这一广为流传的说法可能使人们忽视了二者的一个根本不同：《圣经》是原封不动、万古不变的，而 Marketing 是与时俱进、不断创新的。在数字化智能化已经到来的今天，营销创新更是重要。推陈出新是科氏营销所代表的现代营销最基本的特性，科特勒先生的自传表明，他终生乐于创新冒险。[①] 他最注重营销的演化研究，持续探索"下一个是什么"。

---

① 卢泰宏 . 科特勒为何称其自传为"冒险"[EB/OL].[2019-09-02].https://mp.weixin.qq.com/s/dr8APJJTffrJP11XCbaCtg.

4.“生根开花”是营销学在中国的远见和愿景

学术研究中的跟随模仿是井底之蛙。Marketing 作为西方商业文化和工具，如何在中国生根开花？如何结合中国情境和中国文化有所创新发展，此乃期待中的最高境界。

5.Marketing 的灵魂是承诺与诚信

没有全社会的信用体系，不杜绝“假”和“偷”的顽疾沉疴，现代营销难以在中国真正扎根、长远发展。诚信能否成为中国企业内在的重要基因，最终决定了 Marketing 在中国的历史命运。

关于"定位"：是"一箭穿心"还是"一叶障目"①

王赛

（科特勒咨询集团大中华及新加坡管理合伙人，增长战略总经理）

定位解决了认识问题，却未必能解决购买问题。

"定位"的定义

定位是一个非常锋利的市场战略工具，但它只是一种工具，而远不是这个武器库的全部，不是竞争战略的全部，不是品牌战略的全部，更不是市场营销战略的全部。

定位有价值，但不能浮夸，否则"定位"就没有了定位。

定位理论的三个发展阶段

结合黑格尔提出的关于逻辑与历史的统一的思想来看这个学说。1972 年，艾·里斯（Al Ries）和杰·特劳特（Jack Trout）联手在《广告

---

① 本文内容源自《销售与市场》2019 年 9 月刊，内容有删改。

时代》杂志上发表关于定位的系列文章，到后来两人分家各做自己的公司，之后又推出各自的理论。从一个市场战略顾问的角度来讲的话，这么多本书其实就三个里程碑，其他的都是对这三个里程碑的重复罢了，包括新书《21 世纪的定位：定义之父重新定义"定位"》（简称《21 世纪的定位》）。

第一个阶段是 1969—1981 年，这个时期的核心是形成并推广"定位"。里斯首先开设一家广告公司，为了与当时最流行的 USP[①] 理论和大卫·奥格威（David Ogilvy）的品牌形象论相区分，他提出一个理念叫"Rock（岩石）"，表明广告信息在顾客中坚定不移。后来特劳特对这个理念进行补充加工，商量说 Rock 这个词语不够 sexy，于是一起改成了现在的"Positioning"（定位）。这是第一个里程碑。

随后他们相继发了很多文章，于 1981 年结集成书，这本书就叫《定位》（*Positioning*）。这本书最早有另一个名字《广告攻心战》，这已经给其内容定下了位 —— 营销传播的工具，而非营销战略。

第二个阶段，我认为是 1985 年《营销战》的出版。这本书引用的是普鲁士军事家克劳塞维茨的《战争论》中的核心理念，把战争引入营销当中，从而形成了非常锋利的视角 —— 从战争的角度来看营销，所以特劳特有一句话说"不要去关注你的客户的需求，要看到谁能抢到客户的需求"，不一定全对，但的确有一定道理。他们把营销战分为四种类型：防御战、进攻战、游击战、侧翼战。我觉得这个是有开创性的贡献，这就把定位的理论，从营销的广告传播上升到了市场营销战略，这是第二个里程碑。

第三个阶段，是两位先生分家后各自推出的新理念，我个人认为特

---

① USP：Unique Selling Point 的缩写，意为独特的销售卖点。

劳特后面做的东西都是对以前理论的重复，少有创新性的东西出来，或者说没有什么里程碑的东西出来。而里斯推出一本叫作《品牌的起源》的书，书中提出一个很重要的概念——品牌起源于分化，分化成品类，这就是后来的品类战略。

定位和品类是其中很重要的要素，但是并非全部。我在东京见过里斯本人，也与他交流过，我也高度认可品类战略是定位的第三阶段。再之后，里斯和他的女儿写了《视觉锤》，包括最近出的《21世纪的定位》，我个人认为没有革新，也没有到达CEO层面的市场战略，所以看到他的新书《21世纪的定位》当中谈到亚马逊，说亚马逊之所以能达到一万亿美元市值是因为公关，我觉得这还是受到传播起源的视野所限。

当然，每个人看待问题的视角不同，但我个人把它切分成三个里程碑，我会谈到对其肯定或者否定的东西，讲究客观公正。

定位与营销的关系

我个人觉得从理论演进和理性应用的视角来看，定位其实进行了几次升级，有些升级我认为是有意义的，有些升级我觉得不然。

第一次升级是从广告传播开始，作为广告或营销传播，所以定位是在营销领域当中的。

第二次升级把定位提到了营销战略的高度，但我认为它是营销战略当中的一部分，因为营销战略还包括很多，包括客户关系的建立，包括如何计算客户的价值，包括如何切割细分市场，包括如何通过市场机会来形成整个增长性的基础。所以从某种意义上来讲，它属于营销战略的一部分，但远不是营销战略的全部。

第三次升级到公司战略，我认为这有待商榷。公司战略的核心要素在处理一个公司对于外部环境的判断，对于机会的把握，对于资源的布局，以及产业的组合，这些维度远不是升级可以解决的。

所以根据这个逻辑，定位实际上进行了两次升级，从营销传播（Marketing Communication）到营销战略（Marketing Strategy）到公司战略（Corporation Strategy）。从一个广告公司的背景出发，每一次升级其实都很艰难，因为理论是有起源和边界的。菲利普·科特勒认为营销起源于应用经济学，而不是传播学。我个人在某种意义上认可定位是营销战略的一部分，但称不上是公司战略的核心。

至于经过升级后，到达了营销战略层面，也从属于营销战略整个大厦的一部分，不能无边界浮夸。但是定位的确有升级到营销战略的意义，这就是菲利普·科特勒把定位引入他整个营销管理大厦中的一个很重要的原因，形成了著名的STP。我上次去见菲利普·科特勒的时候，跟他反复讨论这个问题，他谈到一个核心观点：**当没有细分、目标市场选择时，定位会成为空中楼阁**。因为缺失前两项，就相当于你射出一发子弹，却发现没有靶心。所以我个人认为，定位还是在营销的范围之内，科特勒的营销其实是以市场为导向的战略，是一个包容型的关系。

定位和品牌的关系

在 2019 年 5 月 10 日的中国品牌日上，媒体发了一篇我的专访，我谈到定位和品牌的关系，我引用菲利普·科特勒的原话，"Marketing is far more than branding and branding is far more than positioning"，意思是营销的边界远远超过品牌，而品牌所涉及的广度和深度又是远远超过定位的。有些人对此是持不认可、反对态度的，认为把定位理解成品牌的元素，是对定位一个最大的误解。

首先，我个人认为定位还是分属在营销领域当中的，我前面已经给它画了一个框架。

关于框架，整个外围是营销，但这个营销指的是菲利普·科特勒和德鲁克所言的营销，即以市场为导向型的战略，而不是市场当中很多人所谈到的 Communication、Promotion、爆品这些层面的东西。

营销的重要要素之一是竞争策略，定位属于竞争当中的一个模块。我把竞争按照企业实战拆成一个公式，**营销层面的竞争 = 竞争护城河设计 + 竞争要素的布局 + 竞争认知的规划，**即资源、布局、认知三个层面的竞争。

从这个框架来看很清楚，定位仅是属于竞争当中的一个模块而已，远不是全部，甚至不是最高境界。在这个框架下，我放入的是竞争，所以和我讨论的过程中，如果讨论竞争，就不要跑到品牌上去。

回到菲利普·科特勒的"Branding is far more than positioning"，品牌比定位所涉及的面更多。品牌是什么？根据菲利普·科特勒和凯文·凯勒的理解，品牌是一种客户关系（Customer Relationship），是客户认知关系综合的系统规划。这就是我提到的关系层面的营销：增长、需求、竞争、关系。

定位是品牌中一个很重要的元素，尤其定位当中谈到的要牢牢占据一个品类，品类占领是定位的精髓。比如 ThinkPad，ThinkPad 最大的失误是，主动丢掉了 10 年前"商务笔记本的第一选择"的定位，结果被苹果、微软 Surface 不断蚕食市场份额。

回到菲利普·科特勒的"Branding is far more than positioning"，定位品类并不是品牌建设的终结，最多算一个开始。定位是在解决如何有效到达消费者的认知问题，但它不解决产品或者品牌能不能引起消费者购买的问题，而品牌某种意义上是要建立消费者偏好。

这就会出现一件很尴尬的事情——当你不断宣传自己是品类第一，定位是什么的时候，客户接收到了这些信息，但却打动不了他们。

所以品牌包含的东西更丰富，大卫·艾克（David A. Aaker）将之称为品牌资产（Brand Equity）[1]，包括知名度、认知度、美誉度、忠诚度和其他联想等，所以只通过定位去建立品牌，远远不够。

定位、战略和商业模式之间的关系

战略中谈定位，特劳特和里斯谈定位，商业模式中也在谈定位。但是这三者的定位内涵不同。

第一个是德鲁克版本的定位。德鲁克版本的定位实际上叫作公司定义，与特劳特和里斯所说的定位有区别。德鲁克有一句很犀利的话，"What's your business？"即公司业务是什么？公司业务的本质是什么，或者公司是怎么定义自己的，就是德鲁克层面的定位。为了避免混淆，我把它称作"公司定义"。

以美团为例，美团的公司定义是什么？美团上市之前，想了又想，最后定义自己为"线上服务版的阿里巴巴"，因为这个定义能够直接调动其公司估值或公司市值，这个是德鲁克版本的定位。

德鲁克的这句话其实在讲商业模式。商业模式在国外有一个非常有名的工具，叫作画布或者商业模式的九宫格。在国内就是朱武祥教授和魏炜教授所提出来的商业模式六要素（现在已经升级），但是它们都涉及定位。国际版商业模式画布英文原文叫"Value Proposition"，而不是"Positioning"。所以某种意义上定位也叫价值主张，或是公司的定义，

---

① 赋予产品或服务的附加价值。

或是公司给客户带来什么样的价值，而不是一个简单的心智型的概念。

第二个是波特版本的定位。波特所说的定位跟特劳特、里斯讲的定位也不同。波特研究的是竞争战略，他研究在竞争结构当中，公司处于一个有利的位置，就能够去获得很大的利润空间或者很好的收益。所以波特的"竞争战略三部曲"的前两本专门谈这个，第一本书是《竞争战略》（1980 年），里面的定位讲述了企业如何选择市场。第二本书《竞争优势》（1985 年）的核心之一是价值链。在《竞争优势》中，波特传达的定位是：在一个价值链当中，公司在哪些环节上布局。比如以前的宏碁，施振荣就从微笑曲线 ① 的两端进行布局——这是一个竞争要素布局的概念。波特被亨利·明茨伯格（Henry Mintzberg）归类为战略十大学派中的"定位派"，后来波特又在《哈佛商业评论》上发表了一篇文章《什么是战略》，提到他的战略思想是"取舍与定位"，这个定位是指选择不同的市场结构，以及在价值链上做不同的布局。

德鲁克版本的定位跟波特版本、特劳特和里斯版本的定位不同。一个是从商业的边界和本质的角度，一个是从竞争战略的布局要素的角度，一个是从心智认知的角度，他们定义的"定位"解决的是不同层面的问题。波特版本的定位解决的是如何进行竞争布局的问题，如何在一个有效的结构当中处在最佳位置的问题；德鲁克版本的定位所解决的问题是公司业务本质是什么，它决定了一家公司的边界和公司能够延伸的空间，甚至决定公司的价值和增长的空间有多大。而特劳特和里斯版本的定位某种意义上其实还是营销心智竞争，或者叫作品牌层面的定位，到不了德鲁克版本的定位的高度。

---

① 微笑曲线：1992 年重要科技业者宏碁集团创办人施振荣提出的策略方向，发展至今已演变为台湾产业的中长期发展策略。

定位是否替代了 USP 和品牌形象理论?

回到微观视角下的营销，甚至营销当中的营销传播，会发现，在定位理论之前广告界或者说营销传播界有两个非常有名的理论：一个是USP，另一个就是奥美创始人大卫·奥格威提出的品牌形象理论。定位理论并不是替代了这两个理论，用李泽厚实践理性的视角看，是如何在具体的情境下混合使用这些理论。

上文提到，定位更多想解决竞争中认知的问题，解决"一箭穿脑"的问题，就是怎么能够快速被记住。但是定位不解决偏好，不解决"一箭穿心"的问题。什么叫"一箭穿心"? 就是说让顾客看到产品就有强烈的购买欲。从理性角度来讲是 USP，即产品帮顾客创造什么价值，营销对应什么痛点；从感性层面来讲，顾客对品牌形成偏好，也就是品牌形象契合顾客的价值观。所以定位理论不太可能替代 USP 和品牌形象理论。当然，定位很重要，关键在于企业在某个阶段、某个竞争市场当中，面对什么样的竞争对手，应该如何使用定位理论。在品牌的领域中，品牌远大于定位，"一箭穿脑"不等于"一箭穿心"!

企业家应用定位理论时遭遇的三大困局

僵化困局

定位提出要占领心智当中的"第一性"，甚至占领一个品类当中的"第一性"的时候，实际情况却不尽如人意。在中国，使用定位理论的很多人陷入了一个僵化性的陷阱。

很多人采取定位理论得出来的结论千篇一律，基本都是"某某行业的领导者""销量遥遥领先"之类。比如瓜子二手车"销量遥遥领先"；竹叶青的绿茶是"高端绿茶的领导者"。这种领导者的说法非常多，这类定位便是掉进陷阱，消费者并不会因为品牌自称是行业领导者或销量遥遥领先就给予信赖和喜爱，品牌的核心是要构建偏好和认同。

做个假设，如果"某某行业的领导者""销量遥遥领先"有效，应该能够建立品牌。我们来改写下面这些品牌的宣传口号、品牌导语、品牌宣传，你再感知一下。

比如耐克，按照现有的定位逻辑，耐克不应该使用"Just Do It"，而应该宣称是"运动服饰行业的领导者"，但事实上"Just Do It"激励了美国两代人，也包括现在，这条宣传口号是特别能够帮助消费者建立偏好的。同理，阿迪达斯就应该用"销量遥遥领先"，而不是"Impossible Is Nothing"；苹果就应该用"数据手机行业领导者"，而不是"Think Different！"如果这样展开，这些品牌都不会存在。所以定位到底在解决什么问题？它解决的是"一箭穿脑"的问题，但"一箭穿心"的问题更重要。所以不要浪费子弹，混为一谈，这是第一个困局。

格局困局

定位基于的往往是产品品牌。什么叫产品品牌？比如农夫山泉，它最开始就是产品品牌，但是如果说这个品牌再往上升级的话，就会有业务单元的品牌，再往上面就是公司品牌，甚至上面还有集团品牌，继续往上面叫作生态品牌（海尔就在干这个），定位不能解决后三个问题。里斯就不断在批评小米，认为小米的业务延伸到过多的领域，我认为这本质上是格局问题。对一个 CEO 来讲，战略的核心是如何把资源布局效益最大化，能不能获得资源的杠杆效应。小米模式就是用"品牌 + 流量 +

客户"去撬动资源，品牌是小米赋能给生态的一个杠杆。如果小米在每个领域当中都建立一个新的子品牌，小米一定做不到今天这样的销售规模以及市值，这个格局叫作公司品牌资产管理。

投入－产出比困局

按照现在定位的打法，你会发现一个很痛苦的事实——很多企业出不起广告费。因为这需要配置巨大的媒体轰炸，对于很多企业来讲叫"资金不能承受之重"。打个比方，某瓷砖天天打广告。要知道，瓷砖不像快消品，它不是一个高频型的产品，所以疯狂打广告简直是在浪费企业资源！用定位指导企业乱烧钱的公司太多了，我一直在问：作为 CEO，你的弹药有没有用到枪口上？

数字时代下定位面临的挑战

第一，定位理论的根基出现了动摇。定位理论建立在大众传播时代，它于 1969 年被提出[①]。大众传播就是营销人员去发出大量的信息，通过大众媒体去轰炸消费者，让消费者到终端去购物。而今天情况变了，我们处于数字化时代，按照淘宝的说法叫"千人千面，万人万面"，每个人看到同一款产品的信息都不一样，每个人的购物车清单和向你推送的产品是不一样的。这个逻辑是从大众时代走向了分众，甚至是精众，叫一对一时代。在传播层面，这是对定位理论一个极大的挑战，因为其建立根基被动摇了。

---

① 1969 年，"定位之父"杰克·特劳特开创特劳特定位理论。

第二，好的营销要跟消费者构建持续交易的基础，即营销当中的"关系"。定位的轰炸模式，是很难去建立消费者关系的，这种关系包括两种。第一种是通过数字化连接所建立的关系，比如社群、互动参与。第二种是能不能产生偏好关系，这属于品牌范畴。这是对定位理论的一个核心挑战，而数字化时代天生就是在做连接。一旦连接，整个营销模式或者价值增长模式就会发生很大的变化。谷歌通过搜索连接之后进入了很多产业，包括投资、医药、终端的自动驾驶、应用定位，因为谷歌连接客户资产，所以能够去做这样的新扩张。何止是谷歌，BAT 还投资电影。所以说定位理论讲聚焦，是基于工业时代的思维。企业家的核心是如何在新时代当中，通过与客户的连接，使自己的资产最大化地发展。

第三，很多企业家跟我讨论：在应用定位理论时，要花大量的广告投资费用，其实他在终端是投不起的。有一条核心要素是沃顿商学院一个教授提出的"Contagious（疯传）"，疯传的核心要素是什么东西在互联网上能够被转发。

如果说定位购买媒体形成的传播叫作 B2C，那疯传的模式就是 B2C 到 C 的 N 次方，也就是说重要的是用户在社交媒体上转发你的信息，这样才能四两拨千斤。比如瓜子二手车"销量遥遥领先"的广告，我们想一下便知，社交媒体上转发这个信息的多数是内部人员。但是当企业没有充足的预算可以支持大范围的传播时，就要依托"疯传"，它的路径和定位截然不同。

第四，当我们把定位放入营销战争中谈的时候，它只是当中一个环节；当我们把定位放入品牌中谈的时候，它也只是品牌中的一个环节。但是 CEO 要什么，要的本质都是增长，无论是定位，还是品牌，本质都要指向增长这个靶心：定位到底想解决增长的哪个问题？只有在这种情境假设下，定位才能活化，才有德鲁克所言的"实践意义"，如果不指向目的，不指向增长，这些定位都是无效动作，浪费了大量资源。

还可升级的定位理论

定位理论还可以从两个层面升级迭代，第一个是战略层面，第二个是战术层面。

从战略层面来讲，我把定位当中的两个核心要素抽出来，加上我的第三个要素。什么是好的定位？谈了那么多有关定位的东西，更重要的是要回答"What is good positioning or What is bad positioning"（什么是好定位，什么是坏定位）。

先引用原有定位中两个概念，属性和品类。要么占领一个属性，占领属性当中的第一；要么占领一个品类，占领品类当中的第一。这是从定位层面，而不是从品牌或从竞争层面谈的。第三个我补充一个元素，叫作"对公司定义"，就是我开始所谈的德鲁克版本的定位。在业务边界不清晰、公司没有定义清楚的情境下，品牌定位是做不出来的，做出来也没用。比如，饿了么的业务是外卖、美食还是 O2O 到家服务？企业要先定义公司，回答德鲁克的公司定位。所以后来饿了么把公司定义成"三十分钟，周边的产品可得"（Make Everything 30 Min），这个是战略层面的设计，其重要性远超过心智层面的设计。定位更多针对的是小型企业，或者单项产品，而公司层面更需要的是整体市场战略。

从战术层面来讲，定位的核心在于能够"一箭穿脑"，但是不能够"一箭穿心"，更不能"一箭穿手"。我重构出三个要素：抓眼球的眼球点、品类点、交易点。这就能解释一个问题，为什么郎酒打了很多广告，消费者却没有购买欲望，因为它既抓不住眼球，又不能促成销售，也不能促成交易，而耐克的"Just Do It"就能抓到眼球点。但是只有眼球点不够，只有品类点也不够，只有交易点也不够。从战术层面讲，要对这些信息进行一个综合性的设计，整个信息链都应该用这三个要素来构成，形成整体布局。眼球点、品类点、交易点要形成信息组合，否则就会出现今天很多品牌定位出现的问题。

纪念德鲁克诞辰 110 年
——德鲁克眼中的市场营销 ①

王赛

（科特勒咨询集团大中华及新加坡管理合伙人，增长战略总经理）

我一直认为，菲利普·科特勒是在保罗·萨缪尔森（Paul A. Samuelson）和彼得·德鲁克之间，建构出现代市场营销的相关理论。但德鲁克是典型的洞见派，他和迈克尔·波特、科特勒的不同之处在于，他追求的不是逻辑的宏伟，而是洞见的犀利，德鲁克是典型的咨询顾问思维，言论坦白直率、一针见血。

很多人都知道德鲁克说过，企业中有两个关键的职能 —— 创新与营销，其他都是为这两个关键职能所付出的成本。德鲁克没有写过一本关于营销的专著，但是他曾有一篇谈营销的文章在 20 世纪 50 年代发表于《营销学期刊》（*Journal of Marketing*），也有诸多关于市场营销的理念分散在他的其他著作中。我选出德鲁克谈及营销的十句话，试图以此为切口，谈谈德鲁克眼中的市场营销。

---

① 本文内容依据纪念德鲁克诞辰 110 年演讲稿修改而成，有删改。

洞见 1：营销是组织的市场边界

它（营销）囊括了一切业务。从最终结果来看，也就是从客户的角度来看，一个企业要做的事情只有营销。因此，企业的各个部门都应该关注营销，负责营销。——《管理的实践》

近些年中国不少企业提出"公司不需要营销，做好产品即可"，甚至有人认为"品牌大于营销"，这些误区的源头在于对营销的曲解，与德鲁克的理念形成巨大反差。路德维希·维特根斯坦讲，语言是破掉幻象的钥匙。从德鲁克开始延伸到科特勒所谈的营销是指顾客价值创造的一切动作。

实践中，的确有很多企业设置了 CMO 的岗位。但德鲁克曾经犀利地指出，在企业对营销的主旨都理不清楚的情况下，"把'丧葬师'改为'殡仪师'不会带来任何改变，因为无论给他们多么耀眼的称呼，本质没有变"。德鲁克说，营销是全局性的事情。必须从最终结果的角度看，即客户的角度。因此，企业的所有部门都必须以营销为牵引，承担起营销的责任。有一段时间我甚至和圈内几位大咖和学术教授商议是否可以重新勘定 Marketing 的中译，使之与市场上根深蒂固的误解区分开。Marketing 是英文 Market 变格后的一个动名词，如果直译，它应该是一门关注并管理企业在动态市场竞争中的相关变量的科学。只有溯源到这个理解，德鲁克所说的"营销囊括了一切业务""企业最关键的功能只有营销和创新"才可以成立，也才可以理解为什么科特勒晚年会说营销来源于应用经济学。所以，营销首先不是一项职能，而是一个企业家到企业组织整体的思维底层逻辑。

洞见 2：企业使命决定于营销

关于企业目的与使命的定义，只有一个重心和出发点，那就是顾客。如果知道满足顾客是每个企业的任务和使命后，要回答"我们的事业是什么"这个问题时，就要从企业的外部去寻找答案，也就是从顾客和市场的角度来观察。——《管理：任务、责任、实践》

有一段时间企业界喜欢谈 MVV[1]，似乎靠梦想就能支撑一家企业的成长突破和基业长青。事实证明，很多"被夸大的使命"[2]在创业者热情退却后才被意识到是幻觉，这也是我一直在企业界提"理性结构"，反对"鸡汤"的原因。不是使命出现了问题，而是使命变成了企业品牌的"包装术"，没有回到德鲁克所言的"顾客"这个重心。只有从外部顾客去寻求，使命才不会虚妄。也只有这样，营销才能贯穿于企业的整体职能架构与价值信仰。德鲁克揭示出营销是组织使命的入口，但现在中国企业界陷入了把营销当成流量和炒作的窘境。

洞见 3：营销的本质是需求管理

真正的营销要从顾客的属性、现实状况、需求及价值观等方面做起。真正的营销并不是跟顾客说："这是我们提供的产品或服务。"而应该说："这些是顾客所追求、重视及需要的满足。"——《管理：任务、责任、实践》

---

[1] MVV: 这里指 Mission Vision Values 的缩写，意为使命、愿景、价值观。
[2] 财经作家吴晓波在其著作《被夸大的使命》中提出的理念。

2013 年，我问菲利普·科特勒究竟如何理解营销的本质，菲利普·科特勒说是需求管理，后来才知道这句话德鲁克也在著作中写到过，而且德鲁克先生用的词语是"真正的营销"，按照他的标准去对照一些企业的营销行为，会发现诸多"伪营销"和"坏营销"。营销的核心起点是需求，德鲁克以需求定义产品甚至公司的思维深刻影响到了菲利普·科特勒，所以科特勒架构的营销系统"R—STP—4Ps—I—C"就是在把需求管理从理论落实到方法论。在这句论述"真正营销"的话语里，德鲁克还添加出属性、需求以及价值观可以构成营销的元素，而熟读菲利普·科特勒著作的人自然就会想到科特勒晚年提出的营销 1.0 到 3.0，3.0 就是以价值观驱动的营销策略。需求是一切营销的出发点。

洞见 4：营销要构建竞争差异化

不断地问客户："在外面为您提供的服务中，有哪些是其他公司没有为您提供过的？"虽然并不是所有的客户都知道答案，而且他们的答案也可能让人抓不到头绪，但这些答案仍会暗示我们该从哪个方向寻找答案。——《成果管理》

中国企业界经常会犯一个市场学原理性的错误，即"纯粹的客户中心"，按照康德所言，纯粹的理念只能停留在哲学和宗教的世界。市场营销的核心，即"客户导向 + 竞争导向"，是为"市场导向"。所以德鲁克从来没有把企业经营作为旁若无人般的情境来审视，既关注客户，同时也看竞争。贝索斯那句品牌公关的语言"永远不要看你的竞争对手，他们又不给你钱"被以讹传讹，好像有一个纯粹的客户中心论，殊不知亚马逊专门设置了一个"竞争情报局"。至少，多看看竞争对手，也能理解他们满足客户的方式。德鲁克认为要与竞争对手的服务进行对比，看看自身哪些服务是其他公司所没有的。换成菲利普·科特勒的语言——永远要在公司董事会里聘任一位扮演竞争对手的角色，时刻去想竞争对手会怎么做决策，这样才能真正构建营销的差异化。

洞见 5：营销才是好战略的基础

当前仍然存在的一个基本事实是，谁愿意把营销作为战略的基础，谁就有可能快速取得一个行业或一个市场的领导权。——《管理：任务、责任、实践》

当读到德鲁克这句话时，我看到了德鲁克与科特勒之间的一脉相承——营销就是市场导向型战略。相对于公司的商业战略（Business Strategy），市场营销战略（Marketing Strategy）有很大的不同，它通常倾向于改变一个公司的市场营销组合而不是核心业务。它本质上是驱使公司通过更好地运用市场营销战略战术，提升企业的核心获利能力和扩大周边业务。营销战略探讨的是公司营销和销售的组织框架，通过创新和增值渗透目标市场，以及公司营销和销售各个部分之间的联系。所以科特勒曾说"在没有尝试用营销战略解决困境之前，不要一下子跳到商业战略中"。在这个"黑天鹅满天飞"的时代，动态化的应对更显得尤其重要，原有的战略咨询公司那种三年五年规划基本等于"鬼话"，营销的微观性让这种战略更具有实践性。所以，营销的市场战略化，并非今天才成为 CMO 切换到 CGO 的命题，这个问题德鲁克 50 年前就已洞见到。

洞见 6：营销的增长区的要害

　　企业和产业越来越重视他们的市场地位。为了掌握业绩的起伏，他们会记录销售数字，也因此了解到，他们的销售量是在增加还是减少。但是，几乎没有人真正地知道最重要的数字：顾客花在产品或服务上的钱占他们可支配所得的比重。——《21 世纪的管理挑战》

　　德鲁克的言论与大多数企业的 CEO 不同，很多 CEO 认为企业的宗旨是盈利或者股东价值最大化。但是德鲁克认为这是一句空话，因为这句话忽略了盈利的源头来自客户。德鲁克还有一句名言——当下诸多企业的增长只是为了增长而增长，而忘记了增长之源。德鲁克一针见血地指出——最健康的增长不仅是客户的增长，而且是企业在客户钱包份额中的增长，因为这个指标真正反映出客户的偏好度、留存度和未来持续交易的基础，这才是"好营销"。

洞见 7：撤退时思考市场进入的前提

　　规划的第一步是对任务活动、产品、程序或市场进行下列思考："如果我们现在不做，未来会再做吗？"如果答案是否定的，下一个就是："我们要如何快速地抽身？"——《管理：任务、责任、实践》

　　我在《增长五线：数字化时代的企业增长地图》中提到，第一线即"撤退线"，我引用西方军事家约米尼的话——"一次良好的撤退，应和一次伟大的胜利同样受到赞赏"。企业在做加法之前，先想到如何做减法。德鲁克这个"如何快速抽身"的思维就是"撤退线"的设计，而这个层面的营销即"市场进入或退出"战略的决策。其最传奇的一次使用就是当年杰克·韦尔奇上任通用电气（General Electric，GE）CEO 后去拜访德鲁克，咨询驾驭旗下千家企业单元的方法，德鲁克立即抛出了上面这句话。也是在这句名言的基础上，韦尔奇开创了 GE 时代的"数一数二"战略。好的增长，第一步想到的是撤退。增长与撤退相互融合，这就是美国杰出作家菲茨杰拉德所言——"检验一流智力的标准，就是头脑中能同时存在两种相反的想法但仍保持行动能力"。

洞见 8：领导力的本质是营销

领导力的本质是营销。——《管理的实践》

看到这句话的时候我也很惊奇。德鲁克的妻子多丽丝·德鲁克说，德鲁克几乎不读商业书籍，只是粗略浏览，枕边的书基本都是历史书。德鲁克多次提到，他提出的关于领导力的概念其实已经有 2000 年历史，最初是由古希腊著名将领色诺芬的思想所启发。德鲁克拒绝单独阐述领导力，同时又把领导力的本质定义为营销。领导力有一个最精要的公式，领导力 ＝ 愿景领导力 ×（魅力型领导力 ＋ 交易型领导力），每个环节中都体现着营销的思维，即如何从对方的角度看问题，如何形成价值和价值观的整合。

洞见 9：创新必须以市场为导向

企业的创新必须永远以市场为焦点。如果只是把焦点放在产品上，虽然能创造出"技术的奇迹"，但只会得到一个令人失望的报酬。——《管理：任务、责任、实践》

如果说从 0 到 1 是技术创新，那么从 1 到 N 就是市场营销的作用。只有以市场为核心的创新才能体现企业的价值意义。所以在今天这个似乎以"技术制胜"的时代，的确要反思供给侧的创新无论再怎么领先，其有效性必须还得统一至需求侧。德鲁克在这个基础上还说："企业认为自己的产品是什么，并不是最重要的。特别是它对于企业的未来、成败也不是那么重要。顾客认为他买的是什么以及他心中的'价值'是什么，这才是最关键的。"所以我经常批评中国营销业界一些似是而非的"浮夸"观点，比如说"有爆品，就不要营销"，殊不知营销是产品创新的源头。没有以市场营销为基础的创新，只能停留在 0 到 1 的增长区间。

洞见 10：你到底从事什么业务？

What's your business？（你业务的本质是什么？/ 你从事的是什么业务？）——《管理的实践》

这大概是德鲁克最经典亦是最锋利的一句话，典型的咨询顾问单刀直入的话锋。但是至少七成企业家回答不出自己干的是什么业务。营销文献中有一篇经典文章，即哈佛大学里维特教授提出了"营销近视症"的那篇文章，其讲的是公司囿于产品本身而忘记了依据客户需求去重新定义产业，造成其落后于时代与竞争。而今天中国企业面临的另一个问题，我将其称为"营销远视症"，就是不断推出新业务、新产品、新服务，但是背后从根本上缺乏一条逻辑主线，这条主线就是"What's your business？"。由于讲不清这条主线，回答不出德鲁克的"第一问题"，使其不断在资本市场编故事，乐视如此，暴风影音如此，还有更多我曾点过名的企业亦如此。这句话德鲁克问倒过 100 多位顶级 CEO，所以克莱蒙特研究生大学的德鲁克博物馆把这句话放在展览墙的正中心。

> 德鲁克没有单独写过一本关于营销的著作，但是他一直把营销当作
> 企业战略的中心。从德鲁克谈论营销的语录中，我们可以看到从德
> 鲁克到科特勒营销思想的一脉相承。营销是企业经营的核心，不是
> 术，更不是市场上一些"术士"的矮化和误读，Marketing 是企业
> 市场经营最核心的灵魂。只有把营销正本清源，还原到德鲁克和科
> 特勒层面的营销，企业才真正具备市场的持续竞争优势。

企业必须用创业思维和精神来做营销 ①

菲利普·科特勒
(科特勒咨询集团全球首席顾问、凯洛格商学院杰出教授)

　　自 1967 年编写《营销管理》（第 1 版）以来，多少时光飞逝而过。《营销管理》一书之所以成功，是因为它建立在新的基础之上，基于经济学的事实、组织理论的领域以及社会科学的运用，引入了这些相关学科的知识。

市场营销能够影响经济增长率

　　当下，世界正在以惊人的速度变化，这意味着一些企业正在消亡，而一些新企业正在崛起。企业必须随时做好准备进行改变，因为市场机遇和消费者的需求在变化。**如果一家公司一成不变，它就会出现很多问题。**

---

① 摘自 2023 年 5 月 18 日，在中信出版集团举行的《营销管理》（第 16 版·全彩版）新书发布高峰论坛中各位学者对"这个时代，营销是变得更容易，还是更难了？"等议题的探讨与回答，有删改。

拥有专业营销人员的公司和拥有创业营销人员的公司有所不同。如果一家公司只有专业营销人员，那么它将无法成功。专业营销人员接受了营销理论和实践方面的培训，他们努力销售公司的产品或核心产品，以期销售量越大越好。然而，他们往往过于专注于客户和销售产品，缺乏寻找其他转变机会的广阔视野。因此，**一家企业不仅需要专业营销人员，还需要创业营销人员。这里强调的是创业思维的重要性。同时，市场营销对于经济发展也至关重要。**

首先，市场营销影响着经济增长率，只有强劲的市场营销才能带来强劲的经济增长。

其次，市场营销决定了人们可以享受哪些产品和服务。成功案例往往是大量营销的结果。现在，公司可以相对自由地决定产品、价格、渠道和促销方式，以实现成功；政府可以通过制定基本规则和法规，以帮助营销人员做出正确的决策。

这些规则可以很简单，例如公司不应制造任何有危害的产品，基本生活必需品，如面包和水的价格不应超出低收入人群的负担能力，需要基本生活必需品的人应该在全国范围内都能够购买到这些商品等。促销是营销手段的一种，它应该是诚实而非强制的。

最后，一个品牌不应攻击其他品牌，而应专注于展示自己品牌的优势。

要以创业精神思考产品，打造品牌，服务好 7 个利益群体

商业发展具有历史渊源。一些公司专注于制造产品，却不知如何营销产品。这时，他们会寻求广告公司的帮助，希望学习如何做广告和营销。

但是，营销远比广告更加广泛，仅仅依靠广告公司是学不会全面营销的。

最初的营销工具不仅包括促销，还包括产品、价格和渠道（4P）。现在，营销已经发展得更加深远。我将之前的 4Ps 发展为营销组合的七个要素（7T）：

（1）产品。

（2）服务。服务必须是一个独立的元素并与产品有关。

（3）价格。

（4）激励。因为企业可以直接设置价格，当然也可以通过折扣来调整价格，比如买一赠一。这都需要一个完整的激励系统去管理。

（5）沟通管理。这就不能叫促销了，让我们称它为沟通。

（6）分销管理。

（7）品牌管理。

每家公司在初创阶段基本不会追求整个市场，而是追求一个细分市场，然后很好地服务这个市场，并最终几乎占有整个市场。所以，公司必须做**细分市场、市场目标和市场定位，**我们称之为 STP。

在数字时代，公司需要服务更多利益相关者，而不仅仅是客户和投资者这两个群体。**公司的财富需要服务于至少 7 个或更多的群体**。因此，若企业要取得成功，还必须要：

（1）为消费者的利益服务；

（2）为员工的利益服务；

（3）为供应商的利益服务；

（4）为经销商的利益服务；

（5）为社区的利益服务；

（6）为地球的利益服务。

这些是对公司的成功做出了贡献的利益相关者，因此应该得到回报。

最新观点认为，**公司不仅可以通过数字化获得收益，还可以通过以人工智能为导向进行分析从而获得收益**。因此，我们必须利用新技术，因为它带来了巨大的价值。

然后，公司需要进行营销管理，确定三个不同方向的营销经理，分别负责**客户管理、产品管理和品牌管理**。实际上，**这三种经理都是必需的专家，他们应该怀有创业精神**。

也就是说，我们必须以创业精神去思考：谁是主要的客户？客户喜欢什么？客户想要什么？我们能怎样帮助客户？我们必须以创业精神思考产品，哪些产品是合适的？我们应该增加哪些新产品？

我们必须以创业思维思考品牌，以及如何进一步打造品牌。

营销和财务的互相支持

经常被讨论的一个经典营销问题是：营销和财务如何相互支持？

每家公司都有一位财务主管，称为首席财务官（CFO）。同样地，我们希望每家公司都有一位营销主管，称为首席营销官（CMO）。这两个人是否会相互合作？

通常，当我为一家公司提供顾问服务时，我希望与 CMO 安排单独的会议，以了解其对财务的看法；我也希望与 CFO 安排单独的会议，以了解其对营销的看法。如果我发现他们不喜欢彼此或者不相互合作，那么这家公司大概率会失败。

因此，这两个职位的人员需要达成共同的理念和战略。营销人员总是会对财务说"我需要更多的钱用于营销"；而财务会说"我们没有更多的营销预算了，因为我们还需要把钱花在其他的事情上"。因此，他们需要保持良好的沟通。

以星巴克为例，企业如何进行品牌建设

企业进行品牌建设涉及客户管理、产品管理和品牌管理。品牌的建设已经历经数个世纪，它在为客户提供舒适和保证方面发挥着至关重要的作用。由于市场不断变化，品牌必须具备弹性和可持续性，以满足不断变化的需求。而品牌建设远不仅仅是一个标志和口号，就如同耐克的"Just Do It"一样。

以咖啡领域为例，如果一种咖啡没有自己的品牌，只是从一个大桶里随便舀出来的饮料，这种咖啡价格会非常便宜。

但是如果这种咖啡有自己的品牌和商店，那么消费者就需要支付更多的钱，因为这种咖啡是经过精心挑选的。消费者在麦当劳或其他地方买一杯咖啡，需要花费 0.75~1.5 美元或更多的钱。相反，如果消费者选择自己冲泡咖啡，花费会更低。但如果消费者去星巴克，会发现各种各样的咖啡，他们需要花费 2~5 美元，这就是品牌的力量。

星巴克是如何取得如此成功的？

首先，星巴克的目标是让顾客享受到最丰富的咖啡感官体验，包括咖啡本身和喝咖啡的环境。为了实现这个目标，星巴克必须明确其目标客户群体，了解谁喜欢咖啡、谁愿意为最好的咖啡买单，在此基础上它们建立了一个品牌。

品牌建设的起点是品牌口号，对于星巴克来说，这个口号定义了星巴克能够给顾客提供的东西 —— 丰富、有价值的咖啡体验。

因此，星巴克提供的不仅仅是咖啡本身，而是一种体验。星巴克被称为"第三个家"，因为它不仅是一家咖啡店，更是一个人们可以找到家庭般温馨感觉的地方。人们的第一个家是他们居住的地方，第二个家是工作场所，而星巴克则成为他们的第三个家。

现今，如果一个品牌想要成功，它必须对标竞争对手，进行品牌竞争。换言之，无论其他咖啡品牌提供了什么，对于咖啡这一核心产品，品牌的特色至关重要。

星巴克也进行了对标，但是仅仅进行单一的对标是不够的，这样的话它只会成为一种普通商品。但如果星巴克能够展现出独特之处，那么它就能与其他品牌有所区别。比如，星巴克会给咖啡师提供更多的训练时间，无论男女咖啡师，都会接受 24 小时的培训；而且它有一个完全集成的系统，库存始终充足，等等。

最终，在更高的层面上，星巴克必须具备个性、价值观和值得信赖的特点。当这些元素集合在一起时，就构建了星巴克这个品牌，它的成功几乎是必然的。

BRAND：科特勒成就强大品牌的五个关键词

所有物品都可以被打造为品牌，这在消费品上尤为明显。工业产品也同样如此，例如奔腾芯片、惠普 LaserJet 打印机、杜邦、尼龙等；服务也可以被品牌化，例如安飞士租车公司、联邦快递、迪士尼等；零售商也有品牌，例如英国的玛莎百货（Marks & Spencer）、Boots（博姿）药店、沃尔格林等。

这些公司的品牌建立通常基于人们对品牌的信任，例如凯洛格商学院，它是我所在的西北大学的一个知名学院。其他物品也可以成为品牌，比如人名品牌麦当娜·西科尼、卡尔文·克雷恩（Calvin Klein）、芭芭拉·史翠珊，它们都是品牌；或者地名，例如伯明翰之所以被称为伯明翰，是因为它本身就是欧洲的会议场所。日常商品也有品牌，橙子看起来都一样，但是种植这些橙子的公司有自己的名字；土豆也有品牌名称；

甚至水也有品牌，例如依云；等等。如今一切都可以成为品牌。

我现在用 BRAND 的 5 个字母来提醒大家是什么造就了强大的品牌：

B（Believable）代表可信，消费者对品牌的评价是可信任的；

R（Relevant）代表相关性，它对于消费者来说很有意义；

A（Adaptable）代表适应时代；

N（Narrative）表示叙事驱动，它充满了故事，该品牌有一个关于其起源和如何回应消费者的故事；

D（Differentiated）表示与其他品牌不同，因此构成了出色的品牌。

当企业或公司真正拥有自己的品牌时，几乎意味着它在该领域占据了一席之地。

例如，奔驰推出"最好的工程车"的概念，宝马是一种驾驶感受非常不同的汽车，迪士尼则代表着家庭娱乐，土星（通用汽车旗下品牌）代表一种更加简单、轻松的购车体验，联邦快递意味着总能在第二天将货物送达，沃尔玛则代表着"价格低，品质好"，贺曼公司则以"卡片、倾听、陪伴"为口号，耐克是"最佳表现"，3M（明尼苏达矿业及机器制造公司）代表"创新"，沃尔沃强调"最安全的车"，星巴克的定位是"最好的咖啡体验"。

当品牌成为真正的赢家，就拥有了那个领域。

无法被衡量的因素才是企业真正有效的成功因素

存在一些其他要素能让品牌变得有趣。比如，耐克以"真正的运动卓越"为品牌口号，并采用了"Just Do It"这个广告语，同时使用了标志"Swoosh"，这些都非常成功。

通用电气品牌以"更好的生活"为名，采用了"工作中的想象力"这个品牌口号，并使用了"GE"这个标志。

福特声称"质量是我们的第一要务"；假日酒店（Holiday Inn）提出"没有意外"的口号，虽然这个品牌口号具有一定风险，可能会让一些客户感到失望，因为没有一家酒店是完全没有意外的。

劳埃德银行自称为"喜欢说'可以'的银行"，但必须小心谨慎，如果他们拒绝了一些客户的贷款申请，就不能再自称为"喜欢说'可以'的银行"了。

飞利浦则常用"从沙子到芯片"来形容自己的品牌，但这个口号对人们来说没有任何意义，后来他们将其改为"飞利浦为你创造更好的发明"，如今更进一步提出"让我们使事情变得更好！"。

因此，制定一个令人难忘的品牌口号和标志非常重要。

一家公司的损益表可以体现收支情况。但在某种程度上，资产负债表是一种谎言，它不能完全反映出员工对公司的价值、潜在的客户价值、公司为接触客户而开发的渠道价值、智力资本以及品牌价值等无法衡量的重要因素。公司价值被资产负债表低估了。

实际上，那些无法被衡量的因素才是使一家公司真正成功的有效因素。营销既有好的方式，也有不好的方式。公司应该避免不道德的营销方式，因为一旦被客户发现说谎、造假，客户将不再从这家公司购买商品，并且会告知其他人也不要购买商品。

同时，公司也不应该在营销中浪费不必要的资金，并且不应该对产品进行不必要的营销。

相反，公司应该做好人与人之间的营销，这是因为几乎所有的营销都是围绕着人展开的。在科技时代，公司很容易忘记这一点，虽然现在可以通过技术高效地处理许多交易，但如果这些交易缺乏情感和真实性，那么营销就无法起到作用。人们想要真正体验到情感之间的联系和感受，人与人之间的营销可以让营销案例变得更加丰富和充实。

数字化时代营销新定义：
想要某物的那一刻，就能得到它

营销的新定义

前数字化时代是大众营销的时代，大多数营销是基于两种力量：广告和销售人员。

一种是广告，通常是电视广告，在此之前还有广播广告或报纸广告。但广告是重复产品的名称，以及重复为什么它是成功而轰动的产品。

另一种是销售人员，在更多的工业营销中，销售人员才是关键，但它针对的是所有可能购买该产品的人。

在数字化时代，营销已经发生了变化。我们可以收集信息，不仅是细分市场的信息，还有市场中个体的信息。许多人会在 Facebook、Instagram 或其他社交媒体上，与认识或素未谋面的人交谈。扎克伯格对 Facebook 的整个愿景是：人们可以与世界各地的其他人交谈，并且结识志趣相投的人。

这些行为都产生数据。公司会尽其所能收集有关个人的信息，因为完美营销的目的是展示正确的产品——在正确的时间，以正确的形式、正确的价格，向正需要的人提供产品。这些顾客正在等待这样的产品，它不应该有任何时间差。

这关乎我一直在研究的"邻近性"（Proximity）：某人想要某物的那一刻，应该就能得到它。这个标准太高了。以图书出版为例，不必把一本书印一百本，而是可以按需印刷，这样就不必受困于一大堆书放在架子上没有人买，直到有人说我想买那本书。

所以，营销应该是以一种创业精神尽可能消除库存，因为企业能够按需生产。人们现在可以用手机线上订购东西，在线营销增长如此之快，以至于出现了一个问题：人们需要去商店买东西吗？

"是的！当然。"他们想购买日用品，比如食品，就会去超市，但越来越多的东西可以在线下单，然后邮寄到你的收货地址。

所以，市场营销的意义发生了一场革命，这不是大众营销，而是微营销。

创业型营销如何推动企业创新与变革

专业的营销人员能够非常出色地关注客户并了解客户，但也始终需要新的思路去认识到新的机遇。

例如，当销售咖啡时，营销人员可能会注意到许多人开始喝咖啡后，会调转选择喝茶。如果企业足够聪明，可以考虑同时拥有一个茶品牌和一个咖啡品牌。

饮料市场正在发生变化，相较于可口可乐或百事可乐，人们可能会更倾向于选择简单的水。再例如，在捷克和斯洛伐克等国家，喜欢啤酒和烈酒的人存在很大的分歧。

因此，我们需要聘请接受过专业营销培训的人，他们可以带来创造力。通过创新来表达创造力，这是创业家的想法。创业家的一些好的创造性思考，可以转化创新，进行测试后推向市场，并仔细观察成效。如果它成为一种流行趋势，将为公司带来新的业务增长。

蓝海战略（Blue Ocean Strategy）是一种寻找新市场机会的思维模

式。在寻找"蓝海"的过程中，有两种不同的营销策略。

一种是通过削弱主导品牌的市场地位，降低价格来打入市场，从而成为一个破坏者。这样做可能迫使现有品牌对标你的价格或失去市场份额。

另一种是营销人员会想出一个全新的广告创意，策略则是创造一个全新的蓝海市场，而不是破坏已有的市场。这种策略是通过添加一些新品牌，以填补未被满足、潜在的需求而创造的完整市场。

一个典型的例子是马戏团，大多数马戏团都有大象、马和人类表演者，表演都在一个帐篷里进行。但是有一家马戏团重塑了马戏团的概念，在一幢标准建筑中提供了一种更好的体验——全息投影动物，不再使用动物，因为养动物需要很多成本和照顾。尽管这样看似会使马戏团的门票价格上涨，但它们提供的产品也与传统的马戏团不同，因此吸引了不同的客户。

这种思维方式让我们重新审视长期以来所做的事情，并意识到还有其他的方法可以达到我们的目标，这就是蓝海思维。

有一次我遇到了宝洁的一位前员工，宝洁被认为是最擅长营销的公司之一。我告诉他，他们需要雇用创业型的营销人员，而不仅仅是专业的营销人员。他回答我说："不，你错了。我们不需要两组人，我们只需要创业型营销人员，他们不仅能成功地销售我们现有的产品，还能帮助我们找到应该生产的新产品。"

这位员工打破了我认为企业需要两种不同类型的营销人员的想法，他认为只需要雇用那些具有创业精神的人，他们能够完成所有工作。这个观点值得探讨。

关于种草，
好营销就是要让人与人之间建立情感和联系

"种草"是一个很中国式的词语，也是营销界必用的手段，小红书这一点做得非常好。"种草"是一种典型的人到人营销，就是将产品通过大 V、网红、博主种到消费者的心中。"种草"是不是某种程度上实现了"人对人"的营销？

口碑营销是最强大的营销形式，它指的是消费者之间的口口相传。如今，当谈到营销时，大家更倾向于采用广告或由销售人员推销产品等方式。然而，这些方法都是在"口碑时代"之前的。

现在，社交媒体成为影响消费者的主要渠道。消费者会从社交媒体上的其他消费者处获得大部分的影响和建议。例如，当消费者打算购买汽车时，会与拥有汽车的朋友交流，向他们咨询相关的购买经验。

因此，现在需要思考的问题是：企业的营销类型是市场驱动型营销，还是驱动市场型营销？这两种营销类型的差异非常大。

市场驱动型营销所需要做的是找出顾客未被满足的需求，并寻找满足这些需求的方法，而不是试图改变人们的需求。企业需要找出消费者未被满足的需求，并制造出能够满足这些需求的产品。

驱动市场型营销的目标则不仅是满足消费者的需求，而是超越这一目标。

市场希望提高消费者的期望，引导他们追求与众不同、更加优质的产品或服务，因此营销的目标是将需求模式从正常的模式升华到更加丰满、更加充实的模式。

如果你打算这样做，你需要更深刻地理解情感的作用。

所谓的营销 1.0 是最初的营销，它只是简单地满足需求；而营销 2.0

强调了消费者需求往往基于情感。这并不是说知道消费者饿了，就向他们推荐布拉塔奶酪等产品。相反，营销需要引导消费者追求真正令人满意的产品或服务的感觉和渴望。因为人人都渴望健康、快乐等等，作为消费者，需要将情感带入购买决策中。

据统计，70%的购买行为受情感驱动。因此，基本上来说，营销就是在人与人之间建立情感联系。并且，这种情感作用不仅发生在消费者购买行为中，也同样存在于企业采购中。

例如，当一家公司需要购买适合其高管的飞机时，情感作用同样存在。人们可能会提出很多意见并发现很多风险，而每家公司都在市场上尽其所能争取。但坦白说，购买昂贵的东西时往往会涉及很多情感因素，这在企业采购中同样适用。这种情感作用对最终决策结果有着非常大的影响。

因此，基于情感的营销是人与人之间的互动和关怀。这种方式无处不在，即使在生态技术领域也不例外。让我们不要忘记情感的重要性，因为我们希望成为专注于高科技和具有高度关怀之心的公司。

从零打造品牌：缺乏创新精神一定会失败

在社交媒体时代，想要从零开始打造一个新品牌或者推广传统品牌，相对于以前会更容易还是更难呢？利用社交媒体来进行营销是否更容易？大品牌们也在利用社交媒体进行宣传，对于新品牌来说，社交媒体是不是更有优势？

从零开始打造一个新品牌的话，创业公司的成功率很低，约有90%的创业公司会失败，这并不意味着不应该有新的想法，但是公司应该善于对这些想法进行测试。

例如，如果产生了一个新产品的想法，我会先选择一个城市试点。因为在中国，可能会有很多人对此感兴趣并尝试这个想法。通过在一个城市试点，如果发现这个想法在该城市或该城市的某个地区失败了，而这个城市本该有最多对这个想法感兴趣的人，这时，我们可以及时止损，从而减少损失，仅将范围限于一个城市。

最糟糕的情况是有些人在开始一项新业务时，认为它是如此美好和特别，便会尝试在其他人模仿之前就将新业务推广出去，因为如果推广到其他城市的速度太慢，别人看到你的点子就会复制你的成功城市的经验，去分市场。但这是不对的。

为了避免这种情况，我们需要与适合的消费者一起测试产品，看看他们是否对新产品感兴趣。这就引出了现实测试的应用，我称之为增强现实或虚拟现实测试。

以汽车为例，商家无须创造新的汽车，也无须建立一个工厂来制造它，然后向所有人宣传它的可行性。相反，如果有一个新型汽车的新想法，为什么不在电脑上模拟它？为什么不设计一个体验？人们可以通过特殊的眼镜看到这些设计，看到汽车，走近、坐进去、开门、启动引擎，然后进行试驾。

一旦创建了产品的虚拟体验，就可以向体验者询问他们是否对这个想法感兴趣并感到兴奋。如果大多数人都表现出强烈兴趣，那么就可以放心地建造工厂了。这告诉我们，在投入实际生产新产品之前，创业公司必须以某种方式模拟产品的体验，以使人们相信使用这个产品会令他们感到激动。

因此，缺乏创新精神的公司注定要失败。相反，那些有创新精神和创业心态的公司将更具可持续性和成功机会。这是一种心态，叫作创业者心态。

AI 无法替代人，好营销需要因人而异

当下，无论是由技术还是时代环境的变化所带来的挑战，都让营销的含义发生了一些变化。与早期只注重市场销售收入的营销官不同，现在负责企业增长的人可能不仅包括 CMO 和市场营销人员，还有首席运营官（COO）和首席数据官（CDO）等。COO 通过企业运营的方式推动企业增长，而 CDO 则以用户云的方式为企业带来增长。

营销的目标是满足需求的同时实现增长。营销的关键在于创造价值，让客户感兴趣并购买产品或服务。

然而，许多公司的 CEO 来自金融、法律或会计领域，可能缺乏对营销的了解和培训。因此，领导者需要学习广告、销售、定价和推销等方面的营销知识。现在，人们普遍认为领导者应该寻找最优秀的首席营销官，与首席财务官、首席信息官和首席创新官都能很好地合作，确保营销在公司未来发展中发挥重要作用。首席营销官不应该仅仅关注营销团队，而是应该把 50% 的时间用于与其他领导者合作。

对于营销的观点，在不同公司之间存在巨大差异。

美国的一些公司认为所有公司都应该是市场驱动型或驱动市场型。宝洁曾表示，它本质上是一家营销公司，而不是金融公司。因此，营销总会扮演不同的角色，这取决于公司的特点。

然而，重新梳理公司与不断变化的世界之间的关系是最佳的处理方式。正如之前有人所说，营销人员是最接近变化的世界的人，他们正在与客户打交道，与那些对客户有影响力的人打交道，他们具有能力和最佳位置，以提供最佳响应和最好的想法。而金融部门则忙于担心资金供应和确保融资，因此不太可能提出创新想法。当然，金融部门也有创新的想法，我们称其为金融科技。

目前，营销人员非常热衷于所谓的营销技术，这是很棒的。现在，有很多书可以提供新的发展理解，以帮助公司进行科学化的发展，并提高营销绩效。比如，3D 打印是很重大的发明，未来可能不只可以用 3D 打印花瓶，甚至可以用以建造房屋。同时，面部识别、语音识别和人工智能技术都在不断发展，现在已经有了像 ChatGPT 这样的技术。一些公司解雇了很多公关人员，因为他们认为借助 ChatGPT 可以在更短的时间内完成更多的工作。营销都有科学的一面，它既是一门科学，又是一门艺术。也许有些人只将其视为一门科学，但每个人的理解都是独一无二的，营销也因人而异。

如果把科学和艺术结合在一起，就会把营销做得很好。这种真正的营销正变得更加科学化、更加受数据驱动。我们欢迎就如何进行营销发表意见，但希望看到更多的数据，以使我们所依赖的意见更加可靠。

《营销管理》（第 16 版）中包含了我们一直在讨论的所有主题，甚至只有 2 岁的 ChatGPT 也被提及。在未来某个时候，我们可能需要第 17 版，因为世界正在以不同的方式改变，但营销这个主题永远不会消失。

海尔的理念是"人人都可以成为企业家"，新企业可以由为公司工作的人创立，可能是工厂里的一名工人或办公室里的一名职员。公司会支持这些人尝试新的想法，让他们有能力创建一个组织。我认为，我们应该观察像海尔这样，重新定义商业以及经营业务的企业。

我曾经常与德鲁克基金会合作，他们每年在维也纳召开一次会议，讨论在商业、管理、营销和金融思维等各领域的新变化。这种变化是不可避免的，但"危机"是一个意味着机遇的词语，所以我们准备尽可能多地学习营销的新知识。

就像中国的小红书一样，营销在不同的国家以不同的方式呈现。在土耳其、哥斯达黎加等不同地方，营销技能和前景都可能不同。我们不能指望营销在任何地方都一样，因此，人们需要提出新的想法。

> **希望人们挑战现有的对营销的看法，也许有人会想出全新的方式去思考营销，对此，我持开放态度。**

今天消费主义
对营销者意味着什么

菲利普·科特勒

(科特勒咨询集团全球首席顾问、凯洛格商学院杰出教授)

消费主义是一种支持消费者权益的社会运动，与美国的劳工运动、妇女运动、环保运动、民权运动、LGBTQ 运动、和平运动一样，都在高度关注和行动时期、平静时期之间循环。在我 1972 年关于消费主义的文章[①]中，我指出了消费主义爆发和消费者明确自己的利益和需求共有三个不同时期。问题是在过去的 50 年里，哪些重大变化影响了消费者呢？

这 50 年的主要变化与对消费者的影响

我们需要承认今天的消费者可以获得的商品和服务有了巨大的改进。经济学家塞思·戈丁（Seth Godin）曾为我们绘制了一幅戏剧性的图画，描绘了 1960 年的情况：

[①] 1972 年，作者在《哈佛商业评论》（*Harvard Business Review*）上发表文章《消费主义对营销者意味着什么》（*What Consumerism Means to Marketers*），本文是对该文章的更新，有删改。

世界离彻底的核毁灭只有一步之遥；白面包是一种健康食品；糖尿病和肥胖症相对少见；报纸是大多数人得知这一消息的途径；我们认为事情进展得非常快，快得吓人；妇女很少外出工作；马丁·路德·金是一位相对不知名的传教士；没有人拥有电脑；每年出版的书数量很少，当地的书店也是如此。

每天花 45 分钟以上的时间了解时事几乎是不可能的。黑人和白人在弗吉尼亚州结婚是违法的，同性恋伴侣在任何地方结婚都是违法的。种族隔离在美国几乎没有引起注意。UPS 从没来过你家。长途电话是一件大事。空调很少，瓶装水还没有发明，没有亿万富翁，电视只有三四个频道，电影只在电影院放映，大多数危险的疾病肯定会要了你的命。空气和水是干净的，但我们却在加班加点地把它们弄脏。牛奶只有一种配方（全脂），你可能在同一家公司工作了很长一段时间，上大学的人相对较少……①

今天的消费者享受着可靠的汽车、多品牌食品、广泛的空调、大量的电视频道、许多新的厨房电器和设备、智能手机、点击即可获得信息，以及在 FaceTime 或 Zoom 上进行面对面通话。

我们可以诚实地说，消费者在 50 年里获得了更好的生活，这要归功于高绩效的市场经济及其创新。

当今消费者生活的主要新特征

1. 计算机、互联网、智能手机、维基百科和 Facebook、谷歌、

---

① 塞思·戈丁，《58 年前》，2018 年 7 月 18 日。

Instagram 等社交媒体带来的数字革命。

2. 能够订购来自亚马逊、沃尔玛或其他供应商的几乎任何东西，并快速交付。

3. 大公司更加坚定地取悦顾客，满足或超越顾客的期望。

4. 越来越多的公司开始满足员工的需求，如同满足顾客需求一样，这反映了从股东资本主义[①]到利益相关者资本主义[②]的转变。

5. 更多的公司准备在一个或多个社会问题上表明立场，展示自己的价值观。

6. 更多公司正在考虑其运营如何影响环境以及如何减少浪费。

7. 新冠疫情对顾客生活、生计和流动性产生的影响。

8. 日益严重的部落主义分裂了国家的公民，并使政府无法对公民面临的关键问题采取必要的行动。

9. 种族、民族隔离和歧视的持续存在伤害了该国的少数民族。

今天的主要消费问题是什么？

1. 许多较贫穷的美国社区缺乏品质良好的水和健康的生活条件，并且缺乏商店来满足他们的日常需求。

2. 在药品、医疗保险、大学教育和其他几个产品领域，价格非常高，人们难以负担。这些高价格很容易使消费者行动团体提出新的政策或抵制。

3. 国家经济的发展也导致了大量包装垃圾的产生，影响了土地和水

---

① 政治经济学对当代资本主义特征的理论描述之一，认为当代资本主义的特点体现在所有的企业都是为了扩大股东的财富而存在的。

② 以服务利益相关方为导向的企业经营理念。

质，这引发了关于安全提供产品的其他方式等问题。

4. 许多品牌缺乏差异化，结果商店的规模远远超过了为消费者提供他们真正需要和想要的东西所需要的规模。

5. 许多消费者希望他们能买到更多的少糖、低盐和低脂的健康食品。

6. 国家不仅需要衡量 GDP[①]，还需要持续监测 GHP[②] 是逐年提高还是逐年下降。

7. 许多消费者希望有更多负担得起的住房和更好的儿童保育支持。

8. 对某些金融机构、媒介收集过多消费者行为数据等现象，消费者会认为自己失去了隐私而感到不满。

9. 许多消费者希望少一些打断节目播放的广告，少一些关于医疗疾病、治疗方法或夸张的汽车（Sensational Automobiles）等的广告。

10. 消费者担心贫富差距日益加剧，在一个贫困率高达 15%、工资无法达到中产阶级生活水平的国家，亿万富翁的数量却不断增加。

11. 消费者关心的是生产和消费能否在不损害地球的情况下继续增长，并希望我们能够走向以回收、再利用、维修和再循环现有商品为标志的更加循环的经济。

12. 消费者欢迎真正的产品升级，但担心许多产品更新并不会带来真正的改进，而只是设计风格上的改变，刻意地使当前正在使用的产品显得过时。

13. 消费者希望能够减少汽车拥堵，使司机能够在更短的时间内到达目的地。

14. 消费者希望美国食品药品监督管理局（FDA）、美国职业安全与

---

① GDP：Gross Domestic Product 的缩写，意为国内生产总值。
② GHP：Gross Household Product 的缩写，意为家庭生产总值。

健康管理局（OSHA）、美国国家环境保护局（EPA）和国家公路交通安全管理局（NHTSA）等强有力的消费者保护机构继续运作。

15. 消费者对新冠疫情法规有不同的看法，包括戴口罩、社交距离、避免聚会和其他新冠疫情前正常的社会行为。这场"大流行"导致消费大幅减少，消费者的购买、沟通、工作、学习和娱乐方式发生了巨大变化。

所有这些关切都值得进行更多的讨论和分析。考虑消费者保护计划的最后一个问题，美国消费者是否从任何旨在保护或改善他们生活的新立法中受益？

寻求加强消费者保护的最著名的立法者是参议员伊丽莎白·沃伦。2007 年，美国建立消费者金融保护局（CFPB），2010 年《消费者保护法》推出。消费者金融保护局旨在建立更强大的消费者金融市场，提高市场透明度，并采取必要措施防范掠夺性贷款行为。

2019 年，消费者金融保护局拥有 1540 名员工，年度预算为 5.33 亿美元。消费者金融保护局估计，它已经向近 2900 万被"冤枉"的消费者返还了近 120 亿美元。美国银行（Bank of America）、花旗银行（Citibank）和摩根大通（J.P.Morgan Chase）的消费者收到了约 17 亿美元的退款，因为他们被收取了不必要的服务费用。

当消费者的行为或做法对消费者造成或可能造成无法避免的实质性伤害时，该行为或做法被视为不公平。

下一个新常态的现代营销精要 ①

菲利普・科特勒
(科特勒咨询集团全球首席顾问、凯洛格商学院杰出教授)

企业需要重新定义他们的目标

在传统商业观点中，企业认为人的需求是无限的，国家的资源是无限的，我们应该保持经济的持续增长。

然而，新的商业观点认为，人们需要一些约束，因为地球资源是有限的。政府甚至可能试图约束经济增长，以确保我们不会让温室效应发展到更严重的程度。居住在赤道附近的人们正在尽可能地逃往澳大利亚，或去欧洲呼吸新鲜空气，而这种灾难是可以避免的。

企业不能再用线性思维来经营业务，不是销售完产品就结束了，而是要考虑到产品的循环利用，用循环思维来经营企业。我们应该关心这些问题，比如：产品本身发生了什么？如果你买了一个新的手机，旧的怎么办？难道只能浪费掉？

此外，公司需要认识到：他们的新员工希望在工作和家庭生活之间取得更好的平衡，他们也希望从社会的角度考虑问题。特别是千禧世代

---

① 本文根据2021年11月6—8日作者在"科特勒·2021世界营销大会"的演讲实录整理，有删改。

和最年轻的 Z 世代，他们有着与上一代不同的价值系统，他们有些人已经步入职场，但这一点必须得到承认。

最后，公司需要认识到消费者和员工所担心的新冠病毒和气候变化问题，他们希望储蓄更多的收入并减少支出，所以营销人员将面临很多问题。

营销者将面临很多问题

1. 有多少销售额将从实体店转移到线上电商？这对实体店的未来意味着什么？

2. 一些品牌会在公共问题上表露立场吗？抑或是选择一直忽略这些问题？

3. 未来打造新品牌会更容易还是更难？

4. 在线购物会使定价变得更加重要，还是不那么重要？

5. 公司如何衡量每个在线平台的投资回报率以及整体的投资回报率？

为了解决这些问题，需要使用新的营销工具以及培训营销人员。

新营销的主要特征

1. 社交媒体、数字媒体和算法。人工智能能够帮助我们做出更好的决策，因为机器学习借鉴了人类过去的经验，并结合数字能力，使决策变得更有针对性。面部识别可以让我们看到一个人的心情和感受，以及他们处于什么状态。但也有人会担心面部识别过多侵犯隐私。

增强现实和虚拟现实技术非常重要。你可以不用通过建立实体工厂来制造产品并尝试销售。为什么不在虚拟基础上模拟这些过程呢？你可以在虚拟现实中查看这个新产品的潜在消费者规模有多大，有多少人期待你的公司去把它变成现实的产品。

2. 营销自动化。随着自动驾驶技术的发展，我们如何使用它来实际交付产品？据说亚马逊可能会用无人机寄送我们的包裹，并把包裹送到我们门前。此外，还有更多有助于营销自动化的技术。

3. 追踪客户旅程和地图。

4. 接触点营销。营销自动化帮助我们追踪客户旅程，寻找与他们相关的接触点，并确保你的公司在每一个重要的接触点上都以非常好的方式出现。

5. 人物角色营销。

6. 内容营销。请为你的客户提供好的内容、有趣的内容、刺激的内容。

7. 影响者营销。让更多有影响力的人表明他们在使用你的产品，并且对你的产品非常满意。

8. 全渠道营销。

9. 精益营销。

10. 社会事业营销。

未来，营销人员将开发并越来越依赖算法帮助做出更多重大营销决策；他们将更多的营销流程自动化，使用关键指标评估营销绩效；更多的机器语音助手将扮演营销人员的角色；新产品将首先在虚拟现实工具中进行测试；企业将使用更多的神经科学工具评估信息；企业将根据其有效性和业务需要，不断调整其产品组合和营销组合。

未来广告如何发展?

传统广告的影响力正在减弱。开发一个 30 秒的商业广告,并不时地展示它,能够对品牌建设起到一定的积极作用。企业可以通过传统广告来建设品牌,同时借助数字广告进行更精准的用户定向和内容细分促进销售转化。所以,传统广告不会完全消失,但一定要和数字广告结合起来,以达成营销目标。

在特殊时期,媒体和创意代理机构的客户还没有完全恢复增长。许多机构因为过度宣称他们将要完成的事情而失去了一些信誉,并且现在直接影响到了他们的收入。

马克·普里查德(Marc Pritchard)的报告宣称,在 4 万个广告中,有 20% 关于女性的描述并不准确,其中之一就是"性感营销",这是一个过时的概念。因此,广告商必须重新考虑女性应该如何出现在广告中,一般来说,必须是以更加真实可信的形象。

品牌向善主义

品牌向善主义是解决客户、国家和星球所面临的紧迫问题的方式之一。76% 的 CEO 表示他们希望企业能在这场变革中起到带头作用,而不是等待被派发任务。73% 的 CEO 认为,公司可以采取既增加利润,又改善经济和社会条件的经营方式。二者并非对立关系。企业并不一定需要通过损害自身利润来帮助社会,而是可以两者兼顾。

许多公司也会问:我的品牌和组织如何建立信任?我的公司的目标是什么?我有更高的目标吗?

你知道客户关心你公司的哪些问题吗?他们不仅仅是购买你的产品

和服务，还在为他们所欣赏和认同的理念和价值观买单。

友爱的公司具备的特征

我们针对 25 家公司的研究证明，这些友爱的公司都是通过下列方式运作的：

1. 协调所有利益相关者的利益。

2. 高管薪酬普遍较低。

3. 对高管采取开放政策，即使最底层的员工，也可以因为一个好的想法直达管理层。

4. 员工薪酬和福利都处于较高水平。员工培训时间更长，流失率更低。这样的公司付出更多，回报也更多。

5. 雇用对顾客充满热情的人。

6. 将供应商视为真正的合作伙伴，共同提高生产力和产品质量，降低成本。

7. 相信企业文化是自己最大的资产，也是竞争力的主要来源。

这 25 家公司的营销成本远远低于竞争对手，为什么？因为这些公司太受欢迎了，以至于他们的顾客为公司做了大部分的营销工作；因为消费者更信任朋友和家人的口耳相传。

新的营销方向是"人对人的营销"

我在一本名为 *H2H Marketing*（《人对人的营销》）的书中使用过一张有趣的图表，名叫"三种你不想要的营销"，分别是浪费的营销、不道德的营销、空洞无聊的营销。你要做的是"H2H"，我将"H2H"定义为"人对人的营销"，是指人在与人打交道，永远不要忘记这一点。

在 5 年内，如果你的公司仍然和以前一样，没有任何变化，你就会破产。因为世界已经变了，你却没有。

浅谈企业与品牌生态位

彭玉洁

（科特勒咨询集团大中华区咨询顾问）

　　飞鸟翱翔于天，游鱼徜徉于海，走兽穿梭于山野……万物有灵，面对残酷的自然生存环境，生活在这片蓝色星球上的生物，神奇地探索出自己的生态位，这是竞争的结果，同样也是生物演替的必然。当生态资源有限时，生态系统就会通过竞争、互补共生等方式来寻求新的平衡。显然，企业的经营亦是遵循着同样的逻辑基础。企业生态位（Enterprise Niche）滥觞于生态学的概念生态位。生态位是指一个种群在生态系统中，在时间空间上所占据的位置及其与相关种群之间的功能关系与作用。各种生物都有自己的生态位，亲缘关系接近的，具有同样生活习性的物种，不会在同一地方竞争同一生存空间。

　　后来，企业经营管理学借鉴了这个概念，迈克尔·汉南（Michael Hannan）和约翰·弗里曼（John Freeman）在 1977 年发表的论文《组织的种群生态学》中，首先提出了企业生态位的概念，揭开了企业生态位研究的序幕。企业生态位就好比企业是生存在整个生态资源空间中的一个个体，所能获得并利用的资源空间的部分，是一个企业乃至一个行业在企业生态大环境中拥有的明确位置，企业在行业中的生态位是企业在行业内竞争实力的标志。企业生态位反映了企业的生存位置，即由自然资源、社会资源、经济资源等企业生态因子所形成的梯度上的位置，还反映企业在企业生存空间中的物质、资金、人力、技术和在信息流动过程中扮演的角色。企业生态位也描述了企业预期所处生态环境或商业生态系统之间的总关系，其含义为：在特定时期及特定生态环境里，经由其成员或其自身能动地与环境及其他企业相互作用，过程中所形成的相对地位与功能作用。

有两个重要的概念可以帮助我们更好地理解企业生态位：**企业生态位维度和企业生态位宽度。**

企业生态位维度意为，企业的生态位是由时间、空间、资源等诸多维度组成的。时间，如企业的营业时间、产品开发周期、进入市场的时间等；空间，如地理位置、产业链节点位置；资源，如环境、劳动力、技术等。在每个维度上都有多个企业以不同形式占据着资源。

企业生态位宽度可以定义为一个企业在所处的生态环境里对市场、原材料、技术等不同维度上资源利用的总和，企业生态位宽度越宽，企业可利用的资源越多，包括关键资源能力和盈利模式。资源是生物赖以生存的基础，是物种生存的第一要素。在特定的时间、空间范围内，每一种物种为了生存都有自己所需的资源生态位。以此类推，可以用"起承转合"概括企业生态位和企业竞争的关系：如果企业的经营模式、服务内容、客户群体是相同或相似的，通常就会出现生态位的重叠（**起**）；在这个过程中可能伴随自身生态位宽度的延展（**承**）；很容易导致生态位重叠加剧，进一步引起生态位变动（**转**）；最终可能导致生态位的分离，互不影响，实现新的平衡（**合**）。

企业生态位与企业竞争

图 3-1 企业生态位与企业竞争的关系

当然，企业间的关系也不局限于竞争，还有**寄生、中性、合作、共生、偏利、偏害**。为了提高企业竞争力，降低生态位重叠，避免在"红海"争个头破血流，企业家的战略选择应保持差异化，着力开发自身特色优势。对于品牌的生态位而言，亦是如此。

那么品牌生态位是什么？

企业生态位的概念关键词包括位置、角色、资源和企业间的活动。其中，位置是需要结合环境进行考量的，具有与其他企业比较的相对性。这里就要引入战略品牌管理中的一个概念：STP。在市场细分和目标市场选择之后，需要确定品牌的定位。确定品牌定位的一个必不可少的工作是明晰其竞争性参考框架（Competitive Frame of Reference），即确定品牌所属的品类，建立品类成员的身份，也即回答：品类在与哪些产品、哪类产品竞争。

从这种意义上看，竞争性参考框架也可以被理解为一种企业生态位或品牌生态位。

品牌专家空手也谈到过"一个品牌在市场上要获取顾客、要应对竞争，正如一种生物要在生态环境中获取食物，应付捕食者和竞争者。自然选择、适者生存的法则，同样适用于企业和品牌。一个品牌能否找到自己的生态位，决定品牌的生死存亡，决定品牌的市场容量和发展空间"。所以，在进行品牌定位的战略构想时，可以尝试从不同的角度思考，将同一品牌置于不同的竞争环境和品类中，与之对应的是竞争性参考框架的改变和品牌生态位的变化。

以星巴克为例进行演绎，**它的竞争对手有哪些？咖啡可以是什么？**当面对各类竞争对手时，星巴克的品牌差异点有所不同，对顾客的实际含义也不一样。一方面，星巴克提供了咖啡因饮品；另一方面，星巴克也可以是生活方式的选择。其中就包含了竞争性参考框架的调整和生态位的改变。比如从传统定义来看，星巴克的竞争对手是传统的咖啡连锁店，此时品牌形象、服务体验构成主要的差异点。尤其是在星巴克进入中国市场的早期，当时中国市场较少有其他国内、国际连锁品牌，星巴克别具一格的品牌气质和经营模式吸引了大量拥趸，也为市场带来了咖啡不仅仅可以是一杯提神饮品，也可以带来第四空间体验的启蒙。其引领市场的品牌资产，甚至让创立伊始的瑞幸咖啡，也"杠杆"了一把——将自己比作"中国的星巴克"。那么，为了更好地为顾客提供生活方式解决方案，其竞争视角和针对性策略就不应该仅将眼光局限于泛咖啡行业。书店、艺廊、茶馆等都可看作此类竞争性参考框架下竞争同生态位资源的对手。而随着市场成熟、消费者教育的推进，海量的独立、连锁精品咖啡店如雨后春笋般涌现。星巴克已经逐渐不再是许多人闲谈小坐的第一选择，但仍旧可能是快捷获得一杯标准化质量咖啡的第一选择。理解企业和品牌生态位，即明确企业和品牌应该在怎样的战略位置上进行一系列活动。回归到市场营销的本质，要想满足顾客需求，我们需要提供的不应仅仅是"钻头"，更应是"钻孔"，让顾客用全副精力关注自己并享受产品的使用过程。企业和品牌适合生存和发展的"蜜与奶之地"往往存在于顾客未被满足的需求中，因此我们应该坚持以顾客需求为导向，挖掘 JTBD① 理论。比如，我们可以结合需求场景和竞争性参考框架明确品牌定位，我们提供的产品和服务对顾客而言是什么？顾客想要完成的 Jobs 是什么？顾客在场景中扮演了怎样的角色？通过回答这一系列核心问题，最契合的品牌生态位也将呼之欲出。那么，如何才能更好地挖掘顾客未被满足的需求？综合运用如下创新性策略将会大有裨益：

1. 显微镜策略：放大观察主流用户的实际体验，从实际体验的细节问题出发。例如，奶粉勺总是深埋在奶粉中，每次取用既不方便又受卫生问题困扰，于是奥瑞金为飞鹤奶粉设计开发了勺粉分离的奶粉罐，勺子可以独立存放，很好地解决了这一问题。这是放大观察主流用户未被满足的需求而得到的灵感。

2. 全景图策略：通过整体数据推断未得到满足的需求，如失误、投诉和事故等方面的整体数据都会把微弱的信号放大。2022 年，瑞幸推出新品偷心西梅拿铁，被称为"咖啡界的开塞露"。许多消费者饮用后直奔厕所，并在小红书等平台上分享自己的通畅体验。本来可能是产品开发者的无心之举，是西梅的高纤维和山梨糖醇、咖啡因、冰块的多重组合酿成的"事故"，但也折射出消费者对刮油清肠、瘦身养生的需求。

3. 望远镜策略：研究边缘用户、重度用户或非用户。运用望远镜策略，我们甚至可以从产品的不当使用中得到启发。一个经典的例子是，海尔接到消费者投诉，抱怨洗衣机排水管经常堵塞。维修人员发现，排水管堵塞是因为洗衣机被用来洗菜。因此，海尔设计了一款可以同时用来洗衣和洗菜的机器，并立即售空了首次生产的 1 万台。

---

① JTBD: Jobs to be done 的缩写，即待完成工作理论。由哈佛大学教授克莱顿·克里斯坦森 (Clayton Christensen) 提出，认为一个人在特定情况下，真正设法完成的事可分为功能性工作、情感性工作、社交性工作、工作情境，进而发展为工作辨认、描绘、机会分析等一系列创新流程。

为了可持续发展，营销是否需要做减法？ ①

菲利普·科特勒
（科特勒咨询集团全球首席顾问、凯洛格商学院杰出教授）

　　市场营销是我深爱的学科之一，但是我们需要重新定义它的意义和价值。随着社会对实现可持续发展的需求不断增长，营销将可能发挥多重作用。

　　营销的常规作用在于帮助公司增加销售额。可口可乐的营销人员努力说服客户购买和消费更多的可口可乐，波音公司的营销人员努力说服航空公司购买更多的飞机。这些"增长营销人员"将根据他们的业绩增长而受到评判和奖励。

　　问题在于，生产和销售更多的可口可乐或波音飞机会产生温室气体，从而使地球变暖，导致洪水、干旱、森林火灾和其他灾害，造成全球气候危机。但限制这些公司或他们的营销人员追求业绩增长将打击市场经济的核心。为了拯救地球，有没有方法可以实现经济增长的合理降速？

　　最终的解决方法是消费者、企业和政府的适当改变。以下是我认为需要改变的方向：

---

① 本文根据作者发表于 *Journal of Marketing* 的文章整理，有删改。

对于消费者来说，必须重视全球气候危机。消费者能否饮用过滤干净的自来水来代替可口可乐？能否在家中自己制作类似可口可乐的饮料？通过这些改变，从而减少工厂因生产饮料而产生的塑料瓶。

对于企业来说，需要重新思考开展业务的方式。经常需要坐飞机出差会见客户的业务人员是否可以通过电话或视频来处理业务？世界能否出现新技术以帮助企业以环保的方式满足商务需求？

对于政府来说，可以通过法律并制定税收政策，促使消费者和企业采取更多的脱碳行动。例如，政府可以通过一项禁止使用塑料制品和包装的法规，也可以资助研发寻找一种高效安全的材料来替代塑料。

上述的三方可以在保护环境、低碳环保中做得很好，但是他们可能仍然会维持现状，除非他们产生新的心态或者实现在技术组织下的改革。

改变老百姓的心态

企业已尽最大努力使老百姓产生消费欲望：电视节目每 15 分钟就会被打断，并出现 30 秒的商业广告宣传产品；我们一天会接到几次广告机器人的电话；杂志整版刊登漂亮模特的广告，讲述一些护肤产品如何帮助她们赢得一个英俊的丈夫……

随着制造业的发展，企业需要老百姓将自己视为消费者。营销人员以"人类的需求是无限的"为前提，根据消费者的物质需求进行营销。消费者会被刺激购买奢侈品从而彰显自身的社会地位和权力：拥有凯迪拉克的人会比拥有雪佛兰的人受到更多关注，甚至凯迪拉克车主还渴望购买一辆梅赛德斯-奔驰。人们通过商品来建立社会地位，人类的大部分行为都可以被描述为"消费者战争"。经济学家托斯丹·凡勃伦（Thorstein Veblen）在他关于描写"炫耀性消费"的书中捕捉到了这种行为。

如何改变消费主义对当代美国文化的束缚？Homer Warren 和 Linette Stratford 认为消费者意识需要被生产者意识取代。消费者要变成积极的生产者，并采取措施创造更美好的生活。

消费者转化为生产者的案例有很多：比如一个决定成为素食者或纯素食者的女性，或者一个年轻人不需要汽车，认为自行车就足够了；决定在塞拉俱乐部（Sierra Club）①活跃的退休高管；喜欢思考"我是谁"这个问题的人经常会做出新的决定。

现在，许多消费者正在发生变化。新的消费者态度和行为已经诞生，甚至可能改变当今资本主义的类型。消费者将重新审视要消费什么、消费多少，以及这一切如何受到阶级问题和不平等的影响。当代市场经济需要被重新审视，并以一种全新的、更公平的形式出现。

越来越多的反消费主义者

当前有迹象表明反消费主义运动正在兴起，并出现了至少 5 种类型的反消费主义者。

1. "断舍离"

许多消费者的生活态度正在转变为"断舍离"，想少吃少买，想做减法，转卖闲置物品。一些简化生活的人对拥有汽车甚至房屋都不太感兴趣，他们更喜欢租房而不是购买和拥有房产。这是消费者在对"产品"的杂乱做出应对。

---

① 或译作山岳协会、山峦俱乐部和山埋社，美国的环境组织。

2. 反增长主义者

越来越多的反增长主义者认为大家浪费了太多时间和精力。这种感觉在威廉·华兹华斯（William Wordsworth）的诗中得到了体现：

这个世界太繁杂了……得到和花费，让我们浪费时间和精力，我们在大自然中很少看到属于我们的东西；我们的心给了一个非常现实的世界！

反增长主义者担心消费将超过地球的承载能力。1970 年，世界人口为 37 亿。2011 年，世界人口增长到 70 亿。2020 年世界人口为 77 亿。联合国预计，到 2050 年世界人口将增长到 98 亿。坏消息是，地球无法养活这么多人。耕地数量有限，土地越来越贫瘠，世界上有几片海洋已经没有活的海洋生物。反增长主义者呼吁保护和减少物质需求。他们担心贫穷国家的人民渴望达到与发达国家相同的生活水平，这是不可能的。他们看到贪婪的生产者竭尽全力制造"虚假和不可持续的需求"。

3. 气候主义者

气候主义者担心消费者大量购买会产生太多的碳，从而污染空气和水，进而对星球造成危害和风险。气候主义者非常尊重自然和科学，并担忧着地球的未来。

4. 食物主义者

部分理智的食物主义者成了素食者和纯素食者，他们对人们杀死动物以获取食物的行为感到不安。蔬菜和水果可以让每个人都吃得很好，营养丰富。畜牧业管理者将牛和鸡养肥，然后杀死它们，出售动物器官以谋取利润。奶牛是甲烷的主要排放源，甲烷会加热我们的地球并导致更高的温度、更快的冰川融化和更频繁的城市洪水。要生产 1 公斤牛肉，需要 15000 ～ 20000 升水以及很多的饲料来喂养动物。

5. 环保主义者

环保主义者呼吁不要破坏现有的物品，而是重新使用、修理、装饰它们或将它们提供给有需要的人。环保主义者希望公司开发更好、更少、使用寿命更长的产品。他们批评像 Zara 这样的公司每两周推出一种新的女装款式，且这种款式只上市两周。环保主义者反对任何有计划的废弃行为，他们也正在采取措施来限制自己的消费。

有组织地反对消费主义和无休止的增长

有许多组织主张放缓增长以避免自然灾害。持续增长将导致我们耗尽某些不可再生资源，并对我们的环境和地球造成可怕的破坏。1972 年，德内拉·梅多斯（Donella H. Meadows）、丹尼斯·梅多斯（Dennis L. Meadows）和乔根·兰德斯（Jorgen Randers）发表了一项名为"增长的极限"的著名研究。它由罗马俱乐部委托并由国际专家团队编写。该研究使用一个名为 World3 的计算机模型，基于系统动力学，分析了1900 年至 2100 年两个世纪期间世界发展的不同、可能增长模式和环境结果的 12 种情景，这些情景借助了不同的人口增长率和不同的自然资源需求来展示某些不可再生资源枯竭和土地、粮食短缺的可能性，空气污染和水污染以及气候变化严重破坏环境的可能性。

计算机模型显示了地球承载能力的极限，以及支持消费水平和地球的可持续性。它们表明地球无法供应人类所需的资源并吸收危险的碳排放。

增长的极限已经更新。每次关于地球承载能力的研究结果都变得更加可怕，维持正在发生的消费增长而不对地球和人们的期望造成巨大伤害将变得不可能。以下是引用的环境问题的小样本：

自 1900 年以来，海平面上升了 10~20 厘米。大多数非极地冰川正在消退，夏季北极海冰的范围和厚度正在减少。

2002 年，联合国粮食及农业组织估计，世界上 75% 的海洋渔业达到或超出了环境的承载能力。以可持续方式捕捞数百年的北大西洋鳕鱼渔业已经崩溃，鳕鱼物种可能已被推向生物灭绝。

数百名专家对土壤流失的首次全球评估发现，目前使用的农业用地的 38%，即近 14 亿英亩已经退化。

公民将面临水资源日益短缺、石油供应减少、森林砍伐、过度捕捞、全球气候变化、物种灭绝、污染、城市拥堵以及对剩余资源的激烈竞争。公众似乎在逃避这些问题，而不是通过支持采取行动来防止地球危机的扩大。

为了应对增长限制，数以千计的非营利组织迫切要求保护和克制。其中包括环境保护基金、地球之友、绿色和平组织、Sierra 俱乐部、大自然保护协会、野生动物协会、世界观察研究所等。此外还有政府组织，例如美国内政部、环境保护署、鱼类和野生动物管理局、国家公园管理局等。希望这些组织的影响力会越来越大。

未来：两种类型的营销人员

营销的常规任务是销售社会的所有产品。这将是最大的营销人员群体，他们可以被称为"增长营销人员"。我们看到另一组营销人员的崛起，他们将与增长营销人员竞争。这个群体可以被称为"可持续营销人员"。他们的工作是使用社会营销工具和去营销工具来限制经济增长。他们将努力改变公民的心态，使公民将自己视为生产者而不是消费者。他们将努力影响公司以实现温室气体零排放为目标。他们将试图影响政府通过法律和新税来推动更友好的地球政策。

　　具有讽刺意味的是，世界营销将由两组营销人员组成，他们使用相同的营销工具相互竞争。增长营销人员将在增长与可持续性的战斗中直面可持续营销人员。此外，我认为每家大公司都必须至少聘请 1 名可持续营销人员来管理和限制增长营销人员。

你迷信"品牌力"吗？
——B2B 市场上的品牌角色

托尼·科特勒

(科特勒咨询集团全球合伙人，北美公司 CEO)

相对于 B2C 市场，B2B 市场需要完全不同的营销和销售方法。然而，在 B2B 市场上，许多企业在以牺牲其他方面的投入为代价持续对企业的销售和营销活动进行投入。本文将对 B2B 市场中接触客户的主要销售和营销问题进行探讨，并识别有待改进的地方。

多数 B2B 企业在努力建设自己的强势品牌，随便打开一份季报、一篇文章或一份新闻通稿，都会看到这样的话："品牌建设是我们工作的核心，强势品牌将使我们更容易被市场接受。"

对强势品牌的"迷信"已经驱使开展 B2B 业务的经理们将大量的资金投放到广告、公关、直销和其他品牌建设的活动中去。例如，为了推广电子商务伙伴，IBM、Ariba 和 I2[①] 决定投入 6000 万美元来搞一次大规模的公关和广告活动。在此之前，3Com[②] 公司宣布了其关于一项价值 1 亿美元的广告活动的一系列计划，这些活动将主要用来强调 3Com 公

[①] 美国电子商务公司。

[②] 美国设备供应商。

司的"为企业提供功能齐全且非常简单的网络解决方案"这一价值诉求。上述各种行动的逻辑依据是：强势品牌将创造销量和顾客忠诚。

但是，对 B2B 企业而言，建立强势品牌究竟意味着什么？品牌在 B2B 市场上起到什么样的作用？有强势品牌就足够了吗？

是的，强势品牌对 B2C 市场和 B2B 市场上的供应商而言都很重要，但是，它们显得"重要"的原因却不相同。强势的消费品品牌能促使顾客购买产品，防止转移购买竞争者的产品，并降低价格的敏感度，这与 B2B 市场的情况不一样。在 B2B 市场上，强势品牌能引起你的注意和考虑，但通常不会直接导致购买（采购）决策，也不会增加顾客的忠诚度或降低价格敏感度。比如，IBM 的销售人员可能会比其他不太出名的企业销售人员更容易接触顾客，但是，当顾客最终因为 IBM 的品牌影响力而购买产品时，其决策的时间反而拉得较长。

下面的内容可以很好地解释品牌在 B2C 市场和 B2B 市场上的作用区别。消费者主要受个人的品位和风格影响，而企业主要受追求利润的目的影响，因此，企业在做采购决策时会变得很理性，它们以产品或服务的功能和表现为基础做决策，而且，它们按照产品或服务的成本降低、产量增加等能力来评估产品或服务的功能和表现。由于存在上述区别，我们必须以完全不同于接触消费者的方式来接触企业顾客。

首先，产品或服务的利益必须最终能以货币术语的形式来描述。产品"最快""最易升级""最完整"当然不错，但是，这种卓越的价值如何用货币术语来体现？它能在多大程度上降低顾客的成本？

其次，产品或服务利益的货币价值必须能够被清晰、流利地表达出来，要做到这一点，必须对顾客或潜在顾客做深入研究。

最后，应该相对于"下一个最佳选择"来表述产品或服务利益的货币价值。许多 B2B 企业已经习惯于将新交易方式与旧交易方式做比较。

例如，基于网站的 B2B 电子商务采购活动的效率要优于传统的、劳动密集型的、费时费力的、以传真和电话为形式的交易方式。然而，随着新的电子商务交易工具加入竞争，顾客面临更多的选择时，这种比较就没有什么意义了，此时，更准确的比较应该是基于"下一个最佳选择"的交易功能来进行。但是，很少有企业这么做。

为了用正确的方法来接触 B2B 市场上的顾客，企业应该参照詹姆斯·C. 安德森（James C. Anderson）和詹姆斯·南洛斯（James Narus）的《企业市场管理》一书中的相关内容来建立自己的"顾客价值模型"。"顾客价值模型"可以以货币术语的形式详细描述供应商所提供或可以提供的相对于竞争品的价值。

在构建"顾客价值模型"的过程中，企业需要仔细检查自己在提供包括产品、方案、系统、服务在内的内容时影响或能够影响产品功能及表现的方式，它可以以货币术语来表现影响的大小，如单位交易成本、每个小时的产能等。此外，该模型还会对竞争者的产品供应做一个类似的分析，而不管"下一个最佳选择"是什么。由于该项研究是顾客在真实的使用情形下开展的，所以它能提供一份客观的、数据导向的比较结果，它能帮企业在自己能提供卓越价值的细分市场上寻找新的机会，也能帮企业在价值诉求相对薄弱的细分市场上提供支持。

这样做很重要，詹姆斯·C. 安德森和詹姆斯·南洛斯认为，企业顾客在竞争品之间做选择时主要看两点：价格和价值。举例来说，假设一家企业正在权衡两家"学习管理系统"（LMS）供应商的建议书（方案），一家供应商叫 Saba，另外一家供应商叫 Docent，此时，该企业会参考以下方程来比较两家供应商的产品供应。

（价值 Saba－价格 Saba）VS（价值 Docent－价格 Docent）

该企业会选择在价值和价格上能提供最大差异性的 LMS 供应商，而不以价格最低为标准。当然，企业通常不以这种方式来做采购决策。然而，他们不做决策通常是因为没有哪一方（供应商）能真正成功地描述其产品的价值。

　　这种心理分析的结果是：一定要通过各种方式来继续建设自己的品牌。但是，一定要清楚，在 B2B 市场上，光有强势品牌是远远不够的。你可以运用你的"品牌"来快速接近顾客，但是要利用"价值研究"来成交。

用超级产品引爆增长 ①

曹虎

（科特勒咨询集团全球合伙人、大中华及新加坡 CEO）

　　说起产品，每个人都很熟悉，但也很陌生。全球每年新上市的产品数量过亿，这么多产品可以简单分成两类：

　　第一类是解决顾客问题的产品。顾客有了问题，需要产品来解决。比如感冒了要吃药，施工要买挖掘机，渴了要喝水……这些产品叫问题解决型产品。

　　第二类产品不解决问题，但是可以创造独特的体验。比如音乐专辑、电影等，这类产品售卖的主要是独特的体验。

　　那么，什么叫超级产品？**超级产品就是那些能够把功能性、生活方式、文化价值等需求有机整合在一起的产品**。超级产品非常强大，因为竞争对手可以模仿企业的产品功能、产品外观，甚至可以讲述品牌故事，但它永远无法创造企业给顾客带来的强大、动人、融入顾客生活方式、构建顾客认知的产品体验。所以，**超级产品是企业应对竞争、满足消费者全新需求的重磅武器。超级产品的本质是产品系统和顾客需求的再匹**

---

① 本文节选自曹虎《新增长路径：营销驱动增长的底层逻辑》，并被《新华文摘》2024 年 1 月（总第 781 期）全文转载刊登，有删改。

配。在数智时代，企业发展的一个重要驱动力就是学会开发超级产品和战略大单品。

产品创新与升级的动力：以食品饮料行业为例

很多行业增长的主要驱动力来自不断的产品升级。

产品的升级，价格带的不断上涨，是今天很多行业增长的核心驱动力。比如饮用水行业、饮料行业、酒水行业，特别是啤酒和白酒。消费者喝啤酒、白酒、矿泉水的总体占比没有增加，酒量也没有比过去更大，但是各个饮品行业的利润都增长了，尽管销售收入增长很慢。为什么？

科技、材料、工艺、包装、场景和消费能力的升级导致了产品的升级，产品升级又带来了价格升级和利润增长，这是今天很多行业增长的一个主要动力。

产品升级有很多的机会点和创新点。这里涉及一个工具——"食品饮料行业的'2×2'创新机会矩阵"，它为塑造食品饮料行业的创新产品提供了关键思路。

"2×2"创新机会矩阵的纵轴是需求类型，可以按照顾客对产品是刚需还是更偏重情感需求进行划分，即功能性需求和情感性需求；同时可以按照产品升级主要来自场景新机遇还是技术新可能，把横轴分成 2 个部分，最终形成 4 个象限。

功能性需求	**新生活新主张** 功能性需求： 健康、个性化包装、网红口味、方便实用 14 个新场景： 早餐、户外野餐、办公室午餐、办公室售货架区休闲消费、咖啡时刻、运动健身、聚会时刻、熬夜加班、居家看剧、"吃鸡"消夜、睡前时光、熬夜养生、关注健康信息、口袋养生	**精挑细选的养生品种** 功能需求： 健康和道地的食材、多元口味 技术创新： 配方的改进、优化营养成分、工艺升级、包装创新
情感性需求	**懂我的小确幸** 场景： 一人食、两人食、送聚会礼物 情感诉求： 缓解压力、快速获得能量、获得愉悦感、治愈、庆祝、犒劳、情感交流	**让食品成为社交货币** 情感性需求： 创造超级社交话题、提供社交货币、提升成图率、圈层融入 技术创新： 基于 5G 和物联网的全域链接、一物一码的社交化包装、IP 化包装、体验零售等
	场景新机遇	**技术新可能**

图 3-2 食品饮料行业的 "2×2" 创新机会矩阵

1. 左上角象限

功能性需求和场景新机遇结合会形成"新生活新主张"类的产品创新点。

比如顾客想追求功能性需求，包括健康、个性化包装、网红口味、方便实用等，由此会出现 14 个新的场景，比如早餐、户外野餐、办公室午餐、运动健身、聚会时刻、熬夜加班、居家看剧、睡前时光、口袋养生等，这些全是生活中的场景。

2. 右上角象限

功能性需求和技术新可能两者相遇会产生一种叫作"精挑细选的养生品种"。

客户追求健康和道地的食材、多元口味。可能涉及的技术有：配方的改进、优化营养成分、工艺升级、包装创新等。代表性产品有超级食材、功能性食品、拥有多元化口味的专属零食等，它们都可以给顾客带来全新的使用体验。

3. 右下角象限

这一象限的产品可以用技术实现新的情感表达，"让食品成为社交货币"。

比如通过食品创造超级社交话题、提供社交货币，通过技术提高包装设计的成图率和圈层融入等，还有基于 5G 和物联网的全域链接、一物一码的社交化包装、IP 化包装、体验零售等，这些都构成了让食品成为社交货币的创新机遇。

4. 左下角象限

情感性需求和场景新机遇结合会带来"懂我的小确幸"。

典型场景比如一人食、两人食、送聚会礼物等。顾客对这些产品的情感诉求包括缓解压力、快速获得能量、获得愉悦感、治愈、庆祝、犒劳、情感交流等。

只要用你所关心的维度进行划分，就可以画出各种矩阵，这些矩阵给产品创新带来了新的思路和机遇。这些新的思路源于产品功能、技术和使用场景的不同，再根据人群的不同，就会构成无尽的创新之源。因此，产品创新其实还有很大的空间。

企业唯一需要关注的是：企业产品的创新是和消费者相关的，还是在闭门造车，由研发人员完全通过假想的消费场景、假设的用户需求进行的技术创新？所以，顾客导向、场景导向辅以技术推动，才是进行产品创新的正确配方。

产品价值 3V 模型：让创新与顾客高度相关

如果创新技术本身很先进，故事很吸引人，但没有顾客愿意花钱买单，这说明企业的创新只是自嗨而已，和顾客没有关系。因此，当企业进行创新的时候，需要站在顾客的视角去理解：创新应该如何与顾客高度相关？简单来说，顾客要愿意为创新买单，甚至愿意付更高的价格，溢价买单。

产品价值 3V 模型是菲利普·科特勒教授的另外一个学生尼尔马利亚·库马尔教授在其著作《营销思变：七种创新为营销再造辉煌》中率先提出的。企业可以通过该模型，让顾客与创新高度相关。

表 3-1 产品价值 3V 模型

营销创新问题	战略、成长问题	企业的反应
价值顾客 Valued Customer	市场：哪些细分市场和地域 行业：哪些产品服务品类	预算敏感性人群：家庭出游者、中小公司销售、坐火车的人
价值主张 Value Proposition	制胜模式：如何获胜——靠品牌形象、价格定制化 收益模式：如何赚钱	在行业内价格最低，并塑造顾客利益保护者的形象 通过在高固定成本业务中实行动态定价，实现资产的高利用度
价值网 Value Network	时机：行动速度和次序 途径：如何实现目标——建立合资企业，依靠内部成长，还是建立联盟	快速进入"赢者通吃"市场 控制一个城市后再进入一个新城市 以内部成长为中心，配合小型机会性收购

来源：科特勒咨询研究《营销思变：七种创新为营销再造辉煌》

最重要的顾客是谁？产品要解决他们哪些最重要的问题？产品的价值点该如何组合？这三个问题就是 3 个 V——Valued Customer（价值顾客），Value Proposition（价值主张）和 Value Network（价值网），这 3 个 V 构成了产品价值 3V 模型。

第一，产品的价值顾客是谁？也就是说，产品创造出来是要卖给谁的？要解决谁的问题？丰富谁的体验？

第二，产品解决的顾客最痛或者最爽的问题是什么？也就是说，产品的价值主张是什么？如果用一句话描述产品，该怎么说？产品最核心的卖点是什么？解决了什么问题？创造了什么价值？如果你说不出来，但又好像有很多话想说，这说明你对产品的价值主张了解得不够透彻，还没想清楚或者没有抓到顾客的痛点或爽点。

第三，产品的价值网是什么？企业该如何组合这么多价值点交付产品？企业的供应链该如何组织交付价值网络？

案例 1：易捷航空重构价值曲线

　　产品价值 3V 模型是如何与价值曲线结合，创造出战略大单品的？"易捷航空重构价值曲线"图中有个坐标系，横轴上是产品为顾客提供的所有价值点，越靠近左边，价值点越重要，越靠近右边越不重要。

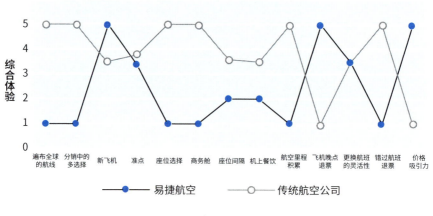

图 3-3 易捷航空重构价值曲线

　　纵轴是顾客的综合体验，也代表了针对每一个价值点，产品提供的水平如何：0是不提供，1是很一般，2是可以接受，3是标准，4是不错，5是超出期待。

　　举个例子，把航空公司的服务价值点一个个提炼出来，就会出现横轴上面的价值点。比如航线的选择性、有没有商务舱、餐食好不好吃、座位空间大小、航班准不准时、能不能退票、有没有里程积累、飞机新不新等，从而形成一系列按照对顾客的重要性从左到右依次排列的价值点。

　　把这些价值点按照相应的标准和顾客综合体验打分，就能得出一个航空公司提供的出行服务在顾客心目中的总体价值曲线。

图中灰色的线代表了传统航空公司的平均值。几乎所有的航空公司都有类似的曲线，包括中国四大航空公司和美国的四大航空公司，它们都提供了相近的服务，而且服务的水准差别不是太大。

图中的黑线是一家创新性的欧洲航空公司易捷航空（easyJet）的价值曲线。这是一家低成本的航空公司，它的价值曲线和灰线迥然不同。灰线高的地方它都低，甚至不提供对应的服务；灰线低的地方它却非常高，比如在新飞机的价值点上非常高，票价极为便宜，航班选择、退票灵活度非常高……

类似易捷航空这种低成本的航空公司还有很多，它们每年都能盈利。而传统航空公司几乎油价一涨，就得赔钱。易捷航空成功的秘诀在于营销，在于重构价值曲线中对 3 个 V 的回答。

低成本航空公司的价值顾客是谁？是那些原来坐长途巴士的人，是那些还没有坐过飞机的人，是那些喜欢全家出游的人。他们更关注机票价格是否便宜。

据说，一位典型的价值顾客曾经告诉该公司的 CEO："你只要给我一个足够便宜的价格，找一个能飞的东西，我就敢坐上去。"这种近乎玩笑的极端表达却真实反映了顾客最看重的价值。

所以，从美国东海岸飞到西海岸，传统航空公司的价格是 500~800 美元，而低成本航空公司的票价最低可以到 100 美元以下。

为什么价格如此之低，低成本航空公司还能赚钱？

就是因为低成本航空公司把对价值顾客来说不重要的产品功能都去掉了，设计出了只针对价值顾客的独特产品，做了选择和放弃，从而让一部分人热爱它，一部分人根本不会用它。

比如低成本航空公司的飞机空间和座椅都较小，飞机上不提供任何免费餐饮，错过航班不提供退票，不能提前选座……但飞机都是新的，可以保证航空公司降低维修成本。

所以，当企业明确了最重要的顾客是谁，最重要的顾客核心需求是什么之后，就能够有目的地去改进、优化和创新产品及服务，尽一切能力满足价值顾客的需求，而不是试图满足所有人、讨好所有人，而最终谁都没有讨好到。

案例 2：× 头条产品价值的 3V 模型

以中国某知名互联网企业 × 头条的产品举例，比较 × 头条与它的竞争对手 JR 头条的产品价值 3V 模型之间的区别。为什么两家企业有如此大的差异，但是都很成功？

表 3-2 × 头条产品价值的 3V 模型

营销创新问题	战略、成长问题	企业的反应
价值顾客 Valued Customer	市场：哪些细分市场和地域 行业：哪些产品服务品类	小镇中年人：信息获取能力低，闲暇时间多，可支配收入增长比较快，圈子封闭
价值主张 Value Proposition	制胜模式：如何获胜——靠品牌形象、价格定制化 收益模式：如何赚钱	提供多种基于积极行为和关系构建的积分规则，以及积分和金币兑换激励体系
价值网 Value Network	时机：行动速度和次序 途径：如何实现目标——建立合资企业，依靠内部成长，还是建立联盟	从新装机市场切入，提高软件优化程度，适应中低端手机，引进积分和金币兑换激励体系，采用收徒拉新激励性游戏化运营策略

来源：科特勒咨询研究

首先，× 头条的价值顾客是小镇中年人，这部分人的信息获取能力低，闲暇时间多，可支配收入增长比较快，而且圈子比较封闭。然后看价值顾客的核心问题或核心诉求是什么。他们的核心诉求之一就是消磨时间，赚点小钱。最后，要服务价值顾客，× 头条产品的价值网络应该是什么样的？产品要满足什么特征？

小镇中年人手机配置往往不高，而且大多用的是安卓系统手机，所以需要 × 头条从新装机市场切入，提高软件的优化程度，适应中低端手机。同时，他们非常喜欢赚小钱，所以 × 头条要让他们有赚小钱的机会，可以提供多种基于积极行为和关系构建的积分规则，引进积分和金币兑换激励体系，采用收徒拉新激励性的游戏化运营策略，让他们产生兴趣，不但能赚点小钱还能消磨时间。

上面是对 × 头条产品价值 3V 模型的基本认知。我们可以把 × 头条提供的所有顾客价值关注点在左侧列出来，比如内容质量、内容丰富度、社交性、软件流畅度、用户激励、个性化推荐、交互与 UI[①] 设计等，然后在右侧打分，再把这些内容和竞争对手进行比较。

行业平均水平可以通过调研比较得出，竞争对手在每一项上的表现也可以通过打分得出，然后再自评 × 头条水平，最后对顾客每一项价值点的关注程度打分，最终形成 × 头条价值曲线打分表。

---

① UI：User Interface 的缩写，意为用户界面。

表 3-3 × 头条价值曲线打分表

客户关注 价值点	行业平均 水平	JR 头条的 水平	× 头条的 水平	顾客的关注 程度
内容质量	3	5	3	3
内容丰富度	4	4	3	4
社交性	2	3	4	4
软件流畅度	4	3	4	4
用户激励	2	3	5	5
个性化推荐	3	5	4	4
交互与 UI 设计	4	4	4	2

有了这个表之后就可以形成图形化的认知，把顾客关注价值点、顾客的关注程度、我们的水平、竞争对手的水平和行业平均水平，集中反映在一张四象限图上。

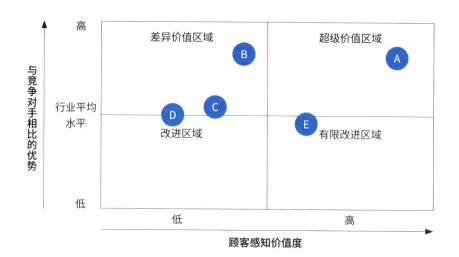

图 3-4 四象限图

把每一个价值点都放进四象限图中，就会看到右上角代表顾客感知价值度很高，同时与竞争对手相比，×头条在"超级价值区域"很有优势。×头条只要在这个区域做好，就与用户实现了高度互动，与竞争对手实现了高度差异化。超级价值区域是所有企业都梦寐以求的。

左上角代表顾客感知价值度不高。和竞争对手相比，×头条产品的差异化程度比较高或者优势比较高的区域，叫作"差异价值区域"。只要企业在这个区域能做好，消费者就会关注到你。

左下角是顾客感知价值度很低，与竞争对手相比，×头条产品没有优势的区域，叫作"改进区域"。而顾客感知价值度高，但是与竞争对手相比×头条产品没有优势的区域，叫作"有限改进区域"。

×头条要优先关注超级价值区域：我们在哪一方面比竞争对手强，而且顾客感知价值度很高？该把产品的哪些价值点放到超级价值区域？比如用户激励、社交性和个性化推荐。而×头条在交互与 UI 设计以及内容质量上与竞争对手拉不开距离，所以可以不太关注这部分内容。

把这些重要的内容，按照对顾客的重要程度和×头条是否有优势来划分，可以使×头条大力推广那些顾客最关注的区域——用户激励、社交性、个性化推荐等，将它们放在最重要的位置。

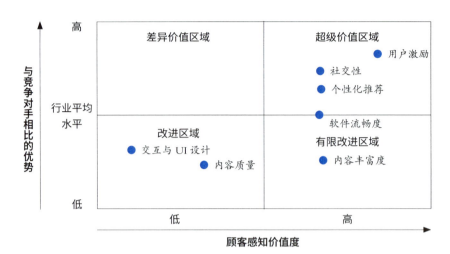

图 3-5　×头条的四象限图

对于超级价值区域，企业应该不惜成本，大力提升产品在这个领域的优势，并争取供应链的大力支持。而对顾客来说不是那么重要、企业又没有竞争优势的领域，只要做到一般水平就可以了。在用户完全不关注的领域，企业甚至可以不提供产品和服务。

画出价值曲线之后，我们会发现×头条与它的竞争对手 JR 头条的价值曲线，由于产品价值 3V 的不同，出现了迥然不同的形态。

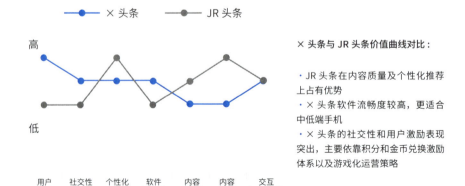

图 3-6　×头条与 JR 头条的价值曲线对比

价值曲线的形态不同，顾客使用产品时的体验也不一样。因为 × 头条与 JR 头条是面向不同顾客，以满足不同顾客价值需求为逻辑，才打造出了差异化非常明显的产品。× 头条与 JR 头条之间有竞争吗？有竞争，但是它们的差异化也非常明显。

这就是科特勒咨询集团通过产品价值 3V 模型加上价值曲线，指引企业进行与顾客相关的创新，打造与众不同的超级产品的一个核心工具。

创造世界级的财富其实非常简单，只有 3 点：（1）你要发现一个秘密；（2）你要不声不响地把这个秘密做深、做强、做大；（3）你要让所有人看到这个秘密，使之成为行业标准。

这句话用营销语言翻译过来就是：你要找到核心客户未被满足的超级痛点，找到对某种产品最不满意的一群人和他们未被满足的需求，然后用价值公式、价值曲线，为他们创造出专属的产品，让所有人看到并成为价值标准。

靠运气不如靠底气，
亟待水平营销解救的品类创新

曹虎

（科特勒咨询集团全球合伙人、大中华及新加坡 CEO）

如果时间回到 2003 年，这一年你有 10 亿美元并立志颠覆汽车行业，你会怎么做？很有趣，2003 年至少有两个人在考虑这个问题。一个叫埃隆·马斯克（Elon Musk）的人刚刚将贝宝卖给了硅谷的科技新贵易贝，手握 15 亿美元现金，意气风发地准备改造汽车这个最顽固的行业。

另一个人是丰田公司的全球 CEO 张富士夫，在这一年他刚刚带领丰田超越福特成为世界第二大汽车公司，他正踌躇满志地计划如何颠覆汽车行业格局成为世界第一。

现在，他们各自的答案已然揭晓：马斯克的特斯拉（Tesla）汽车成为一个颠覆性创新的代名词，销售增长速度创历史纪录，股票市值近万亿美元。特斯拉公司位于帕洛阿尔托（Palo Alto）的总部也成为各路企业家和政府代表团的朝圣之地，马斯克本人已经成为当今硅谷精神的代表。丰田汽车依然是一家优秀的公司，但是它没能超越自己。截至 2022 年第一季度，全球市值第一车企的名头落到了特斯拉身上。某种意义上，特斯拉的成功是横向思维 VS 纵向思维的成功，丰田的颠覆性产品是混合动力车，这是在汽车原型思维基础上的逻辑进化，是对一个产品的线性更新，是传统营销中的市场细分。与丰田不同，马斯克作为后来者，没有包袱、没有原型思维限制，他希望创造出一种完全不同的汽车，给驾驶者带来全新的体验。这是个艰巨的任务，马斯克面临很多相互矛盾的目标：新能源与实用性，全新操控体验与可靠性，大规模生产与高度个性化，高性价比和极致性能等。这些矛盾的诉求激发马斯克创造了一个全新的品类——新能源智能网联车。这是"汽车、互联网和新能源"的一次跨界整合，马斯克当时可能并不知道这个整合创新的过程就是菲利普·科特勒先生倡导的水平营销（Lateral Marketing）的方法之一。我所理解的水平营销是在营销领域应用水平思维和跨界思维来极大拓展品类边界，从而创造全新的品类和市场。水平营销的秘诀在于**如何从顾客的需求链中发掘看似矛盾的需求进行跨界创新，弥补"空白"，得出重磅炸弹式的新产品**。我们身边不少耳熟能详的产品正是水平营销的杰作：特斯拉汽车、苹果手机、耐克＋、微信、抖音、健达奇趣蛋、芭比娃娃、强生儿童血糖仪、盒马鲜生、阿麦斯"音乐棒棒糖"、永生花、加油站零售店等。

营销的本质是顾客价值管理，而价值是基于具体顾客和具体情境的，没有空洞的价值，顾客是价值的最终评判者。我们按照企业和顾客的关系可以把企业分成三类：

第一类：CK 型企业，Customer is King

顾客是"上帝"，顾客说什么企业做什么。这类企业和顾客的关系是"命令—执行"式的，**这些企业往往通过顾客访谈、市场研究和竞争对手对标理解市场和顾客**。这些企业很难创造颠覆性的新市场和新产品，他们只能在现有市场需求中跟随和微创新。因为期望从顾客那里获取重大产品创新的答案是不现实的，顾客不是产品专家，顾客只能提供痛点和希望企业实现的目标，但是顾客无法为企业提供前瞻性的产品开发建议。目前，大量的电商企业、消费品、服装企业都是这种类型。

第二类：CT 型企业，Customer is Target

　　顾客是猎物，处于价值链的底端，等待企业给自己贴上标签。这类企业和顾客是"猎手—猎物"的关系。**看看这些企业的用词：如"抢占顾客心智""视觉锤""情感矛"等都是对待敌人的词，相当于把顾客当成了狩猎目标，企业是猎人，企业狩猎顾客，这体现了企业对顾客的极度傲慢**。这类企业的未来堪忧，因为他们的创新完全是内向的，是对竞争产品的低价格模仿，他们没有创新能力和创造企业价值的能力，更多的是将"洗脑"和性价比作为主要竞争工具。他们很难真正成为品类的领导者和创造消费者挚爱的品牌。

第三类：CF 型企业，Customer is Friend

　　顾客是朋友，顾客和企业是平等的，他们共同创造产品和服务，共同完成产品的交付和传播。这在 B2B 行业中并不少见，越来越多的消费品企业和互联网企业成为 CF 型企业。要成为 CF 型企业，企业必须用技术连接顾客，用新流程和文化打通从顾客需求到定制化交付的全过程。越来越多的企业正在成为 CF 型企业，因为在当今这个鲜有重大技术突破的时代，创新越来越来自需求链的创新，与顾客共同创造无疑是激发需求和创新的有效途径。与 20 世纪以"汽车＋购物中心＋大众媒体"为商业基石的三维商业时代情况不同，我们已经进入了一个"永远在线，实时连接"的四维商业时代，这个时代的商业基础设施是"移动终端＋社交平台＋电子商务"，在这样一个多维度、快速化的时代，我们需要新的营销方法和工具来与顾客深度合作，满足日益多样化的顾客需求。**传统营销的核心是市场细分，其核心理念是"逻辑思维，垂直细分"**，最终导致高度细分的碎片化市场和无利可图的企业。而**水平营销是"创意思维，跨界整合"，是寻找非关联性中的关联要素，从而创造全新的市场和产品，也就是我们常说的"蓝海市场"。**

水平营销思维的核心不在于具体的模式和技术，而在于全新的眼光和跨界的意识：当我们能转换视角的时候，每个行业都是新行业，颠覆现有产品市场的机会并不罕见。

这个时代的主题是科技与创新。移动互联网、大数据、人工智能本质上还是技术，按照亚里士多德的说法是"工具理性"，而在人类历史上，"工具理性"从来是为"价值理性"服务的，衡量"技术创新"是否运用成功，还是要回归到它是否为顾客创造了不可替代的独特价值。CF型企业的营销范式是以联结（Connection）为中心。顾客与顾客联结、企业与顾客联结、企业与企业联结，以"联结"为武器，用跨界联结升级传统企业的想象力，重新思考企业的边界。**CF 营销范式要求企业深嵌到顾客的生活场景中，以"情境—问题—解决"式的思路考虑顾客价值、重塑顾客体验、增强顾客参与感，重塑企业产品与服务的边界**，这是"联结"价值创新的思维，也是水平营销思考的出发点。

营销学作为一个起源于 20 世纪 60 年代，蓬勃于 20 世纪 80 年代，并还在不断更新演化的企业职能和学问，新的理论和实践层出不穷。每一个营销理论和方法的创新无不反映了当时的市场竞争和技术进步。菲利普·科特勒先生水平营销的思想和方法就是在此背景下产生的，也是作为当代营销集大成者与时俱进的思考和探索。

菲利普·科特勒在《水平营销》一书中系统提出了如何使用水平营销的方法开发全新的产品、市场，并提供了具体的模式和工具。这些方法来自多家全球著名企业的实践应用总结和严谨的创意思维体系，对开拓全新品类、打造颠覆性产品和形成新的营销模式颇具启发。

优秀的营销人才都是达·芬奇，是科学家、艺术家和工程师的集合体。营销训练已经足够多地强调营销分析，我们需要强化营销人的艺术家特质：创造性。借此，从左脑跳入右脑，开启创造之旅，紧紧抓住移动互联网和大数据带给我们的史无前例的接近顾客真实需求的机会。

第 **4** 章

以品牌驱动的市场营销

品牌 4.0：
数智时代的品牌新思维 ①

曹虎
（科特勒咨询集团全球合伙人、大中华及新加坡 CEO）

我们在谈品牌的时候，首先必须以特定消费者为前提。因为，抛开特定目标用户群，抛开特定市场细分来谈品牌是无意义的。企业经营的根本目的是创造顾客和打造品牌，而任意一个品牌也都是基于特定的目标人群、目标客户群来展开的。

当前品牌的三大挑战

1. **代际差异：**出现 5 代人在使用同一品牌的现象。
2. **数字入侵：**数字化和智能化改变了品牌塑造方式和商业模式。
3. **财富极端化：**消费分层和消费者分层将愈加明显。

基于此，**当下的品牌机会在于顾客的巨大变化**。无论是国际市场还是国内市场，**有两类顾客正在成为所有品牌关注的顾客群**。

---

① 本文内容根据作者在 2022 年 5 月高端品牌实验室线上会议中发表的演讲内容整理而成。

品牌关注的两大顾客群

第一类顾客我们称之为**"ESG 人群"**（Growth of ESG-Consumer）。这是一批除了关注产品本身基本的使用功能之外，还会越来越关注产品背后的企业商业模式和品牌价值观的人群。

他们将对社会带来什么样的影响？我们又如何针对他们创造社会价值呢？

在我的分类举例中，这些人的共同特性是：他们所选择的品牌，他们的购买行为，在很大程度上是受到**价值观驱动**的，他们会考量这个品牌背后的企业是否可持续发展、是否环保、是否关爱地球、是否可进行循环经济……

所以当一群消费者成为 ESG 人群时，这类人群的发展与优势也会推动 ESG 类的企业与消费者在价值观层面产生共鸣。

同时，我们还看到第二类顾客——**新消费增长人群**（Growth of New-Consumerists）的数量也是在快速增长的。无论是国内还是国外，针对"95 后"、"00 后"、α 一代[①]、Z 世代……关注度都是只增不减的。在中国，我们把这类人群定义为"新消费增长人群"。

新消费增长人群规模有多大？根据统计，大概有 1.5 亿~1.7 亿人。他们对品牌的认知、品类的选择、品牌的期待，与以往的顾客有非常大的不同。这群人处在 20—30 岁的年龄段，具有更强的信息收集和比照能力，有着更强的自我表达渴望，也更希望通过使用、拥有品牌来表达自我和定义生活。他们有着比上一代人更强大的民族自豪感、自信心，

新消费人群之
"ESG 人群"

① 通常指 2010 年之后出生的一代人。

有比"70后""80后"更高水准和更国际化的审美。这些都反映在他们与品牌的互动、对品牌的选择上，甚至对品牌的传播上。

所以，无论我们今天是谈论高端品牌还是大众品牌，区域性品牌还是全国性品牌，我们都是无法忽视这两大顾客群的，他们是很多品类和品牌的天使消费者和核心消费人群。

那围绕这两点，我们就可以展开后续的关于高价值品牌的论述。

谈到什么是高端品牌以及如何打造高端品牌，我赞同段传敏先生、慕思的姚吉庆总裁以及卡萨帝的宋照伟总经理的观点，我仅补充一些个人的观察和心得，供大家参考：

1. 真正的高端品牌是"去"高端化的。那些真正的高端品牌从不刻意标榜自己是高端的。为什么？因为他们的高端已经不需要王婆卖瓜——自卖自夸了，而是消费者实实在在感受到了他们产品的高端。

什么是高端？**高端是引领，是启发，是科技，是共创，是探索，是超越，是关爱，是归属。**

高端这个词更像是一个框架，我们可以从里面细分出很多感受，而这些感受才是高端品牌需要通过产品、服务带给消费者的。

而把高端打到自己品牌传播里去，把高端贴到自己的标签上，这个动作本身就是极度的不自信和很不高端的。企业自己都不自信，又怎么可能让消费者跟随而成为更好的自我，带领消费者去建设更好的社会？

我们可以看一看，凡是在广告中打上"高端"二字的几乎都是值得怀疑的"伪高端"！LV、爱马仕、特斯拉、华为、端木良锦、劳斯莱斯需要自我标榜"高端"吗？真正的高端是由我们用户去界定的，而不是投机取巧地打上"高端"二字，就是高端了。高端不高端是由用户定义的。

真正的高端品牌是
"去"高端化的

强贴"高端"标签这种做法，可能对低线市场消费者、对刚刚接触某品类的消费者有效，但是面对真正成熟的消费者，在激烈的竞争市场中的消费者，在一、二线城市中高度接触互联网的消费者，强贴高端标签反而会产生负面效果。

2. 品牌因顾客而高端。品牌不是因为企业而高端，而是因为顾客而高端， 是因为高端顾客用了这个产品后，带动了高端品牌形成。

所以，**品牌不属于企业，而属于顾客**。我们千万不要把自己忽悠了。真正的高端品牌是与顾客共同创造的，品牌一直都是一个分布式资产，分布在顾客的心中。

想一想，你心目中的高端品牌有哪些？这些高端品牌在广告传播中是怎么说的？你喜欢的高端品牌，它们的用户是不是和你是一样的人？这些吸引你的品牌，是不是因为它们的顾客和你是一样的人，或它们的顾客是你非常想成为的，比你略微高一阶层的人？你想成为他们，所以对你来说，高端品牌是品牌梦想和人生梦想的感召！

高端品牌是因为顾客而高端，是与顾客共创的。我想这是我们谈话的基础，我们谈的是真正的高端品牌，而不是伪高端。

真正的高端品牌是
与顾客共同创造的

3. 真正的高端品牌要满足三件事情：**高价值、高科技和高感动**。唯有这三者才能支撑起我们高端品牌的强大归属感、强大溢价和强大的品牌忠诚度。

顾客的四个期待

那么再深入一步，**顾客对高端品牌有什么样的期待？** 我认为有四种期待：

第一，我们期待高端品牌不光要高大上，而且要有态度、有担当！ 闷

消费者对品牌的
四个期待

声发大财的时代已经过去了，消费者，特别是新一代消费者，希望品牌能够对我们的社会、对我们的生活有态度；能够倡导积极的社会价值观，能够让我们的社会变得更加美好。在面对种种挑战和困难的时候，品牌能够挺身而出，体现出真诚、勇敢、睿智……这是我们这个 VUCA 时代[①] 非常稀缺的品质。要成为高端品牌，被人追随的品牌，就要有态度和担当。

第二，我们期待品牌能够帮助我们培养兴趣，给我们的生活带来新意义、新方式，成为我们的生活和兴趣的培养者，而不是简单兜售一个产品。

第三，我们期待高端品牌成为我们人际关系的构建者。因为品牌，我们相识相遇，产生交流；因为品牌，我们成了好朋友；因为品牌，我们有了更多探索自我的可能性；因为品牌，我们的生活变得更加丰富……

第四，我们期待高端品牌带给我们信任。什么是信任？就是虽然不一定明白这个产品的优劣，但我可以相信你。很多高端品牌都在高客单价的复杂产品品类当中，这些品类的消费者需要具备很多的知识，购买决策过程相对复杂，所以，这时消费者与高端品牌之间必须要建立信任关系。无论是卡萨帝家电，还是慕思床垫，很多都是高客单价购买的复杂产品，都需要建立这种信任。

那信任来自哪里？**科技、承诺、温度。**

---

① 指充满变动和不确定的时代，用来形容快速发展的社会和商业环境。

数智时代品牌发展的趋势

接下来，我简单和大家分享数智时代品牌发展的几个趋势，也是在呼应前文提及的高价值、高科技和高感动。

第一，数智时代，我们呼唤价值观产品出现。品牌不再仅仅讲述产品功能如何之好，或琐碎地讲述一些情感故事，还需要更深入地影响社会，所以品牌要积极地介入社会事务，要表态、要参与。而且要从商业模式的角度，让品牌成为可持续发展的，而不是编造故事来传播。

想要成为关爱社会、关爱社区、强调社会共同发展、让利益相关者都挣钱的品牌，我们必不可少地需要优化供应链，需要把过去的扶贫模式变成赋能，而不是拍个广告，宣传自己赞助了希望小学等表面行为。

我们呼唤有价值观的品牌，品牌和消费者通过沟通形成忠诚度的一个重要因素是什么？是价值观的共鸣。

像这样做得好的品牌，其实也不少，比如我们国内的万科、国外的联合利华和耐克等，都是有名的价值观品牌，他们不仅卖产品，塑造情感故事，还能在困难时期对顾客表达关爱，在困难时期承担起让世界变得更好的责任。

第二，我们的品牌正在成为叙事品牌。过去我们打造品牌，马上联想到的就是广告、知名度等，广告和知名度在今天依然重要。段传敏先生展示的学者研究中，就讲到了知名度和购买行为、品牌叙事等有高度关联，这是我赞同的。

但我们也必须意识到，知名度的边际收益在下降，除了知名度之外，我们需要从传播变为叙事，变为内容，变为运营；从塑造"45 度仰望"的崇拜式品牌，变为可

从广告变为与消费者共创内容

以如朋友般交流、共创、互相启发的"180度亲密"的朋友式品牌。

过去强迫式地传播内容，不会给顾客本身创造太多价值，而变成叙事，通过讲述故事，寻求情感联结、寻求共鸣、寻求启发，能够带给顾客很多有价值的内容，让顾客更了解这个品类、更了解自己、更了解品牌。也就是说，过去对消费者无价值的传播，变成了对消费者有价值的叙事性内容的构建，让消费者成为更好的自己，形成更有效的决策。

叙事型品牌，要从产品品牌变成场景品牌。卡萨帝的宋照伟总经理的观点非常好，要从产品品牌演进到场景品牌。为什么？因为消费者买的从来不是产品，**消费者买的是问题的解决，冷冰冰的产品需要通过场景融入沸腾的生活中！**

所以洗衣机变成了家庭清洁中心，电视变成了家庭客厅娱乐中心，手机变成了联结人与人的重要存在……

第三，结构化品牌。什么叫结构化品牌？就是这个品牌不仅要是塑造品牌资产的静态品牌，还要成为驱动业务增长的增长发动机。

第四，要素品牌。我们要把**科技品牌化**，要让科学技术成为我们品类创新当中必买的标准。例如，零部件企业往往伴随着整机品牌的联合。像徕卡、杜比、Mini Cooper、中创新航锂电池、GORE-TEX等都是要素品牌。

所以，在数智时代，**我们要总结品牌如何驱动公司增长，如何提升公司价值。**

最关键的品牌理念

最后，数智时代最关键的品牌理念是什么？

"企业家经营的本质是品牌资产和顾客资产。企业家真正能传给后代的不是资金、不是专利、不是土地、不是现金，而是一个被挚爱的品牌。"

所以企业家需要花力气打造品牌，品牌的生命周期要远远长于产品的生命周期，也就是我们常说的，**铁打的品牌，流水的产品**。

何佳讯教授曾说："品牌是超越企业家生命的，是企业家真正的遗产，是能传承的、能够影响我们社会的。"

我十分赞同这一观点，企业要打造被消费者挚爱的高端品牌。

创造品牌和服务顾客是每个企业家的使命，品牌是一个价值承诺，让我们一起将这个承诺交付给我们的顾客、给我们爱的人和爱我们的人。

当平衡计分卡遇见品牌战略管理: 建立公司品牌战略地图

乔林

（科特勒咨询集团大中华及新加坡管理合伙人，品牌战略总经理）

为什么需要品牌战略地图

20 世纪 50 年代开始，欧美领先的快速消费品企业，如宝洁、通用磨坊食品和联合利华，开发出今天为大家所熟知的品牌管理原则，成为今天品牌战略管理的开端。20 世纪 70 年代，大多数美国公司已经建立了较为完善的品牌管理制度。而随着公司战略理念的兴起和发展，品牌更当之无愧地成为公司的"核心竞争力"和"战略资产"。与之相比，在 20 世纪 90 年代初，中国企业才开始在市场化竞争的大潮中开启企业的品牌管理之路。更令人遗憾的是，中国企业的品牌竞争力并未随着企业整体实力的增长而增强。

2016 年 6 月 10 日发布的《国务院办公厅关于发挥品牌引领作用推动供需结构升级的意见》，将品牌作为企业及中国经济转型发展的重要抓手。具有讽刺意味的是，在各界对品牌如此重视的情况下，很多中国企业却没能及时和全面地更新品牌概念，导致品牌建设理念落后，手段单一。在企业实践中，品牌工作被简单等同于广告、公关、视觉识别等市场沟通工作。虽然市场沟通工作是建立品牌不可忽略的重要基础工作，但将品牌工作仅仅等同于市场沟通却暴露了中国企业在品牌管理中的一大误区：

品牌是具有战略高度的概念，但在现实中却被定义为一种由传播部门单独被动执行的工作。

CEO 应该总体考虑的问题，却被降格为单个部门的内部工作。企业希望在完成战略规划和产品生产后，将包袱甩给与顾客直接接触的营销部门，期望广告和公关公司通过各种精彩的创意和文案，以及精准和高强度的市场沟通活动去实现业绩的巨大增长。虽然我们可以看到短期内快速增长的案例，却鲜见能持续发展且深入人心的经典诞生。其中的落差和错位，就是中国企业无法持续和有效建立品牌的真正根源。

造成这种局面的原因并非全部在企业自身，而是中国企业缺乏一套具有全局意识的战略性品牌管理工具（Strategic Branding Management）协助企业高层澄清品牌理念，站在公司发展的高度，去系统实施品牌工作。

在多年来为中国企业提供品牌战略咨询的经验基础上，我借鉴平衡计分卡的底层思路，结合凯文·凯勒的品牌价值链，总结出一套品牌战略实施地图，以支持中国企业真正实现发展模式的转型与升级。为配合企业更好地使用品牌战略地图，我同时开发出相应的品牌管理工具——品牌作用力模型（Brand Power Model），借助此模型，企业可以阶段性回顾品牌战略地图中各项工作的实施现状与效果，以便及时进行改善。

平衡计分卡：作为通用管理工具的启示

1992 年罗伯特·卡普兰与大卫·诺顿共同在《哈佛商业评论》上发表了《平衡计分：驱动绩效的量度》，宣告了一项更全面、更均衡的公司战略管理工具的诞生。

平衡计分卡包含财务、顾客、流程、学习与成长（见图 4-1）四个具有商业实践意义的基本变量，使组织的"策略"能够转变为"行动"，超越传统上以财务指标为主的绩效评价模式。在平衡计分卡的基础上，二人又提出了战略地图（见图 4-2），在四个基本变量的基础上，将每个变量分解为更加细致的二级指标，能更具针对性地体现不同企业的关键业务节点。

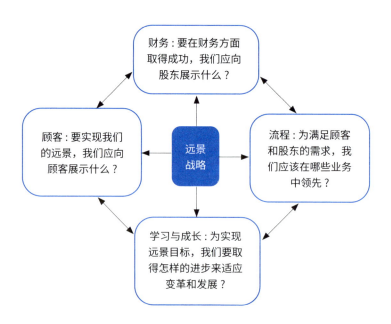

图 4-1 平衡计分卡

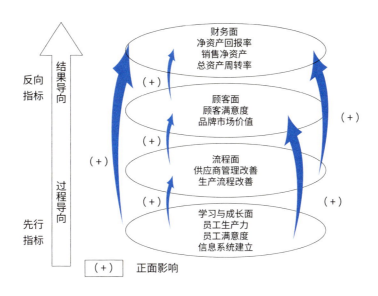

图 4-2 战略地图

平衡计分卡体系是一套卓越的管理方法论，体现了经营结果与业务活动之间的平衡，未来发展与当前活动之间的平衡，组织外部和内部的平衡，对企业其他职能管理也有着重要的借鉴意义。

品牌价值链：具有平衡计分卡精神的品牌管理工具

在品牌战略管理领域，凯文·凯勒与雷曼于 2006 年提出了品牌价值链概念（见图 4-3），品牌价值链解释了品牌发挥积极作用的关键步骤，明确了企业市场活动、顾客反馈、反馈行为之间的因果关系，并将股东价值的实现与企业的营销和品牌作用进行了紧密关联。品牌价值链是具有鲜明的平衡计分卡气质的管理工具，其从品牌及营销的视角，将品牌及营销活动与企业的经营结果进行了有效的关联，明确地提升了品牌管理在公司价值创造中的路径和地位。

凯文·凯勒的品牌观点有一个重要的认知心理学前提，**知识是决定人类行为的主要因素。不同行为的背后是不同知识在发挥着作用**。这就从根本上解释了品牌是如何发挥作用的，以及品牌效应形成的根源。品牌有价值是因为品牌及各种营销活动能影响顾客的心智。顾客心智决定其购买行为，购买行为直接决定企业收入。因此，凯文·凯勒对品牌资产的定义是，顾客心智中具有的"品牌知识"，对企业的营销活动产生的差异化反应。

更为重要的是，凯文·凯勒锁定了品牌真正发挥作用的消费心理基础，构建了"营销刺激—心理（知识）—行为—绩效"的品牌作用机制，并以此对品牌及品牌效用进行了定义。这在概念纷杂的品牌管理领域显得尤为严谨与宝贵，体现了凯文·凯勒作为世界级品牌战略学家的洞察力与格局。

图 4-3 品牌价值链

品牌战略地图

为了让企业能在众多的品牌管理活动中理清头绪，就需要我们像平衡计分卡一样，将品牌活动目标与关键品牌活动进行有效关联。这就要求我们有机融合凯文·凯勒提出的品牌作用逻辑和平衡计分卡的制定原则。根据我的咨询服务经验，从实践的角度提出了以下四个主要组成元素，以及搭建整体"品牌战略地图"的架构。

按照平衡计分卡的思想，我构建出了"1+3"模式的公司品牌战略地图（见图 4-4），"1"指确定公司品牌受众与品牌战略目标，这是所有品牌活动的落脚点和相关品牌工作的评判标准。从顾客的角度看，"3"包含价值传递方式、品牌价值主张和品牌价值基础。品牌战略地图的基本逻辑非常简明，即说明企业凭借怎样的内外部资源、能力和产品特性（Why），通过怎样的价值传递手段和方式（How），去传递何种顾客价值（What）。

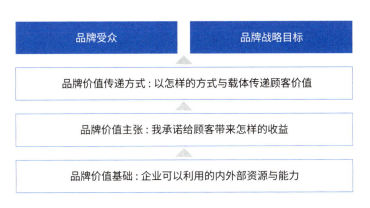

图 4-4 品牌战略地图

品牌战略地图适用于公司及具有不同目标顾客群体的产品品牌。如果一家企业具有不同的品牌，那每一个独立品牌都需要使用品牌战略地图进行梳理和规划。每一家公司都应该建立不同层级的品牌战略地图，确保品牌工作在各个层级上统一与有序地开展。

　　品牌战略地图由下至上，围绕品牌价值更加一致和系统地传递给目标受众而展开。在规划阶段，企业需要按照一定的逻辑顺序，依据品牌战略地图中的序号去实施（见图4-4）：

　　1. 首先是确定品牌受众，不同产品线的目标受众不同，不同层级品牌的目标受众也不同，清晰与准确地界定目标顾客群体是任何品牌活动的根本。但现实中，很多企业却无法清楚和准确地描述产品或企业的目标顾客，更没有通过不同的需求视角去发掘表面相同的顾客所具有的差异化深层次价值需求。从不同需求的维度去洞察和定义品牌受众，是决定企业如何看待自身业务的重大议题。比如，同样销售液晶电视，小米洞察到部分客户需要更便利地将互联网视频内容带入客厅，强调电视顾客购买电视"需求背后的需求"是更简便体验互联网上的海量视频内容。因此，小米将传统液晶电视重新定位为"客厅内的互联网娱乐终端"，将购买传统液晶电视的顾客有效地转化为自己的顾客。

　　2. 确定品牌战略目标。品牌发挥作用的方式分为告知与感知两大类型。其中，告知是企业通过各种信息传播手段和工具，如各种类型的广告、公关与活动等，将精心规划的品牌信息植入受众心智的活动。在品牌告知中，品牌知名度与认知度是最为经典的目标。知道引发注意，熟悉产生好感，让品牌受众知道并回忆起企业、产品的名称，并能进行更丰富的联想，这就是品牌告知给目标顾客的直接目标。而品牌感知是品牌受众通过产品使用和体验，形成的主观品牌判断。它的形成通过包括产品使用、服务接触等具有直接顾客接触性质的接触点来实现。因此，品牌感知的指标主要包括品牌美誉度和推荐度，有助于企业发现是否兑现了品牌传播中提到的品牌价值承诺。

　　3. 确定品牌价值主张。在商业实践中，品牌价值主张是一个有形价值与无形价值的组合。任何一个期望在顾客心智中获胜的品牌，都需要构建立体的价值组合，从理性与感性的维度同时入手，才能获得持久与深刻的品牌效用。在实践中，我们看到很多中国企业仍旧从"我能"的视角去自说自话，而不是从"我能为你做什么"去真正实现角度的转化和客户价值的澄清。

4. 品牌价值基础是企业能够实现品牌价值的各种内外部资源和能力支持。这些资源可以是企业内部控制，也可以是外部协同和获取的。在实践中，品牌的价值主张与基础是需要协同考虑的。企业无法提出缺乏能力和资源支撑的品牌价值主张。每一个伟大的品牌背后，都有一个伟大的产品和企业。企业的品牌价值基础多样而丰富，包含企业发展过程中累积的各类资源、能力、创始人形象和社会声誉，以及企业外部的独特的原产地的社会与自然资源。品牌价值基础还能为品牌发展提供各类"品牌杠杆"，从而更好地为品牌提供更丰富与可信的品牌联想，充实品牌资产内涵。

5. 品牌价值传递方式。大家需要注意的是，我们确定的是品牌价值传递而非品牌价值传播。这是中国企业在品牌管理中最容易忽略和误解的环节。我们建议企业从品牌基本元素入手，确立鲜明和个性的品牌名称和品牌感知体系，主要包括视觉、听觉、嗅觉与触觉，并通过传播与实际的产品和服务体验入手，去言行一致地传递各品牌价值。

品牌战略地图是一种系统与实效的品牌管理工具，但它又不是一份简单的内容填充表格。品牌战略地图设计的重要目的是协助企业高层建立科学的品牌理念，将战略思考与品牌工作进行有机结合。借助科学的战略性品牌管理，才能将顾客的需求（Customer Values）、企业的承诺（Brand Values）与企业内部的行为标准（Organizational Values）进行一体化管理，在市场竞争中，真正建立品牌驱动型组织。

数智时代的品牌增长思维 [①]
（Brand Led Growth）

曹虎

（科特勒咨询集团全球合伙人、大中华及新加坡 CEO）

品牌的旧思维正在被颠覆

品牌不仅是经营成果，不仅是静态的心智资产、认知资产，甚至不仅是品牌资产的概念，它正在成为企业业绩增长的重要来源和发动机。

基于多年在全球和中国品牌战略咨询实践的观察，给大家分享一下我的观点。我的观点不一定具有普适性，但是它代表了实践当中的一些观察和总结，希望能够帮助大家拓展认知边界。

总体上来说，全球品牌面临三个重大挑战：

第一，代际差异。

人类历史当中第一次出现整整 5 代人使用同一个品牌，这对品牌管理和品牌定位、品牌延伸带来一个非常大的挑战。品牌需要既保持与原来的核心人群高度相关，同时在新一代人进来之后，让他们觉得与自己相关。

---

① 本文内容根据 2022 年 5 月 9 日曹虎在"2022 第六届中国品牌日特别论坛"中的演讲内容整理而成，有删改。

不少品牌都面临这个问题，特别是一些耐用品品牌，还有快消品品牌。面对代际差异，品牌如何在实现差异化的同时保持相关性，即既稳守核心客户，又能够不断地纳新，这是个挑战。

第二，数字化入侵。

当消费者和企业进行连接时，消费者行为和态度都可以变成数字被记录、被分析的时候，需求和欲望都可以被深度理解的时候，它将极大地冲击企业的经营模式，拓展企业和顾客连接的可能性，从而给企业带来更多创造顾客价值的空间。

根据企业所在行业不同，以及个人在企业当中的岗位不同，大家对数字化的感受会有差异。有些行业是偏"上游价值"的，比如化工产品，比如一些 To B 产品，我们首先感受到的数字化是在供应链数字化、数字化工厂、数字孪生等方面。

如果你所在的是偏快消或顾客经营类行业，你会感到更多的数字化发生在"下游价值"当中，但无论哪种连接，这种冲击都非常大。

举一个例子，过去经营和塑造品牌往往需要货架空间，但是，如果今天仍旧按照货架思维来理解品牌的战场的话，就会发现在中国至少有 6 个货架：

1. 平台电商，如天猫、京东；

2. 短视频兴起的兴趣电商；

3. 小程序、微信的私域；

4. 线下的零售终端；

5. 外卖行业，如美团、饿了么；

6. 社区团购。

数字化入侵带来的多样化冲击值得我们特别关注。

第三，财富极端化。

今天的世界，财富分配方面的"马太效应"越来越明显，导致趋优消费和趋低消费出现高度的扩散。这对我们理解顾客购买行为、购买动机、顾客的生活模式产生影响，这对企业打造品牌具有重要意义。

那么这三个挑战最终的影响是什么？它们改变了消费人群，改变了顾客。

基本上，我们可以将消费者分成两大类：**一类是 ESG 人群，另一类是新消费人群。**

ESG 人群是对社会利益比较关注的人群，对环保、社会可持续发展、温室效应、循环经济、节约式发展等问题尤其关注，这类人的数量在欧美和中国都在快速地增长。

那么 ESG 人群对品牌的渴望和诉求是什么？

他们希望这些品牌不只是埋头挣钱，追求短期的经济上的增长，创造经济价值，还要真正地作为社会企业，创造社会价值。所以他们会喜欢、共鸣于并忠诚于那些关注和创造社会价值的品牌。

新消费人群主要指 1998 年到 2005 年出生的人群，人口规模大约有 1.5 亿。他们是品类的新消费者，他们的购买标准、对品牌的选择、口味、生活方式都正在被定义，等待品牌去帮助、引导、共创新的生活标准。

所以，他们是非常有价值的。按照顾客生命周期价值来说，他们的时间还很长，价值还很大。在品牌认知和品牌依恋方面，新消费人群有非常强烈的自我标准，和其他世代的人群存在较大差异。

概括来说，ESG 人群和新消费人群在数字化时代对品牌有一些特别明确的期待，主要表现在四个方面：

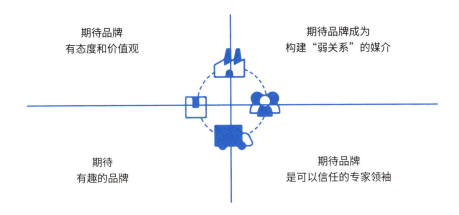

期待品牌
有态度和价值观

期待品牌成为
构建"弱关系"的媒介

期待
有趣的品牌

期待品牌
是可以信任的专家领袖

图 4-5 对品牌期待的四个方面

第一，消费者期待品牌是有态度和价值观的。

做出来一个好用的、功能满足需求的产品，其实只是一个门槛，已经不能让品牌胜出。当所有的产品都能满足消费者需求之后，消费者如何去选择品牌，如何选择忠诚于哪个品牌，或者与哪个品牌有共鸣？

这时就要看态度：品牌是否和我的价值观一致，是否和我产生了情感上的共振？其实，消费者对品牌是没有那么多感情的，但为什么有一些品牌看起来为消费者所挚爱呢？原因是它和消费者产生了共鸣，消费者不是爱这个品牌，而是品牌所描述的价值观和自己内心的想法一致。通过这个品牌的映射，消费者最终爱上的是自己内心的梦想、感动和坚持。

所以我们要打造态度，要形成彰显自身的价值观，从而和消费者产生共鸣，让消费者通过品牌更好地爱上自己。

第二，消费者期待有趣的品牌。

如今生活压力很大，我们不希望每天很沉重。外部有很多不可控因素，我们希望能够过得自得惬意，希望品牌能够带来小确幸，能够让生活多一些新乐趣。今天有很多兴趣性品牌，如泡泡玛特等，它能够给我们的生活带来新的微小的感动、乐趣和幸福。

品牌要能够给消费者带来兴趣启发，帮助消费者培养兴趣爱好，这样才能帮助品牌收获喜爱。所以品牌是不是有趣快乐、能够给生活赋予新的意思，决定了其能否进入年轻人的内心。

第三，消费者期待品牌成为构建"弱关系"的媒介。

在没有微信的时候，我们的关系数大约只有二三百个，但有了微信后，我们的弱关系获得了极大的增多。弱关系不能带来安全感和社会地位，但是它带来了可能性、新知和快乐，所以品牌社群是非常重要的弱关系的一种载体。好的品牌，强大的品牌，会帮助我们构建弱关系。

我个人认为，人本质上是一种关系界定的动物，人是没有独立意志的。消费者加入的社群将会极大地影响其对世界的认知和幸福指数，好的品牌应该围绕着价值观，凝聚人际关系，帮助消费者拓展自身。

第四，消费者期待品牌是可以信任的专家领袖。

特别是在复杂、高客单产品中，产品的认知和购买过程非常复杂，买错了后果也比较严重，这类消费品牌的介入度高，需要运用慢思维。凡是这种情况，品牌都需要像专家一样与消费者建立信任关系。

品牌正在成为增长的发动机

今天企业要获得业绩增长，品牌是一个非常重要的增长来源。

因为能够满足消费者期待的品牌能够增强客户黏性，提高消费者忠诚度，从而促进品牌实现业绩增长。

企业要想实现业绩增长，一个来源是结构性增长，另一个来源是战略性增长，而品牌就归属于战略性增长，它能帮助企业实实在在地实现增长。真正的品牌价值体现在实现有机增长和外延式增长。

其中，有机增长指销售收入增加，利润增加。外延式增长指的是并购，并购的交易条件能否达成，很大程度上取决于品牌是不是被收购方尊敬。所以说，品牌是并购当中非常重要的杠杆。

既然品牌是增长的重要发动机之一，那么品牌增长的基本逻辑是什么呢？无非是顾客更多，顾客购买更频繁，顾客购买的价格更高，品牌占顾客钱包的份额更高，顾客推荐更多朋友来购买等。

而在连接顾客当中，**品牌是最重要的，品牌是企业和顾客建立联系的根本**。

品牌增长有三个核心逻辑：

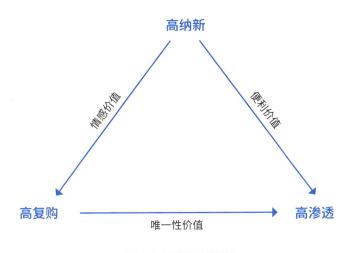

图 4-6　品牌增长的逻辑

第一，对于新品牌而言，增长的关键在于：高纳新。

新兴品牌，如江小白、奈雪的茶、元气森林等，没有一个是花了大量的时间去打广告、做线下传播的。它们能够快速兴起，是因为它们学会了讲故事，通过讲故事塑造了内容，然后通过网络口碑传播达到纳新。

过去做品牌首先得打广告、铺货，在卖出很多之后才慢慢地形成认知和品牌知名度。在今天的数字化社会，逻辑已经不一样了，品牌首先要打造一个高势能的认知和故事，然后形成口碑效应。

过去的品牌是长期经营的结果，今天的品牌是一种经营手段，帮助企业快速成长。

第二，对于高端品牌而言，增长的关键在于：高复购。

这主要是因为获客成本实在太高了，所以经营顾客和提升顾客终身价值成为关键。

第三，对于大众品牌而言，增长的关键在于：高渗透。

高渗透指顾客在任何地方都能买到商品。事实上，就大众品牌而言，顾客很少有强烈的忠诚度，便利价值反而更关键。很多大众消费品，如汽水、休闲食品，这些其实不是那么重要的品类的品牌，如果不做广告，消费者就会忘掉。全中国 740 万个终端当中，你进入了 680 万个终端，你就是大众品牌。

我们认为品牌不仅是经营结果，更是经营手段。

数智时代品牌成长的趋势

第一，"品牌行动"主义，我们呼唤价值观产品出现。

科特勒先生在《品牌行动主义》一书中强调："品牌不能够只闷头赚钱，不能够只展现产品多好，一定要在困难的时刻关爱顾客，形成价值观的共鸣。品牌应该有这样的引领性，像联合利华、星巴克、万科、鸿星尔克、耐克等都属于这类品牌。"

第二，品牌要从过去的传播性品牌转变为叙事性品牌。

过去的企业以洗脑式的方式进行品牌传播。如今，企业通过创造内容和顾客价值，帮助顾客更好地了解产品，实现品牌传播，这就是叙事性品牌。

这是个非常大的转变，过去在营销当中的很多词语，如抢占顾客心智、视觉锤、情感矛等都是对待敌人的词，相当于把顾客当成了一个猎物，企业营销是猎人，企业到处狩猎顾客，这体现了对顾客的极度傲慢。

今天的品牌不再是利用信息差的广告式的洗脑，今天的品牌是尊重顾客，学习顾客，和顾客共创，和顾客产生共鸣，所以必须改变过去的45 度角的"仰望式"品牌，从让别人崇拜变成亲密平等的朋友，体现在品牌上就是一系列价值观品牌、IP 型品牌，从产品品牌、公司品牌到场景化品牌，如 Lululemon、三翼鸟、卡萨帝、泡泡玛特、端木良锦等便在这方面做得很好。

第三，要形成结构化品牌。

品牌可以通过多品牌组合战略、专业聚焦布局方式等寻求出圈和存量增长。GE、强生、西门子、东芝便是企业品牌组合成长的代表，而元气森林、理想国、奈雪的茶、传音手机等，是从单一品牌向多品牌组合发展的大型增长。

第四，构建要素品牌。

科技和创新是当今世界的宏大叙事，科技专利必须进行品牌化，才能变成驱动消费者形成品牌认知进而购买的关键。如英特尔、徕卡、杜比、Mini Cooper、中创新航锂电池、GORE-TEX 便是代表性要素品牌。

无品牌，不增长

在数智时代，品牌已经不仅仅是一个静态资产，它已经变成了企业的增长引擎，从静态资产到增长引擎的升级，是数智时代品牌营销的关键特征，正如科特勒增长实验室导师、著名品牌专家空手老师指出的：
"无品牌，不增长！"

　　企业经营的根本是创造顾客，打造品牌。没有品牌，就没有增长。

　　我很认同何佳讯教授讲的一句话：**"品牌是超越企业家生命的，企业家留给他的下一代和社会的，不是专利、资金、土地，而是一个被挚爱的品牌。"**

　　品牌归根结底是我们对顾客的一个价值承诺，希望大家能够不断把价值承诺交付给我们的顾客，给爱我们的人，给我们所爱的人。

让品牌回归于"增长五线" ①

王赛

（科特勒咨询集团大中华及新加坡管理合伙人，增长战略总经理）

一句话来定义品牌

从增长的界面看，企业有很多增长方式，可通过渠道、产品或者客户等进行扩张，品牌是一种可以扩张的战略性资产。**从企业增长的角度讲，品牌是客户关系以及认知资产的总和，是一种资产增长模式。**

举个例子。10 年前，我给宝钢集团做顾问，宝钢的人问我怎么看过去 10 年宝钢的品牌发展，是增值还是减值了？我说按照国际评估机构的结果，这十年当然是增值。宝钢当时的总经理何文波先生说不对，因为同样是大型集团公司，华润从贸易做到了燃料、银行、电力等等，华润的品牌在不断裂变、创造价值和增长，而当时宝钢并非如此，品牌没有被激活。

后来，我们受邀与宝钢高层研究整体品牌资产战略，规划把品牌作为资产来增长。**把品牌作为一种资产增长模式，而不是作为广告、流量**

---

① 本文内容根据作者在 2019 年 5 月 10 日中国品牌日接受科特勒咨询集团官方公众号采访内容整理而成，有删改。

等浅层面的战术和工具，这才是从 CEO 和决策层维度来看品牌。

再按照我在《增长五线》一书中所提出的理论框架看，**如果涉及增长，品牌到底扮演着什么角色？是撤退线、成长底线、增长线、爆发线还是天际线？** 星巴克拿品牌做的是成长底线，品牌忠诚粉丝预付款占到星巴克一年销量的 1/4（超过美国 70% 的中小银行）；宝钢是拿品牌做增长线，撬动其他业务发展；还有一些公司，比如腾讯、阿里，则是以品牌为杠杆之一，赋能于投资企业，它们在追逐发展天际线！

从增长尤其是增长五线看品牌，视角会完全不一样。

做好品牌建设的关键

根据我前面给出的定义，**第一，企业要建立跟客户之间的关系。第二，要让客户对你有所认知，让客户知道你能创造什么价值。第三，要明确自己的核心定位。第四，要清楚自己能够拓展出哪些认知资产。第五，要明白资产的扩张路径。**

什么是好品牌？

第一，企业要牢牢占据价值的品类，品类是定位的精髓，但定位不是品牌的全部。 联想对 Thinkpad 最大的战略错误，就是丢失了"Thinkpad= 商务人士第一选择笔记本电脑"这个品类定位。所以这 10 年来，苹果、微软 Surface 在这个品类不断蚕食市场。按照增长五线的思维，这叫作品牌的成长底线丧失。丧失成长底线，后面的扩张，表面上是加法，实则全部属于削弱品牌优势。

第二，光形成品类还远远不够。定位、品类战略并不是品牌的终结，

而只是开始。定位解决的是"认知"，但是不解决品牌"偏好"，偏好要围绕定位和品牌的核心价值形成"品牌认知图谱"，依据品牌认知图谱进行增长线的设计。

第三，品牌要跟客户进行数字连接。耐克、阿迪达斯 15 年前在中国市场基本是平分天下，两者区别不大，但现在两者的品牌路径区别就很大。耐克通过 Nikeplus 建立了运动社群，通过社群所产生的数据成为一家数据型公司，跟客户时刻连接在一起，品牌形象反映认知，而数字化可以折射行为特质。你的品牌是停留在传统定位时代，还是数字化连接时代，这个段位是不一样的，它决定你的品牌能不能有爆发线。在今天，没有数字化基因，就不可能有爆发线！

第四，更高层面的品牌，是触及增长五线中天际线的，叫作品牌池。所谓品牌池就是能够孵化品牌的品牌。我是"零距离"看海尔进行品牌革命的，张瑞敏先生把海尔品牌定义为"生态品牌"，实际在某种意义上就是"品牌池"。生态品牌给予业务提供"四大权益"——信任权、准入权、进化权、利润权，试图让品牌资产全面激活。为了保证生态品牌的落地，海尔内部把财务领域的传统三表（资产负债表、利润表、损益表），进化成生态品牌时代的新三表（企业两元表、生态价值表、用户乘数表），使生态品牌从理念走向价值量化，与传统三表不同，新三表更能反映出业务的持续价值、多元价值和利益相关方价值，比如如何赋能，如何互为依托，如何共生、互生与重生等。

当下中国企业在品牌塑造上的误区

第一错，把品牌简单理解为打广告或者做传播，甚至降低到写文案、做视觉设计。这种讨论不是 CEO 决策层应该讨论的层次。企业家应该离市场增长战略顾问近一点，广告只是一种执行艺术。换句不恰当的比喻，一场大战，你先要定的是主帅，其次才是挖地雷的工兵，可是很多企业往往本末倒置。

第二错，认为品牌等于定位。"现代营销学之父"菲利普·科特勒对我说过这样一句话："定位是品牌的一部分，但是要构建品牌，远远不止定位那么简单。"我自己对定位的判断是，很多定位陷入了陷阱和魔咒，比如说很多人采取定位方法，得出来的竟然清一色都是"某某行业领导者""销量持续领先"，这是很浮夸的事。

定位不是不对，但更多解决的是消费者认知，不是偏好，有谁会因为你"销量持续领先"就喜欢上你？品牌最关键的是要构建偏好和认同。

还有这些尴尬的"某某行业领导者"的定位，都清一色变成该品牌的 Solgan（口号）。如果这个公式成立，耐克应该说"运动服饰行业的领导者"，而不是"Just Do It"；阿迪达斯应该说"销量遥遥领先"而不是"Impossible is Nothing"；苹果应该说"智能手机领导者"而不是"Think Different"。如果定位如此展开，这些伟大的品牌都不会存在。

我的解决方案是：定位解决一箭穿脑，但是定位远远不是品牌，品牌要解决一箭穿心。二者不能混为一谈。

第三错，品牌和市场增长战略脱节。很多公司拿同一套打法复制到不同类型的行业，比如说 ×× 瓷砖疯狂打广告，但是，瓷砖并不是一个高频型的产品，它不像快消品，快消品作为高频型产品，在传播上或者说广告投入量是最大的。我要是操盘者，我会把 ×× 瓷砖的广告费用投入渠道精耕或数字化转型。

然而，真实情况是，这种乱烧钱的公司太多了。作为 CEO，需要问问自己，弹药上到了枪口上吗？有清晰的增长布局吗？

中国企业在品牌塑造上需要从三方面入手

第一，品牌塑造要帮企业和企业家完成一套"话语解释体系"。因为他们早已超越了产品品牌的成功，试图拿公司品牌来布局增长，他们要的是增长线、爆发线，乃至天际线。比如碧桂园，以前只是做地产，后来才扩展到了金融、物业、产业业务。对于这样的企业，原有的定义无法覆盖业务拓展后的"新公司"，其品牌资产的核心，即把公司价值做到利益相关者可以理解，传递出新的"话语解释体系"，帮助企业建立势能，实现市值的增长，我们也称之为"品牌化市值管理"。10 年前，我们给中航国际做顾问，就是帮助企业家解决这类问题——多元化集团在香港市场上市后如何被机构认可？如何用品牌在资本市场上把原有的价值重构出来？我们操盘完这家上市公司品牌后，李嘉诚先生亲自投资了这家公司。

第二，基于增长战略，品牌塑造要区分不同层面的品牌，不同层面打法完全不一样。第一层是产品品牌，最重要的就是产品品牌的定位。第二层是业务品牌，比如海尔金控。海尔金控是一个什么样的品牌平台，它的特质是什么，它下面有哪些业务线。这叫作业务品牌，涉及品牌之间如何增值、细分市场如何增长。第三层是公司品牌、集团品牌。第四层，也就是最上面一层，是生态品牌。层级不一样，增长维度不一样，做法必然不一样！另外，分清层次后，就再回到"增长五线"，这个层面的品牌是拿来做什么的。上兵伐谋，其次伐交，再次伐兵，最后攻城，不要一出来就子弹横飞！

第三，要有一套品牌管理系统和工具。有人说宝洁品牌管理好，GE品牌管理好。实话讲，不是因为其中某个市场管理高层厉害，厉害的是整套系统。你的品牌管理形成了一套可以自我调节、自我增长的系统了吗？

　　根据增长五线，构建品牌意图；根据品牌意图，设置品牌战略；根据品牌战略，架构品牌系统；根据品牌系统，建立传播触点和内化系统。但是，我看到 90% 的公司是从传播开始做的，因为他们不懂得从 CEO 的角度考虑问题，于是品牌部被弱化为边缘部门！

品牌建设在当今数字化时代最大的挑战

　　数字化时代，**品牌第一是走向量化，第二是走向参与**。

　　第一，走向量化。数字化时代客户关系在变化，在互联网的普及下，品牌可以跟客户在线上无限连接。品牌的触点管理跟之前完全不一样，这是动态改进。比如优衣库最近几年做了很多数字化的工具，可以根据消费者的数据推送个性化信息。之前它们推出了一个屏保，很多人下载。每到某个时间段，屏保就会播放穿着优衣库产品的人的跳舞视频——围绕着消费者的生活把自己的品牌植入进去，这就产生了连接。**企业要把触点连接化，把连接数据化，把数据客户关系化**。

　　第二，走向参与。比如星巴克以前在不同国家当中推出的主流产品是一样的，有一些细分性的产品不一样。那怎么了解产品是否受消费者喜欢呢？它通过一套会员体系，提升跟客户之间的黏性，把客户弄到线上，品牌与消费者不断产生交互，这个社群叫作"Starbucks idea"。所以有次雷军说，互联网赋能参与，参与的本质就是发起"人民战争"。

　　量化与参与，是数字化时代赋予品牌增长的红利，这些远远超过一个认知的简单概念，它何止影响认知，它还塑造行为。

　　数字化很重要，但是我又得跳出 200% 来提醒——"工具理性"必然让渡于"价值理性"。我补充一个故事，4 年前我在东京见到菲利普·科特勒，给他讲我的数字化营销 4R 模型，他听后非常高兴，但是反复语重

心长地提及 —— 数字化最大的"阿喀琉斯之踵"在于：数字化是一门技术，而人是市场的主体，所以他特别担心营销界出现一个倾向，即技术主导，人文倒退。

今天来看，真正运用数字化取得持续性成功的公司，背后必然有"人的哲学"，而非把数字化变成营销的"终极机器"。这正是回到康德所问：孰为目的，孰为手段？

品牌建设是一项系统工程，品牌竞争是体系化竞争

很多公司每三年会进行一次定位或者品牌愿景的调整，这太可怕了。好战略当中有一个很重要的要素，就是能变成时间函数。时间本身是一套算法，哪怕每一招出得都很钝，就跟郭靖一样，花 10 年时间降龙十八掌也能练成。

体系化就是做事有章法，有所为有所不为。电影《色戒》的英文翻译为 Lust Caution，Lust 表示诱惑和欲望，Caution 表示要小心翼翼。对于企业家来说，色就是欲望，很多企业家还在挣钱的层面，没到品牌的欲望。如果企业经营计划是解决 1 年内的问题，战略解决 5 年的问题，品牌就是解决 10 年甚至 50 年的问题。Caution 就是戒，最好的品牌哪怕每一招都做得没那么创新，但是坚持大方向，最后胜者为王，就是在"戒"的管理上做得好！"色"与"戒"，本身就不是二元对立，而是二元合一！

关于具体的战略和策略思路，我前面讲了很多，比如回到企业家的视角，回到增长战略的视角，进入"增长五线"的视角等。但是最终，作为企业家，你有没有"色"（Lust），有没有"戒"（Caution）是很重要的。所以最后，我把"色戒"（Lust Caution）这个词语，送给真正有品牌梦想的企业家们，愿你们对自己的品牌有热泪盈眶的赤子之心，并不忘戒律！

用对品牌双螺旋
打造你的"真品牌"①

王赛

（科特勒咨询集团大中华及新加坡管理合伙人，增长战略总经理）

鲁秀琼

（贝恩咨询全球专家合伙人，可口可乐中国区前 CMO）

老者败于趋势，新手败于常识，这是近几年数智时代传统消费品和新消费品面临的不同问题，也是 2023 年后以元气森林为首的新品牌反过来去学习传统大品牌的市场营销方法，而传统消费品品牌在不断拥抱数智化的原因，两个阵营都意识到——只有方法论不断融合，才能建立"真品牌"。

从微观市场营销上看，目前营销业界品牌领域存在着两个对立的阵营：广告人热衷的"创意派"和提倡效果营销的"技术流"。20 世纪 60 年代，神经生理学家保罗·麦克莱恩提出"三位一体的大脑"假说，即人有三个大脑——"反射性"大脑、"情感"大脑和"理性"大脑，三位一体，这就决定了成功的市场营销必须由情感驱动和数智赋能双向融合推

---

① 本文首发于《哈佛商业评论》，2023 年 5 月刊。

动。这也是"以人为本"的营销本质。

伯明翰大学品牌营销中心主任莱斯利·德·彻纳东尼则发现关于品牌的理论以及出现多样性的特质，并将多样性分为三类——输入视角、输出视角以及时间视角。输入视角强调企业指挥资源以影响客户，比如品牌的标识、定位、个性、附加价值等；输出视角立足消费者对品牌所产生的感受，比如品牌印象、关系等；时间视角则是从品牌演进的维度进入，看到品牌形成与演化的过程。他总结道："如果一个品牌仅是输入观点或输出观点，同时缺乏演化的逻辑，那企业将得到一个不平衡的品牌战略。"这也说明品牌方法论需要在新时代融会贯通。

在数智时代，秉承人文感性和科学理性相融合的理念，全新的品牌双螺旋理论被提出，将生物学中的 DNA 双螺旋形态引入品牌操作。

品牌双螺旋理论系统化地梳理了品牌的五个层面：数字化时代品牌塑造首先必须由价值观引领，智情双螺旋驱动，在使命初心、用户满足、市场破局、品牌升维、全域链路五大层面步步为营，这些共同构成了品牌的商业 DNA 和长期价值。正如科特勒在《营销革命5.0》一书中所说："应用更智慧的营销科技提升整个顾客旅程的价值创造。"品牌双螺旋理论主要针对的是消费品品牌，它从以下五个层面塑造或重塑品牌，驱动业务新增长。

图 4-7 品牌双螺旋理论模型

层面 1：使命初心

这是品牌双螺旋的顶层要素，也是品牌的定调势能点。品牌起始于一个价值承诺，使命初心存在的意义就是确立品牌明确的"价值理念"，明确划清企业行为准则"什么可以做，什么不可以做"，它可以帮助品牌建立一套完整的客户价值创造体系，引领公司获得独特的竞争地位。最重要的是，使命初心能够决定这家企业能否真正成为穿越周期与不确定性的领导企业。**使命初心是品牌存在的深层意义，亦是企业和品牌存在的终极原因。**

在过去的品牌理论中，往往以定位、品牌形象和整合营销传播，乃至数字时代的消费者旅程优先，偏向于消费者的行为决策，这些理论极少触及企业和企业家内核。耐克从提出品牌内核 Just do it，至今已超半个世纪；宾利创办人早年以在第一次世界大战中制造英国皇家空军飞机引擎而闻名，而 1919 年其在英格兰创立宾利的初心是"要造一台快的车，好的车，同级别中最出类拔萃的车"，这个信仰至今已坚持百年；苹果具备"改变世界"的颠覆式创新特质，亦来自乔布斯建立企业的初心——改变世界。

层面 2：用户满足

我们将其定义为品牌成长的破局点。从这一层面开始，品牌双螺旋理论的每一个环节，都呈现出一种并列式的结构，即由智、情两端共同驱动品牌成长。需求是一切营销与品牌的原点，决定了企业进入市场的选择。所以企业要从需求出发，并识别出此需求背后赛道的机会大小，以此进行取舍。

从大传播时代到数字时代，不仅信息传播的媒介和渠道发生巨变，整个营销领域都迎来全新变革。大传播时代，品牌与消费者之间的交流就是一场又一场单方面输出：品牌提前为消费者们预设好各种需求区分，给出具体产品指引，再使用媒介推广，这样的交流模式决定传统营销更多由细分目标人群着手，先找出不同消费群体的特质，再逐个推测他们可能存在的需求，经典的 STP 理论应运而生。

数字化时代的需求不仅来自特定的人群，更是这些人群购买与使用产品的具体情景，此时品牌如果希望消费者认知、交易、关系三位一体同时发生，就必须**从"以消费者为中心"细化到"以消费者的决策／使用为中心"**，以结果为导向，找到具体场景中的问题，解决它的同时实现高效转化。我们将这种"给定的环境"定义为消费者时空切片，其本质是消费者某时某地身处的微观博弈环境。由此，企业就可以从管理隐形的消费者任务升级为管理显性的消费者时空切片，也就能够对时间切片进行发现、选择和评估，形成一套体系化的方法。

在这个层面中品牌会进入场景下赛道容量的计算。传统环境下，赛道的定义比较狭窄，就是指产品聚合而成的"品类"，而大的品类组合在一起又构成我们所说的行业。是否进入某个行业或者某个品类，是投资人需要判断或者企业家需要决策的核心问题，市场营销中将其称为市场进入战略。数字时代赛道的定义发生了变化。赛道不再由产品决定、行业决定，甚至不是由市场决定的，而是真正从消费者的需求出发，从情景中、从消费者的时空切片中挖掘出来的，不同情景下的需求的集合叠加出新的赛道的容量。

层面 3：市场破局

直到这一层面，才真正能确定品牌和产品的方向。在上一层赛道容量满足的前提下，我们要再回到心智层面去看品牌是否拥有机会，然后再在此基础上去设计产品，这就是品类破局的双螺旋："心智占领"和"产品设计"。前者从微观窥见消费者的心智中是否还有余地植入品牌，以及帮助品牌重新定义需求满足的位置点，不同于原有的定位理论的品类第一性，我们这里是要建立"场景－任务型"的心智第一性。在"心智占领"之后，我们再将其转换为产品设计，完成"需求－品类－产品"的闭环。

所谓"心智占领"，是从微观探视消费者的心智中是否还有空间植入品牌，建立心智第一性，即此品牌是否能在某种心智唤醒下成为消费者的第一选择。如果说赛道解析的是需求空间的大小，那么心智占领看待的则是在其需求区间下，品牌可以产生的机会。如今数字经济下消费者选择与购买品牌往往是被置入在场景中，品类往往是跨界打劫的，所以要转化为建立在需求场景中的某种解决方案的第一——某个情景（消费者时空切片）下，消费者任务完成、需求满足的第一联想品牌，第一性选择的心智如今需要建立在场景 JTBD 的品类中。也就是说，如果一个品类不能以消费者实际的待办任务为基础，这个品牌即使在心智中变成某个品类的代言词也没有市场意义。

双螺旋在"智"一侧定义了清晰的心智定位，还需要另一侧的"情"产品设计共同作用。苹果手机是数智时代产品变成"产品＋体验＋系统"的典型案例。其体验和系统构成产品设计的底层逻辑，同时产品设计又与双螺旋左侧的心智占领相互协调一致。另一个熟知的定位案例是王老吉。从"怕上火，喝王老吉"这句曝光度最高的品牌口号（定位语）来看，消费者买王老吉并不是因为它是新品类，而是因为其满足了顾客的需求，如果按照品类定位的逻辑，品牌口号应该是"最能预防上火的饮料"，从操盘者的学理逻辑上看，"怕上火，喝王老吉"是一个典型的"场景－消费提示关联"，它不断提升客户在 JTBD 下的第一性，这也是早期王老吉市场起盘时区域上是广东市场、餐饮端是火锅市场的原因。在一系列市场营销战略（公关、终端战略、渠道等）下，王老吉变成凉茶领导者，这是市场竞争的结果。

层面 4：品牌升维

"品牌维度"和"结构体系"是新登场的又一组"双螺旋"，前者是"情"层面的内在价值，后者是"智"层面的理性逻辑。二者叠加，帮助新品牌完成了从价格导向到价值观引领的升维突破，真正构建有价值的品牌。在"情"维度，我们提出了新品牌五维度，以区分出白牌、厂牌、名牌以及真品牌。新品牌五维度是指：价值高度、人设温度、场景强度、记忆深度和关系厚度（见表 4-1）。

表 4-1 新品牌五维度对应的问题

价值高度	你的品牌价值是什么？
人设温度	你的品牌原型是什么？
场景强度	在何时何地，你的品牌会成为消费者心中的首选？
记忆深度	你的品牌是否拥有让人记忆深刻的感官符号？
关系厚度	你想和消费者建立起怎样的关系？

新品牌五维度试图在数智时代实现了这样一个新平衡——价值高度拉升品牌势能，人设温度降低沟通成本，场景强度提升交易能力，关系厚度造就可持续能力，记忆深度指向感知结果，五维度既可以作为一种回顾性的检测指标，也可以作为一种前置性的规划策略。

而在市场实践中一家企业的业务往往不是由单一品牌构成，于是理性逻辑上我们面临品牌体系的选择与优化——比如需要多少个品牌，新品牌与原有品牌处于何种关系，不同品牌在市场战略下扮演何种角色，这些都是结构体系"智"层面需要回答的问题。随着企业品牌成长以及业务的发展，单一品牌逐渐难以满足用户需求和市场需要，此情况下企业常常面临以下问题：

1. 是发展新品牌，还是用原有的品牌来覆盖新业务？

2. 企业需要多少个品牌？

3. 不同品牌之间如何形成合力？战略如何取舍？

4. 不同品牌关系是怎样的？如何设计公司品牌与子品牌之间的架构？

这些问题都是企业品牌决策中的典型问题，其处理的核心是品牌关系，或者正如我们在品牌咨询中所用的词语"品牌结构"。品牌结构设计的目的是理清品牌之间相互作用的方式，定义品牌组合，开拓不同的产品线并设计、营销不同的品牌（包括对品牌进行组合分类，定义各品牌角色、战略作用，设计品牌层级结构、规定标识图形使用规则等），以赢得不同的细分市场并形成企业整体合力。其中品牌组合问题（不同品牌如何形成市场增长合力）以及品牌架构问题（不同品牌之间的识别驱动关系是什么）合在一起，就是我们品牌双螺旋理论所涉及的"结构体系"。品牌结构不但梳理出企业内部业务群体或产品类别之间的从属关系，更决定了企业业务在不同目标市场上的优先级，以及资源和精力的管理。合理的品牌架构，才能从整体上实现公司品牌的增长并有效防止原有品牌的市场弱化。

层面 5: 全域链路

这是我们触达消费者的"最后一公里"。历经使命初心的底层建设，用户满足的需求探索，市场破局的价值判断与品牌升维的情感化塑造，最终要做的就是通过整合链路直接触发购买按钮。"内容播传"和"链路贯通"是这一层面的"双螺旋"。链路是数字时代品牌落地的新逻辑，如果说整合营销传播是为了占据消费者心智，那链路就是要直接影响数字时代消费者的决策与行为。二者之间有效连接的渠道，终极目的就是打造营销动能点，促进用户消费决策。

链路亦是数字时代营销中最热的一个词语。今天兴起的新兴品牌，无不拥有数字化全域运营的基因。同时，对于品牌主，营销费用的投资是真问题，而营销传播效率的度量却是圈内当世难题。中国营销界发生过所谓"流量广告 VS 品牌广告"之争，而真正的现实是，流量与品牌之间并非对立。而对于平台商，尤其是不同互联网公司（腾讯、阿里、抖音、小红书等），都基于自身的数据平台，提出基于自身链路的营销传播方法论，这些方法论对于传统时代的品牌投入模式有待升级，但是不同的平台由于数据维度不同、在消费者旅程中扮演的角色不同，使得百家争鸣，企业可能需要一个更大视野的"消费者—数字驱动全景"。

在我们看来，链路有五条：**消费者心理链路、消费者行为链路、企业行为管理链路、媒介管理链路、营销效率测量链路**。五条链路需要系统一致，比如媒介管理的链路，需要和消费者心理、消费者行为两条链路匹配，如不匹配，在线下不管投放多少广告，也会形成"链路不连"，无法有效驱动消费者购买。同时，在真实的营销中，要将以消费者为中心转向以消费者决策为中心。如果链路上的按钮设计不指向消费者决策，那只有自娱自乐的意义。从影响消费者决策行为的环节入手来谈链路，企业所谓的"品牌广告 VS 流量广告"才可以有的放矢。

以上五个层面共同组成"品牌双螺旋"，每一层面都分别对应一个品牌塑造过程中的核心问题——**市场营销学始于经济学与行为学，**这两者正好是理性与感性交融的产物。品牌既需要大创意，也需要对消费者决策路径的理性研究。对处于不同发展阶段、催生不同成长需求的品牌，品牌双螺旋都将有所增益：对长青品牌而言，品牌双螺旋强调以人为本，助力企业重塑新时代的需求赛道和营销链路；对传统品牌而言，品牌双螺旋将启发如何重新学习，思考顶层设计、建立品牌价值、学习链路打法；对新兴品牌而言，这套体系将详细拆解如何通过初心驱动，以消费者行为为核心，理解品牌蓝图、梳理品牌体系，最终筑造可持续的品牌护城河。因此，用对我们新提出的品牌双螺旋理论，企业家、创业者和营销人员可以开启其"真品牌""好品牌"的基业长青之途。

首席增长官的品牌修养：
三种风格的品牌家

乔林

（科特勒咨询集团大中华及新加坡管理合伙人，品牌战略总经理）

2017 年 3 月 23 日，可口可乐宣布在马科斯·德·昆图退休后，将不再设立全球营销官，而是在此基础上，合并顾客、商业领导力和战略职能，创立新的首席增长官，向 CEO 直接汇报。从新设立的首席增长官的职能中可以看出，企业更加重视"市场与顾客"在企业发展中的整体引导和推动作用，将营销从传播、公关、促销等执行层面提升至公司整体战略的高度，并通过组织架构的创新进行落实。虽然未必每家企业都要设置一个独立的首席增长官的职位，但我们相信越来越多的企业会更加注重从企业"增长"的维度去重新整合企业的内外部工作。

随之而来的问题是，新的首席增长官如何在新的高度去发挥应有的作用，以及企业如何更好地去理解与实施增长。我们认为应该充分发挥"品牌"的全局性作用，将品牌打造成公司增长的战略性引擎，去整合和支撑企业的各项市场增长策略。

三种类型的首席增长官：用品牌去定义

企业的品牌运作是最能体现企业市场竞争意识的领域，也是最能体现企业高管市场增长策略风格的管理工具。在为中国企业提供企业品牌战略的过程中，我们通过品牌的独特角度，将企业的市场增长策略与风格分为三种类型：**品牌知本家、品牌资本家与品牌智本家**。

	❶ 品牌知本家	❷ 品牌资本家	❸ 品牌智本家
	为顾客创造精神价值	从品牌资产到品牌资本	用品牌推动变革
特点	· 系统构建与传递"品牌知识体系" · 通过品牌活动创建"精神价值"	· 系统构建与传递"品牌知识体系" · 通过品牌活动创建"精神价值"	· 用品牌活动联动企业与外部市场 · 用品牌活动推动企业战略变革
增长手段	· 品牌认知度 · 品牌忠诚度 · 品牌性溢价 · 基于品牌知识的产品线延伸	· 基于品牌知识的多元化业务延伸 · 品牌连锁与加盟 · 基于品牌的联合与收购	· 善因营销 · 更明确与高效地实现内部活动与顾客价值的转换 · 更友好的社会资源吸引力
案例	耐克、米其林	麦当劳、宝洁	通用电气、沃尔沃

图 4-8 三种类型的首席增长官

1. 品牌知本家：为顾客创造精神价值

凯文·凯勒经典的顾客角度的品牌资产模型 CBBE（Customer Based Brand Equity），将品牌资产定位为**"由于顾客的品牌知识导致的对营销活动的差异化反应"**。品牌知本家重视系统建立品牌知识，善用顾客的认知习惯，围绕品牌的核心内涵，通过视觉、听觉、嗅觉等去塑造关于品牌的各种信息集合。当你想起麦当劳这个品牌名称时，你的脑海里就会呈现出各种信息点：金黄色灯箱上的巨大 M 字、巨无霸汉堡、明亮与干净的用餐环境、孩子的生日聚会……这些信息点就构成了麦当劳在顾客心中的品牌知识。

这是麦当劳通过丰富多彩的市场传播和体验活动，多年持续向顾客进行传递的结果。因此，规划品牌的知识体系，并植入顾客的心智就成为品牌知本家的核心工作。

（1）创造无形价值：品牌消耗资源，创造独特价值

正如企业消耗原材料、人工以制造产品一样，品牌也需要消耗资源来创造独特价值。真正的品牌知本家，会通过顾客心智中建立的"品牌知识体系"，创造各种无形价值，去丰富企业传递给顾客的价值组合。为顾客创造产品提供物理和理性价值。品牌在有效传递和表达产品物理价值的基础上，自身更创造和具备了无形和精神价值。这些无形和精神价值包括个人价值观、情绪与个性、社会重大问题关注等等，是能满足顾客精神需求的价值。从某种意义而言，**品牌知本家能为顾客创造"精神消费品"，而非简单的"功能使用商品"**。正如企业的制造部门生产有形产品一样，品牌知本家为顾客创造无形价值。耐克为顾客提供的是提高运动表现的优质运动装备。与此同时，耐克也为顾客创造一种率性、自我和突破的精神价值。因而，耐克为顾客提供的是一整套从身体到精神的价值组合。

虽然工业品行业属于专家型购买，但无形价值在工业品行业仍然发挥重要作用。欧美的领先工业品集团都高度重视"公司品牌"活动所创造的社会价值与行业领导力。

产品　　　　　　品牌　　　　　　　市场提交物
（有形价值）　+　（无形价值）　=　（Market Offerings）

图 4-9　品牌与产品的关系

(2) IP 化无形价值：像经营文化产品一样经营品牌

好品牌的背后一定有一系列好故事，好故事具有成为 IP 的潜力和价值，而好的 IP 自带流量，赋予了企业更具互动和生动的品牌无形价值。品牌知本家需要具有 IP 意识，需要像经营文化产品一样去经营企业的品牌。在社会化沟通的年代，企业需要将产品和企业的无形价值，通过文化产品的制作方式，形成更具情节化、人格化和系列化的"品牌 IP 产品"。通过更具情节化的场景，顾客在非商业和功能的场景下，仍能愉快地接触和回忆起品牌，以及品牌所对应的公司、产品和服务。品牌 IP 化经营的形式多样，包括企业的吉祥物、形象代言人、文体赞助、企业旅游及企业博物馆等。好的品牌及其故事是人类发展过程中的宝贵财富，具有穿越族群、文化与时空的力量。

虽然根据中国会计准则，企业的市场推广类成本被计入了销售费用，成为企业的成本，但品牌知本家所创造的"品牌价值"将计入顾客的"心智账户"，品牌在心智账户的表现，将直接影响企业的销量和盈利能力。

2. 品牌资本家：从品牌资产到品牌资本

在品牌知本家活动的基础上，品牌在顾客心智账户中积累了丰富的"资产"。品牌资本家以此为增长杠杆，在商品和资本市场进行整合与延伸：

(1) 品牌化的市场拓展

品牌资本家会基于品牌资产探索产品线延伸，而非简单基于生产与资源的便利进行产品线延伸。基于"顾客品牌知识接受度"的产品或业务延伸，能更好地获得顾客的认可，极大降低了企业进入新领域所产生的风险。

（2）品牌化的资产整合与联合

凭借具有强大顾客吸聚能力的品牌，整合有形资产，以低成本、低风险的方式迅速扩大企业规模。企业的连锁加盟与特许使用经营就是最好的范例。但成功的品牌化资产整合，需要对整合后的运营品质进行严格的管理，确保规模化后的经营仍能支撑品牌承诺。具有相似顾客群体、相容品牌调性和价值观的品牌，可以通过跨界联合的方式进行品牌运作。这既交叉开发了各品牌的顾客资产，也为彼此的品牌增加了品牌联想和背书。安卓与雀巢合作生产安卓品牌形态巧克力，奔驰与阿玛尼跨界合作特别版 SLK 敞篷跑车，表明品牌跨界整合具有广阔的发挥空间。

（3）品牌化的资本运作

随着市场竞争环境的变化，新品牌的发布成本越来越高，但即使投入了高成本，品牌的成功率却越来越低。自 20 世纪 80 年代以来，在欧美市场兴起的并购理念发生了重大变化。企业不只看中并购中的有形资产，同样重视并购对象的品牌心智资产状况。品牌资本家通过对目标市场中具有理想"品牌知识"的外部品牌的收购，能较为顺畅地进入新的市场。在中国企业国际化的过程中，"中国制造＋国际品牌"成为短时间内克服认知障碍，顺利进入高端市场的有效实践。2005 年南汽收购英国罗孚，中国动向在 2000 年前后向意大利 Kappa 买断了内地和澳门的经营权，这些都是在充分考虑品牌资产基础上的品牌化资本运作。

品牌资本家以资产的视角和资本的手段来运作品牌，重视品牌资产的稀缺性，发挥品牌资产的杠杆作用。所以，品牌资本家应具备战略视野，综合运用自建品牌与外部获取品牌的方式，协助企业跨越进入新市场的风险区，持续推动公司的增长。

3. 品牌智本家：用品牌推动变革

品牌智本家是指将管理智慧与品牌优势融为一体的企业家。因此，在品牌智本家的眼中，品牌不只是企业进行外部竞争的利器，更是企业家进行战略管理的重要而独特的工具。根据我们的实践和研究，品牌至少具有三大战略管理的作用：

（1）推动企业变革

公司和集团品牌规划活动，有效诠释了企业的战略变革方向，并就未来企业运作和创造的顾客价值进行了广泛的内外部传播。所以，一句看似简单的品牌口号背后，是品牌智本家对公司业务本质和竞争理念的深刻理解。2001 年杰夫·伊梅尔特接替杰克·韦尔奇，成为 GE 第九任首席执行官。杰夫·伊梅尔特上任后，面临着不同于前任的经营挑战。为确保 GE 在新的时代获得持续增长，杰夫·伊梅尔特将公司未来的发展方向确定为"能解决全球重大问题的技术与创新"，如清洁能源与纳米技术等。杰夫·伊梅尔特也一改韦尔奇时代热衷通过兼并收购获得增长的做法，强调通过企业自身的成长和创新获得发展。为推动企业变革，杰夫·伊梅尔特于 2003 年启动了新的公司品牌战略项目，用"Imagination at work"替换"We bring good things to life"（见图4-10），作为新的品牌口号。但在对外发布前，杰夫·伊梅尔特通过广泛的内部品牌互动和沟通，让 GE 未来的战略变化更好地为内部所理解和接受。

韦尔奇

We bring good things to life
我们为生活带来美好的事物
CEO 任期：1981—2001

- 通过展示 GE 的技术和多元化产品对人们生活的改善，使多元化和抽象的企业形象更清晰和人性化

- 聚焦在顾客利益上

伊梅尔特

Imagination at work
梦想启动未来
CEO 任期：2001—2017

- 通过高科技、创新和当代品牌宣传展示出 GE 创新的一面

- 消费者、股东与员工都参与其中

图 4-10 GE 的公司品牌变革：从韦尔奇到伊梅尔特

（2）言行一致：品牌与企业文化的一体化管理

我们在为中国企业提供咨询服务时发现，企业会时常失去管理和决策方向。顾客和市场竞争虽然被企业高管挂在嘴边，但在涉及企业内部管理时，由于没有清晰的外部指引，导致企业经常以内部便利和习惯为依据。为克服这个困境，沃尔沃集团进行了有益的尝试，将品牌核心价值（Brand Values）、顾客价值（Customer Values）和组织核心价值观（Organizational Values）进行协同，实现了 3 个 Values（价值和价值观）的协同统一。"安全"（Safety）是沃尔沃集团品牌的核心价值，是沃尔沃集团承诺提供给顾客的核心价值。这也是沃尔沃品牌在高端市场中最具差异化和个性化的品牌核心价值。而为实现品牌差异化，沃尔沃集团在企业文化体系中，同样将"安全"作为企业核心价值观，这就确保了企业的每个行为都在以为顾客实现"安全"为目标。

图 4-11 沃尔沃集团的品牌文化一体化管理方式

（3）社会声誉与雇主品牌

可持续发展与社会责任成为全球企业的日常实践。品牌智本家将企业的创新、效率与能力转化为与环境、与社会的和谐发展。这将有效地协助企业，特别是跨国企业，获得所在地的好感与支持，避免因为文化差异和陌生造成市场偏见。这对日益国际化的中国企业有着特别的战略意义。

随着知识经济时代的到来，人才成为企业争夺的焦点。如何与现有及潜在员工建立良好的关系，如何通过员工主动传播公司品牌，将成为品牌智本家进行企业组织建设的重要工具。

市场成长 品牌担当

市场永远是企业增长的核心动力，无论是资本市场、商品市场还是人才市场，首席增长官都可以运用品牌的理念和独特优势去开创新的经营之道。三种风格的品牌家之间不存在优劣和水平高低之分，而是将企业不同层级对品牌的关注点和运作方式进行了形象总结。实践中，品牌是首席增长官进行市场竞争的利器。首席增长官会将品牌规划与公司竞争战略规划进行有效协同，有效整合企业内部资源实践品牌承诺。因此，首席增长官不仅自身必须具备全面和深刻的品牌理念，还需要更持久和正确地培养公司整体的品牌意识，最终建立起品牌驱动型组织。

在供给侧结构性改革的背景下，中国经济需要更多的企业家，呼唤更多的品牌家出现，还呼唤更多的中国企业用品牌来推动、创造和承载顾客价值，实现由"中国品质"到"中国品牌"的飞跃。

AI 爆发时代
塑造科技品牌的八大原则 [1]

曹虎

(科特勒咨询集团全球合伙人、大中华及新加坡 CEO)

品牌是用户将你与其他企业区别开的根本要素。

品牌意味着我们比那些平庸、没有品牌的公司，创造了更加卓越的、更多的顾客价值。

围绕科技品牌，我总结了塑造高价值科技品牌的三个基石和八大原则。

塑造高价值科技品牌的三个基石

基石一：高效果

品牌首先要解决消费者的问题，高效、低成本地解决，或帮用户创造非常美好、难忘、独特的体验，这叫高效果。

这背后是品牌所代表的产品和服务能力。很多时候科技突破、创新，

---

① 本文内容根据作者在嘉宾商学第 11 季开学典礼主题演讲的部分内容整理而成。

反映的往往是我们能够比同行带来更加高的效果。

基石二：高信任

品牌价值非常重要的一点 —— 信任。

信任比高效果又更高了一个层次的价值。当你进入一个新的品类购买产品的时候，比如你要买一个非常重要的产品，你的决策很大程度上会受到品牌信任度的影响。

品牌充满善意，品牌价值上升一个维度，我们叫"可靠"，它来自能力，来自真诚，来自善意。这三者构成了高信任。

基石三：高宗旨

品牌创造价值的第三个基石是更高的宗旨，超越你所在的品类，超越你具体的产品。品牌的使命是什么？不仅仅是获取利润，更是要致力于解决某种社会问题，要致力于引领科技的进步，致力于为消费者带来更美好的生活，为你的企业级客户创造更好的顾客价值。

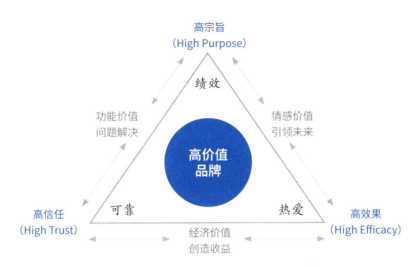

图 4-12 塑造高价值科技品牌的三个基石

一个品牌，它背后往往是有强大的价值观和愿景驱动的。

真正的品牌是引领性的，引领我们过上更好的生活，是对社会事物、对社会价值有明确态度的。

高效果、高信任、高宗旨这三者，构建了我们高价值品牌的三个基石，每一个基石，都对应着顾客价值第一，情感价值第二，功能价值第三。

八大原则

1. 凸显专业和专注

杰出的科技品牌，它们都有着非常明确的专注性和专业性（Specialization）。

科技品牌都会突出自身所在的领域非常专业，长期致力于某些领域，从而构建了非常高的竞争壁垒。它们通过研发、历史和客户来凸显专注和专业。

案例：小美炒菜机器人、GORE-TEX、创想三维、EcoFLow。

2. 打造独特性

今天的产品供应是过剩的，产品是非常雷同的，这个时候，塑造品牌的一个非常重要的特点就是产品如何与众不同。

独特性和差异化是构建任何品牌的基础。品牌差异化决定独特性。独特性都是和顾客价值相关的。

独特性的来源非常多。它可以来自产品独特的功能，来自产品的使用场景，也可以来自不同服务组合，甚至可以来自不同的情感故事等。

独特性可以说是品牌打造的根本性基础。

案例：Ginkgo Bioworks、飞书、特斯拉、蔚来。

3. 彰显鲜明个性

很多时候我们喜爱一个品牌，是因为我们喜欢品牌的个性，喜欢品牌处事的方式，喜欢品牌说话的方式。

品牌，通过拟人、通过情感链接、通过情感故事、通过价值观，帮助产品融入生活。所以这个时候我们需要像塑造一个人、打造人设一样去构建品牌的个性。

案例：AMG、特斯拉、大疆、O2。

4. 品牌传奇

每一个品牌，都要有一个签名版的品牌故事，我们把它叫作品牌传奇。

因为人们记住一个品牌，不是靠很多的数据、很多的传统广告，而是靠其讲述的经典故事。你可以想一下所熟悉的品牌，如手机、空调、电动汽车、软件服务等等，它们都是通过品牌传奇故事让你记住的。

代表：苹果、戴森、特斯拉、GE、元气森林。

5. 高可见度

To C 品牌的可见度往往来自什么？往往来自传统广告、植入，来自这些硬性的东西。

而科技类品牌需要塑造高可见度，它大多数是来自什么？来自内容营销，来自用户使用后的口碑和公关，而不是来自传统广告。

科技产品是数据化产品，它创造的真正价值，不是通过打广告吸引人们去购买，而是通过消费者使用之后的杰出体验，通过用户的口碑传播，从而实现品牌的高可见度。

内容营销是科技品牌塑造的关键，而体验的分享是科技品牌获得破圈的关键。

案例：谷歌、米其林、苹果。

6. 塑造领导地位

我们要在细分市场当中塑造垄断。

企业要在专业化细分市场上面形成某种垄断，如果品牌不能形成认知垄断，实际上是面对着同质化的竞争。

我们如何找到细分市场，用什么样的态度、内容和角度去实现垄断，给行业未来带来前瞻性的预测和指明方向，这就是领导者要做的事情。

案例：米其林、大疆、华为、玻尔、谷歌。

7. 价值观鲜明

好的品牌、成功的品牌都要有价值观。品牌沟通的价值在于什么？企业的存在，是让全社会每天生活的社区变得更加美好，而不是让我们的品牌成为一个掠食者，成为一个侵蚀者，不断地通过压榨供应商，通过污染环境来赚钱。

有价值观的企业，有价值观的品牌，往往能够形成更高的股东投资回报率。因为在价值观层面的共鸣，是最高层面的顾客共鸣，会带来更加忠诚的顾客。

案例：小米、联合利华、YKK、亚马逊、Facebook。

8. 使用体验

使用体验是科技品牌体验的核心。

今天的品牌不是靠传统广告打出来的，是顾客的口碑，电子化的口碑是靠内容而得来的。口碑来自卓越的顾客使用体验。今天，好的体验激发好的口碑，可以产生病毒性的传播。

科技品牌资产主要来源于顾客体验后的口碑分享，而不是传统广告塑造令人愉悦的产品。

案例：飞书、Adobe、谷歌、戴森、比亚迪。

"现代营销学之父"菲利普·科特勒先生经常讲："如果5年内你还在按照一样的模式做着一样的生意，你将会关门大吉。"

今天，在 AI 大爆发的数智时代，这句话无疑更加正确。因为变化太快了，留给我们的时间窗口越来越短。在一个不断更新迭代的过程中，保持竞争力的唯一选择，就是不断地重新创造自己，重新创造自己的方法，就是不断地学习、实践、反馈，再学习。

B2B 品牌塑造的 AI² 模式 ①

曹虎

（科特勒咨询集团全球合伙人、大中华及新加坡 CEO）

作为 B2B 行业的从业者，我们需要思考塑造 B2B 品牌的原因和方法。过去谈论品牌时，大家通常会认为品牌的情感价值和建立起来的情绪驱动溢价对 B2C 非常重要。

然而，B2B 主要关注经济价值销售驱动，强调可测量的投资回报率，以理性价值为驱动。

在这样的大背景下，为什么要打造 B2B 品牌？我认为这是一个非常值得思考的问题，这个问题的答案将帮助企业洞察 B2B 企业该如何有效增长。

在低存量时代，B2B 企业的增长引擎是什么

首先我来分享为什么要塑造 B2B 品牌。从宏观经济角度来看，图 4-13 呈现了 2020—2030 年的全球营销路线。

---

① 本文内容根据作者在"冬已去·春萌生：2023 年 B2B 营销人年度复盘与规划线上峰会"上的演讲内容整理，有删改。

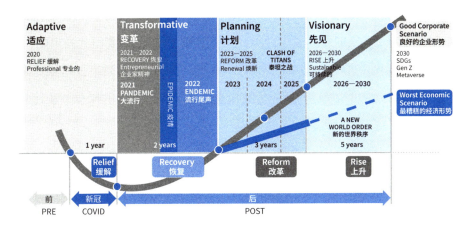

图 4-13 全球营销路线图（2020—2030 年）

总体上来说，2020—2030 年这十年全球的市场营销经历了三大阶段 —— 从过去的高速增长到下降触底，最后缓慢反弹。

这个反弹呈现出来的是 K 型复苏：高端和普惠的中低端产品，满足基本需求的产品会获得增长。而中等价位不具特色的品类和产品，会进入塌陷。

从过去各个行业普涨至今，我们看到各赛道、品类、行业都出现严重的分化。因此从 2023 年开始，我们进入高度分化、普遍缓慢增长的状态。在这样的格局下，过去的成功经验是高速增长，以获新客为主，不计代价地获取市场份额，实现高增长。这是过去很多企业追崇的目标，也是打造独角兽企业的基本方法。

但是，这些方法成功的前提是流动性充分以及处在高速增长市场中，增量是生意的主要驱动力。然而，当大多数行业都处于中低速增长阶段，**企业增长的主要驱动力不仅是增量，还来自全要素的精细化运营的存量优化。**

全要素的精细化运营的重点之一是颗粒性市场深耕和经营顾客，挖掘客户在钱包份额中的占比，打造顾客的终身价值，提升忠诚度。

在存量市场博弈中，追求全要素、高质量经营，在经营颗粒度、效率和效能增长的大时代背景下，品牌，**尤其是 B2B 品牌变得尤为重要**。

B2B 品牌能带来高效率的新客户获得，提升渠道渗透率，增强顾客忠诚度和复购率，以及提升各种 B2B 客户在采购过程中的赢单率和建立积极口碑，从而带动顾客终身价值提升和推动业绩增长。

因此，从 2022—2023 年，如果你对《财富》500 强以及胡润世界500 强榜单进行了简单研究，会发现其中一半以上的世界级卓越公司都是 B2B 企业，并且都致力于打造强大的 B2B 品牌。

这些公司都是穿越周期的，今天 B2B 企业增长的重要来源是品牌驱动。

科特勒咨询集团通过对过去 15 年全球权威期刊的研究以及自身咨询实证经验，认为 B2B 品牌是 B2B 增长的赋能者（Enabler），具体表现在其为卖家和买家创造了非常具体且可实证的价值。

B2B 品牌为买卖
双方带来的巨大
价值

对卖家而言，强大的 B2B 品牌显然是高质量的代表且提升了顾客信任度。

对买家的价值	B2B 品牌是增长引擎（Enabler）	对卖家的价值
更高的信任度		高质量的代表
减少风险和不确定性		差异化和独特性
增加满意度		更高的需求
更顺滑的决策		溢价
减少采购成本和总体使用成本		分销的影响力更大
提升自身的品牌形象		更好的商誉
		更高的客户忠诚度
		更高的客户满意度
		更高的客户终身价值
		客户更愿意推荐新客户

图 4-14 B2B 品牌为买卖双方带来的巨大价值

一个优秀的 B2B 品牌能更好地帮助企业建立差异化和独特性，减少客户认知难度，特别是对复杂产品品牌带来的决策便利性和信任度更高。同时，一个强大的品牌能帮助企业产品实现溢价，更高效地进入更多渠道，渠道合作性以及对渠道成员的影响力更大，企业会拥有更高的客户忠诚度、满意度和顾客终身价值。

品牌类客户由于信任你的品牌，会更愿意推荐新客户，从而带来口碑营销机会。

对买家而言，品牌产品可以增加他们对品牌的信任，减少决策风险和不确定性，提高满意度。品牌还能帮助减少采购成本和总体使用成本，提升品牌形象。由于 B2B 客户采用品牌产品（B2B 很多时候购买的是生产资料或者零部件），它是构成完整产品或者解决方案的一部分。

因此，品牌供应商有助于提升竞争力，帮助整机厂商更好地获得客户。

关于产品性能和客观事实的认知，即 B2B 品牌打造过程，它通过不断的营销活动、营销策略和营销投资，帮助目标客户注入品牌知识。

品牌知识包括品牌的特性定位、产品特征、市场活动和品牌联想。我们将这些称为品牌知识。通过不断为目标消费者、营销投资和营销活动注入品牌知识，让目标客户和用户产生对品牌产品的差异化认知，这是 B2B 品牌打造的价值和核心。

由于品牌知识产生的对营销活动的差异化认知，我们称之为 B2B 品牌资产。

黄金三角 AI² 如何打造 B2B 品牌

我为大家介绍科特勒咨询集团在全球采用的最新 B2B 品牌模型，是一个黄金三角模型，我们称为 AI^2。

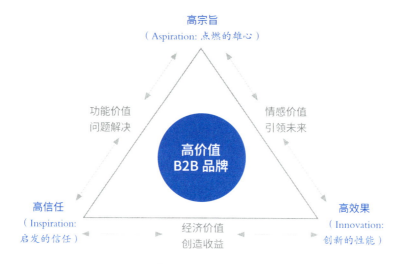

图 4-15 AI^2：数智时代 B2B 品牌成功模式

高价值的 B2B 品牌，必须具备非常明确和高远的宗旨，即 High Purpose。

高宗旨的目的是品牌需要为客户提供超越公司的具体产品和功能。随着技术的发展，产品和功能会不断迭代。作为一个持久的品牌，要不断地坚持与目标客户沟通，以及坚守品牌所做的承诺和初心。

AI^2=Aspiration+Inspiration+Innovation

A：Aspiration，点燃的雄心，这是企业致力于改变世界和市场的诉求。作为品牌，我们需要建立这种雄心并与目标客户沟通，帮助他们成为更好的自己。因此打造思想领导力和构建雄心是品牌存在的非常基础的价值。

黄金三角模式 AI^2

我们看到过很多品牌，例如特斯拉，它的品牌雄心是用新能源替代化石能源，苹果的雄心是敢为天下先。

I：Inspiration，灵感和启发，品牌能够具体地启发客户，给客户带来新的视角，通过自身的能力解决客户的问题，通过品牌的启发和善意，让客户对品牌构建善意的信任。

I：Innovation，惊喜和创新，品牌的成长来源于持续的惊喜和新鲜价值。通过创新带来更先进的性能，包括科学技术、商业模式、用户体验、材料工艺、包装和算法等方面的创新，以创造卓越的顾客产品价值，来支撑和交付品牌的雄心与信任。

AI^2 是一个高度抽象的框架，它指导企业如何理解和思考高价值 B2B 品牌的构成。我们构建高价值 B2B 品牌需要考虑的关键要素和维度，为企业发展指明了方向。

B2B 品牌塑造过程中的具体工作：识别重要顾客

图 4-16 中有一个简单的公式，其核心可以理解为将 AI^2 拆解到具体的营销触点管理、营销传播管理、销售工作与客户关系管理中。

图 4-16　塑造 B2B 品牌的核心工作

首先需要通过品牌的大理念、定位和个性来展现品牌的思想领导力、品牌的雄心、品牌的信任价值，用客户的语言、故事和真实的体验来表达品牌，而不是空谈和打广告。

塑造 B2B 品牌的
核心工作

这些表达创造的内容营销要通过营销活动，按照顾客的 5A 路径，在客户整个购买路径中，分阶段用不同的形态呈现，以影响客户的最终购买决策。

在图 4-16 的下方，分为品牌信息、内容营销、体验管理和关系营销。这是将内容、品牌领导力和大理念拆解，用客户的方式来表达。

需要特别强调的是，B2B 品牌的打造工作如同 B2B 的销售工作，**需要紧密围绕重要顾客的购买路径展开，而非随机。**

"谁是品牌最重要的客户"是品牌必须回答的问题，唯有如此，才能清晰地定义品牌的核心价值和品牌 AI²。

并非所有顾客都同等重要，我们需要选择最重要的客户来展开营销和品牌战略规划，定义品牌和产品。这样做的原因是品牌需要差异化和聚焦，没有任何平均意义上和一般意义上的顾客。只有最重要的客户才是品牌为之创造和奋斗的目标。其他并不重要的非核心顾客，他们会为产品而来，而我们不会为他们专门制作产品。这是营销中非常重要的战略思想。

在 B2B 环境下，我们应当"种树"

在 B2B 品牌塑造过程中，需要在 5A 环节融入内容营销、触点管理和体验管理等。在不同阶段，需要按照实现营销目标分阶段设置指标以衡量营销投资的有效性，而不是像今天大多数企业只衡量 A4 的销售转化率，这就是所谓的效果广告或者效果营销的衡量在今天还远远不够，它是滞后性和结果性的指标。

在 B2B 的环境下，我认为更准确的应该是将 B2B 企业的 A3（Ask）决策行为称为"种树"，而不仅仅是"种草"（"种草"非常适合 B2C 产品和低价格及人们熟悉的品类）。

B2B 品牌塑造的
关键

B2B 的购买过程通常是经济型决策购买和复杂购买。如果购买错误，后果较为严重。客户需要建立大量知识，涉及多个部门和多种门类的专门诀窍和认知。决策过程通常是委员会决策，导致整个采购过程是多部门、多阶段、多专业知识和多人决策的长周期过程。

因此 B2B 品牌需要真正种树扎根，长周期持续不断输出有深度、有价值、有关联的内容，帮助核心客户进行有效决策。

在这种情况下，**要成功"种树"，就需要识别客户的购买周期，构建多模态、多元化、高价值的决策关键内容，并与销售、内容运营和客户运营相匹配，以实现"种树"最大化顾客价值。**

在 5A 环节中，A5（Advocate）阶段非常重要。这个阶段是客户使用产品后，产生评价、体验和投资回报率。满意的 A5 用户会主动推荐、写文章分享、参加介绍，帮助品牌带来新客户。

因此 A5 人群的运营非常重要。在 B2B 品牌塑造的 5A 环节中 A3"种树"、A5 拥护，两者互相推动和加强形成小闭环，这是打造 B2B 品牌企业需要非常重视的环境。

"人本营销"在 B2B 营销中的三个核心

中国企业的技术大多具有全球领先水平，在东南亚和中东地区以及各种市场都广受赞誉。

然而，营销和品牌工作的本质是人对人的影响和信任。Human to Human，人对人才是营销的本质。我们不要忘记初心，只有技术能够提升人对人的价值，才是真正地创造价值。

科特勒先生在 *The Genesis of Human-to-Human Marketing*（《H2H 营销：开创人本营销新纪元》）这本书中提出，当今 B2B 营销的新范式是 Human to Human（H2H），即人本营销。这本书跳出传统的经济价值和功能性价值思考的范畴，将营销放入以人为本的营销总体框架中。他认为要实现高效率的 B2B 营销，必须贯彻三个核心指标。

图 4-17 B2B 营销三大核心示意图

第一，设计思维。这是贯穿以人为本理念的关键。我们都强调以人为本，那么如何具体落实呢？设计思维是一个非常重要的方法论，以体验管理和行动导向的深度洞察为核心，帮助品牌构建以人为本的产品服务和使用体验。

B2B 营销新范式：
H2H 人本营销

第二，服务导向。服务导向是基石。我们销售的不是产品，而是服务。我们的服务最终解决客户的问题，客户购买的要么是问题解决，要么是独特的体验。因此服务导向而非产品导向，将成为制定 B2B 企业营销规划衡量价值和建设品牌的基石。

第三，数智驱动。现在有各种平台，例如物联网、社交平台和大数据。因此以技术为基础的连接性触发新的服务契机，不同用户、细分需求和数据的产生让品牌识别了更多新的需求场景。这些数字驱动为我们的价值创造、产品细分、服务场景细分、客户细分和增长创造了空前的机会。

因此以设计思维为核心，强调个体体验；以服务导向为核心，将产品和服务融入顾客的生意和问题解决中；以数字驱动为核心，连接人与人、人与企业。这三者共同构成了人本营销的核心。

为了实现企业的人本营销，我们必须在全公司范围内构建"以人为本"的营销理念，形成以人为本的管理架构和组织结构。

同时改造内部营销流程，让其围绕体验、服务和满足多元细分顾客的具体场景化需求展开。如果大家有兴趣，可以阅读菲利普·科特勒先生的《H2H 营销：开创人本营销新纪元》，读完这本书一定会大有所益，并且获得新的启发。

正如菲利普·科特勒先生所说，品牌建设是我们通往成功的关键，然而随着客户技术媒介的变化，品牌建设的具体方法也在不断改变。因此他经常表示如果 5 年内仍然按照相同的方式经营生意，那么将面临关门歇业的风险，让我们共勉。

中国企业品牌战略管理：
建立科学与全面的"新品牌三观"

乔林

（科特勒咨询集团大中华及新加坡管理合伙人，品牌战略总经理）

在中国企业高质量发展的时代，我们需要用新的思考和实践，去突破固有的品牌"思维框架"，以实现中国企业通过品牌提升企业竞争力的夙愿。本文针对中国企业当前仍旧会经常面临的三大误区，提出企业要建立正本清源的公司品牌治理观念，即建立"新品牌三观"。本文的目的不在于做单纯的学术和概念研究，而是希望通过理念的澄清从而为企业建立全面与务实的实施思路与方法。因为，企业在品牌实践中的误区，都来自对品牌基本理念的不同假设和理解。

人有三观——世界观、价值观与人生观。这三观是人对于世界、人生和大是大非的最根本的观点和判别标准。通常说一个人的三观是他各种行为的根源。不管你是否意识到，人的三观都在决定着一个人方方面面的言行。一个三观不正的人，他的言行就无法获得主流社会的认可，更无法实现其人生目标。同样的道理，企业在开展品牌工作时，如果不建立科学与全面的"品牌三观"，也就无法实现预期的品牌目标，甚至可能背离企业的战略初衷。

品牌三观，是企业在进行公司品牌战略规划和实践时必须依赖的最基本的决策依据，它包括以下内容：

品牌形成观，企业向往的"品牌"是如何形成的；

品牌作用观，品牌是如何发挥作用的；

品牌管理观，企业应如何在企业内部开展相应的品牌活动。

品牌形成观：
品牌是公司全面实施品牌化运作过程之后的结果

在为企业进行咨询服务时，我经常会遇到类似以下的各种问题：

1. 品牌是单纯依靠传播形成的吗？

2. 产品好、企业业绩好，就自然形成品牌了吗？

3. 品牌是产品和企业成功的原因，还是产品和企业业务成功后的结果？

财经专家郎咸平曾经讲到，中国企业花费海量的资源去做品牌（这里是指广告、传播活动），其实是最大的浪费，因为产品和服务如果能很好满足顾客的需求，自然就有口碑，进而企业就有了品牌。这个犀利的观点虽然没有进一步澄清"品牌"这个词的内涵，但却引人深思。建立品牌后，企业与顾客能获得大量的利益，这是获得大家高度认同的，甚至是在品牌领域唯一认同的概念。但问题是，企业应该采取怎样的行动才能持久获得这种品牌利益（品牌资产）。我们通过实践总结的品牌形成观是：

品牌是企业通过全面、系统一致与持久的品牌化运作后形成的结果。

这里有两个关键点需要大家注意：

1. 品牌是结果

品牌是企业进行各项活动后形成的结果，它是企业紧密围绕顾客需求，一致安排企业各项职能工作的结果；它是企业围绕顾客价值承诺一致地传播和传递的结果。缺乏必要的"品牌化运作过程"的铺垫，是无法形成品牌和品牌效应的。期望通过创造一个商标和构建一种识别体系，再配合海量的传播轰炸就能形成品牌，这是在短缺市场中的短期行为。它虽然能在短期内提升品牌的认知情况，但可能因为产品和服务的不足而迅速销声匿迹。早期央视"标王"的迅速崛起和陨落就是这种简单粗暴逻辑的代表。

2. 全面与系统一致的品牌化过程

品牌化过程就是企业洞察顾客需求，持续创造和传递顾客价值的全部活动。品牌化不只是一个设计标识系统和市场传播的工作，更是一个融合企业与顾客接触的方方面面的工作。知行合一、言行一致才是持久建立品牌的正道。这就要求中国企业在未来跳出狭窄的传播视角，站在全企业的高度创建品牌。任何一家追求基业长青的中国企业，都需要一定时间，让首批种子用户去获得使用体验，从而验证公司的品牌承诺是"言行一致"还是"言过其实"。言行一致的品牌将获得种子客户的口碑传递，走向持续建立品牌的良性循环。

2001 年伊梅尔特接替韦尔奇担任通用电气的董事长后，发起一项面向全球的品牌活动。大家看到的是公司品牌口号从 We Bring Good Things to Life 转换为 Imagination at Work，但大家忽略的是通用电气在背后花费将近一年的时间，在全球范围内，通过各种方式向内部员工解释品牌变革背后的战略变革意义，并提出了相应的员工行为要求。通过持续而全面的品牌管理活动，通用电气在企业内外部达成了共识，统一了行为，顺利完成了战略变革。

品牌形成观对企业品牌管理的借鉴意义：

科学与务实的品牌形成观会告诉企业，要从公司全局的广度去实施品牌，不要将品牌简单化为传播；要从公司战略的高度去规划品牌，公司品牌的思考方法与公司战略思维一脉相承；更要从永续经营的角度去持久一致地创建品牌，不进行押宝赌博式的短期品牌传播。

实施品牌化的过程，离不开品牌作用观。

品牌作用观：
品牌是如何发挥作用的，品牌效应产生的原因

品牌作用观帮助企业澄清品牌发挥作用的机制，帮助企业明确在品牌化的过程中应该在哪些层面开展工作。学界和实践领域对于品牌的定义有很多，但如果从品牌如何发挥作用的角度看，我们可以还原成以下过程，凯文·凯勒提出了品牌价值链模型，清晰地将品牌发挥作用的全过程展现出来。（见图 4-18）

图 4-18　品牌价值链

企业通过各种活动，包括但不局限于市场活动，放大有形价值和创造无形价值。这些价值和活动，都是在顾客心智中积累的"品牌知识"，即围绕品牌的名称和标识，在顾客脑海中留存的信息集合。当你想起"麦当劳"这个品牌名称时，脑海里就会呈现出各种信息点：金黄色灯箱上的巨大 M 字、巨无霸汉堡、明亮与干净的用餐环境、孩子的生日聚会……这些信息点就构成了麦当劳在顾客心智中的品牌知识。

一旦这些对顾客有价值、对企业有帮助的信息在品牌中形成，就会直接影响和体现为顾客的各种行为反应，比如倾向优先的偏好度、持续购买的忠诚度、对于推出新产品的接受度等。这就是凯文·凯勒对顾客导向的品牌资产的定义："顾客对于不同品牌营销行为的差异化反应。"这些差异化的反应包括心理的和行为的。众多客户的差异化购买行为就直接决定了企业的销售收入、毛利水平，统称为在商品市场的表现。而商品市场行为的收入、利润和现金流，最终支撑了公司在资本市场的价值。

品牌作用观对企业品牌管理的借鉴意义为：

不要简单地用货币来衡量品牌价值，虽然各个机构热衷于用"值多少钱"来衡量品牌价值，但品牌的真正价值是"品牌知识"和"品牌行为"，一个简单的数字掩盖了品牌发生作用的过程，让企业无法有针对性地开展各项具体的品牌管理工作。因此，企业应该围绕如何在受众心智当中持续建立和固化"品牌知识"来开展品牌管理工作。具体内容可以参考我的另外一篇文章《当平衡计分卡遇见品牌战略管理：建立公司品牌战略地图》。

品牌管理观：传播、管理与战略的一体化管理

品牌形成观告诉我们，品牌是企业系统开展品牌化工作的结果。因

此，品牌管理观就是明确企业应该如何整合各个职能部门，以何种主题去开展品牌相关管理工作。根据我们的经验，企业至少可以在三个层面开展品牌工作。

1. 传播的品牌。这是品牌发挥作用不可或缺的基础，它包含标识、名称、包装、传播、广告、公关等活动，这些都是当前大家所实施的狭义品牌工作。在 B2B 企业的实践中，很多企业的品牌相关人员被销售成果所束缚，沦为销售线索开发的附庸；B2C 企业的品牌部被品类定位或产品卖点所束缚。部分企业没有跳出产品看到品牌能为公司带来的无形价值，没有持续且主题一致地去创造和传递无形价值，也就无法为企业提供更大的溢价空间。

2. 感知的品牌。除了通过各种方式去告知受众外，企业还需要跳出传统的品牌或市场职能，通过原有的售后服务、销售人员等有人接触点，通过人与人的真实互动去传递品牌价值。在服务行业，如酒店、餐饮等行业，具体的生产过程就是与顾客的接触过程，因此，要特别关注对品牌感知的管理。而现实中，这些工作都被隔离于品牌主题之外，单独进行管理和运作，导致了企业的"言行不一"。

3. 战略的品牌。在公司战略层面，品牌可以成为企业进行"理念体系"整体管理的有效切入点。在我们的咨询经验中，很多国内的先进企业将品牌、企业文化或者服务，整合进入一个部门，由公司最高管理层直接进行管理。

这种职能组合，就方便企业将"组织核心价值观—品牌核心价值—顾客价值"进行系统梳理。现实中，很多企业会抱怨说企业文化无法落地，品牌活动又比较务虚，顾客价值无法有效传递。这些都是没有从顾客价值去倒推，进行一体化管理的必然结果。沃尔沃集团就是进行公司品牌战略化管理的代表。

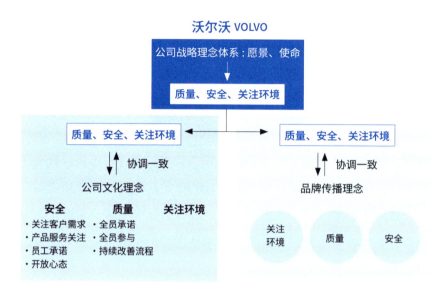

图 4-19 沃尔沃的品牌战略化管理

　　沃尔沃在公司的战略愿景中明确提出，质量、安全与关注环境是公司成为世界级的可持续发展运输解决方案领导者的重要手段。在企业文化理念体系中，明确将质量、安全和关注环境列为公司的行为要求。在对外传播时，将质量、安全与关注环境作为公司品牌的核心价值，一切具体传播活动都围绕这三个中心进行。这种系统管理的优点在于，沃尔沃的战略竞争手段，获得了来自企业文化体系的行为支持，使企业文化成为战略助推器；而公司品牌承诺的价值，就是企业文化所要求的内容，确保了言行一致。这一套协同的理念体系背后，有着一个坚实的组织基础。沃尔沃专门成立了一个涵盖各职能部门的品牌管理小组，小组定期开会，专门研讨如何在公司内部紧密协同"战略—行为—品牌"三者的内容和关系。有兴趣了解更多关于企业品牌管理层级的读者，可以参考我的另一篇文章《首席增长官的品牌修养：三种风格的品牌家》。

品牌三观是中国企业进行系统的公司品牌发展的第一步，特别是那些没有经过系统的品牌工作的高管，更要从夯实科学的品牌理念入手。不简单轻视品牌，将品牌矮化为传播与沟通。不忽视品牌建立的全面过程，言行一致地去持续创建品牌。品牌是公司对顾客的价值承诺，让我们去持续地实现它！

知识就是力量：
基于品牌知识的品牌作用力模型

乔林
（科特勒咨询集团大中华及新加坡管理合伙人，品牌战略总经理）

知识就是力量。

——弗兰西斯·培根（1561—1626），英国 16 世纪哲学家，经验主义哲学的奠基人

1955 年，伯利·B. 加德纳和西德尼·J. 利维在《哈佛商业评论》上发表了《产品和品牌》，这标志着品牌管理作为一个独立和正式的议题进入企业的日常管理实践中。自此，品牌管理迅速发展成为企业市场战略领域的热门类别。在随后的品牌管理发展过程中，企业、学术和咨询领域都根据自身的需要，开发各种品牌管理工具，对相关品牌工作的效果进行衡量，并以此指导相关品牌工作。

但时至今日，企业在选择和使用品牌管理工具时，仍面临着不少混乱和困惑。2016 年 6 月 10 日起实施的《关于发挥品牌引领作用推动供需结构升级的意见》，强调要强化相关品牌衡量和管理工具，更好指导和服务中国企业的品牌工作。这也反映出当前中国企业在进行系统的品牌管理工作时面临的困境。

为摆脱中国企业面临的困境，我在过往咨询经验的基础上，基于凯文·凯勒的品牌管理思想，开发出简明与均衡的品牌管理工具，"品牌作用力模型"（Brand Power Model），以此来协助和指导企业的品牌相关工作。

好的品牌管理工具

品牌管理工具服务于企业的品牌管理实践，需要兼顾理论基础与可操作性。因此，我们开发品牌管理工具的目的不是"解释问题"，而是更好地"解决问题"，这和很多学术研究中提到的模型要求不同。因此，服务于实践领域的品牌管理工具，应该符合以下特点：

1. 概念清晰、符合逻辑。好的品牌管理工具都是建立在"品牌"的清晰概念和一致的定义基础上。品牌有着丰富的定义，但我们探讨不同品牌定义的意义不在于为品牌确定一个"唯一"的定义，而是通过对不同品牌定义的分析，发掘出不同风格的品牌建立的方法，以及不同侧重点的管理工具。

2. 确定具有原动力的衡量对象。好的品牌管理工具，需要从品牌作用产生的本源入手，还原品牌产生及发挥作用的过程和机制。这才能符合品牌发展的历史逻辑，才能正确地为企业提供各项品牌工作的改善意见。

3. 过程与结果兼顾。好的管理工具不仅能为管理者提供管理活动的结果，而且还能为管理者有效揭示形成结果的"关键过程"。这样，企业在对结果进行计划时，也能对过程进行有效控制，确保行为与结果之间的有效衔接。那些广为应用的管理工具，都具备这样的特点。如财务管理领域的杜邦分析法，就将企业运作的关键价值创造过程和企业发展的根本目的进行了有效的联系，为企业管理者提供了简捷而直达本质的企业管理工具。

建立品牌作用力模型的理念基础

品牌是市场活动的产物，是在企业和顾客的紧密互动过程中产生和发展起来的。因此，我们讨论品牌及品牌如何发挥作用，都无法脱离顾客而孤立地开展。而对顾客的研究，就是要研究消费者行为或消费者心理。这就从消费者行为的角度，为品牌及营销的研究提出了一个最根本的假设前提：

知识就是力量：品牌知识产生差异化的购买行为。

这就表现为顾客在购买时既有谨慎的"货比三家"，也有受到感性情绪驱动的冲动性购买。而购买行为的复杂性就在于感性与理性价值在顾客的购买过程中交织出现，企业既需要深刻洞察理性思考背后的感性因素，也需要为感性因素建立理性基础。即使在理性思考占多数的机构类市场（Business to Business），由于实际的决策者仍然是由自然人组成的，他们的行为仍旧受到各自心理因素的影响。但需要强调的是，我们对消费者心理的研究不是最终目的，而是利用"心理—行为"之间的紧密关系，通过对顾客心理因素的影响，进而有效引导顾客的购买行为。换句话说，企业需要通过各种方式，对顾客消费心理进行持续的塑造和影响，以引导顾客更多与更持续地购买本企业提供的产品和服务。

更进一步，20 世纪 50 年代兴起的认知心理学认为，**知识是决定人类行为的主要因素**。英国 16 世纪经验主义哲学家弗兰西斯·培根曾说过一句广为流传的名言："知识就是力量。"认知心理学将影响顾客消费行为的心理因素定义为更加具体化的"知识"。

凯文·凯勒将认知心理学的理论基础应用到品牌研究领域。1993 年他提出了顾客角度的品牌资产模型 CBBE（Customer Based Brand Equity），并定义为**"由顾客的品牌知识导致的对营销活动的差异化反应"**。如果顾客对一个品牌具有积极的品牌知识，他将对该品牌及承载该品牌的产品或公司有着积极的反应。这些反应包括更强烈的心理偏好和购买行为的忠诚。反之亦然。

因此，可以得出以下重要结论，这是我们规划品牌管理工具不可或缺的坚实理论基础：

品牌发挥作用的机制是一个"品牌心理（知识）－行为"的实现过程。借鉴凯文·凯勒的品牌资产定义，我们可以认为品牌工作的核心就是：通过各种品牌手段（包括但不限于市场沟通手段），在顾客心智中建立有利于企业的"品牌知识"，最终形成差异化的"购买行为反应"。

至此，我们可以明确，品牌的根本价值在于"品牌知识"能对受众心智产生极强的影响力，进而形成的差异化品牌购买行为。顾客差异化的品牌购买行为直接形成了不同的企业销售收入。所以，不同于时下业界对"品牌资产"衡量的热衷，我们从品牌发挥作用的根本性机制入手，建立衡量"品牌作用力"（Brand Power）的管理模型（见图 4-20），才能更贴近企业的品牌管理工作，才能更好地指导企业完善各项品牌管理工作。

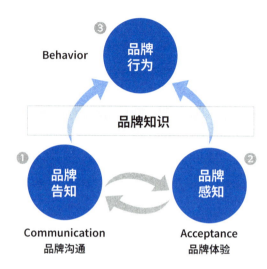

图 4-20 品牌作用力模型

品牌作用力模型有三个组成部分，包括品牌告知、品牌感知及品牌行为。根据我们分析得到的品牌作用机制，品牌告知与品牌感知能全面建立"品牌知识"，品牌知识影响品牌行为，形成对顾客、对不同品牌营销活动的"差异化行为"：

1. 基于市场沟通的品牌告知。主要为企业主动发起的种类丰富的市场沟通活动，如广告、公关等行为，目的在于向目标顾客进行品牌相关信息的渗透。在数字时代，来自网络的口碑型和创新型品牌信息，已成为品牌告知的重要手段。一旦品牌知识有效地进入潜在顾客的心智，企业就会感受到"品牌知识的力量"，一方面获得潜在顾客的购买偏好；另一方面，品牌有效地告知顾客"我还在这里"，强化现有顾客的购买忠诚度。

2. 基于产品和服务实际接触的品牌感知。一旦潜在顾客购买了企业的产品或服务，他会在使用产品及与企业的整体接触中获得判断。这些判断就会形成顾客自身的个性化"品牌知识"，这也是口碑传播的重要内容来源。因此，企业需要特别重视企业与顾客的接触过程，将品牌感知作为实践品牌承诺的重点阵地。可喜的是，部分领先的中国制造企业，已经开始以"品牌体验"为核心词来整合相关工作。

3. 作为重要目标的品牌行为。品牌行为指基于品牌知识对顾客心智的影响，潜在和现有顾客的购买行为。潜在和现有顾客的购买行为直接决定了企业的销售收入，这是企业实施品牌工作的核心目的。需要关注的是，购买行为直接产生了企业的销售收入，销售收入产生了企业的经营性现金流，这就为通过现金流折现进行品牌资产评估奠定了基础。

品牌告知与品牌感知互相影响。品牌告知可以先入为主地对顾客进行"积极提示"，一旦有了这个品牌知识基础，顾客在实际使用产品时会不由自主地给予更积极的评价。20 世纪 80 年代，可口可乐公司通过盲测发现顾客对"新可乐"的口味评价要高于经典可乐。但现实中，顾客仍会去购买经典可乐，而不去购买"新可乐"。而顾客对品牌的实地感知会验证、丰富品牌告知形成的"品牌知识"。通过品牌感知过程，顾客就会得出"言行一致"或"言过其实"的结论。这决定了品牌能否持续健康地发展。

品牌告知与品牌感知共同影响品牌行为。成功的品牌告知会建立潜在顾客购买时的品牌偏好度，并时时唤醒现有顾客的关注。而卓有成效的品牌感知，能兑现品牌承诺，真正促成体现顾客忠诚的购买行为。

下面谈谈如何使用品牌作用力模型。（见图 4-21）

图 4-21 如何使用品牌作用力模型

检测品牌沟通力

企业可以通过对品牌知名度等指标来监测自身品牌在潜在目标顾客心智中的记忆状况。良好的知名度是一切品牌作用力的基础。在知名度的基础上，企业还需要分析顾客实际心智中关于品牌的联想是怎样的。这就是"品牌知识"的内容。比如想到麦当劳，提及的内容包含汉堡、炸薯条、欢乐等等。这些内容需要和企业在市场沟通之初设定的品牌内涵进行对照，发掘顾客实际认知与品牌规划定位的"异同点"，甚至是发现品牌价值的"空白点"。这对企业后续的品牌定位有着直接的指导作用。

开发品牌体验力

企业需要通过对顾客与企业的接触点进行综合规划，一致地实现品牌价值承诺和传递。这个过程中企业需要特别关注顾客投诉，其中关于产品、销售过程，以及售后服务的问题，这些顾客亲身体验的问题，如果无法及时和恰当地处理，将会通过网络进行扩散，导致负面"品牌知识"的形成和扩散。对于企业在品牌告知中承诺的顾客价值，要特别关注感知层面的实现。在激烈的竞争中，很多企业会实施各种具有"市场技巧"的品牌活动，我们特别建议企业一定要言出必行，否则会直接失信于顾客，甚至造成公关危机。

落实品牌行动力

"知行合一"是品牌作用力模型的一大特点，通过检测品牌知识对顾客行为意向的影响力，企业就可以有信心地预测企业未来增长状况。虽然，顾客最终的消费行为受诸多因素的影响，如渠道、价格及政策等，但品牌行动力可以直接地体现出品牌工作所应该以及可以在顾客行为层面发挥的作用。从全面经营顾客资产的角度，针对潜在顾客，品牌行动力主要关注其未来购买的偏好度和主要的转换竞争对手；而针对现有客户，品牌行动力主要关注购买行为忠诚度，顾客是否会持续有效购买本品牌产品，并发掘进入现有顾客决策的竞品。

在服务企业的实践中，我们会将品牌沟通力、体验力与行动力进行组合，通过对三个元素的联合分析，发掘企业在品牌工作中可以提升的空间。

变与不变：数字时代的品牌作用力模型

数字时代扑面而来，品牌作用力的根本机制没有变化，但我们运作品牌管理工具的方式却发生了重大变化。我们从企业的品牌管理决策需求出发，整合网络语义分析及数据挖掘技术，更客观、全面与实时地为企业提供品牌管理建议。

末了，我想用一句个人很喜欢的话作为结束语，与大家共勉：

"品牌是一个承诺，让我们去更好地实现它。"

第 5 章

科特勒记忆

营销是一个承诺
——菲利普·科特勒围炉心声

曹虎
（科特勒咨询集团全球合伙人、大中华及新加坡 CEO）

菲利普·科特勒博士被誉为"现代营销学之父"。他是美国西北大学凯洛格商学院国际市场学 S.C. 强生荣誉教授。他被美国市场营销协会（AMA）评为"市场营销思想的第一位领导者"。菲利普·科特勒教授获得的重要奖项，包括美国市场营销协会杰出营销教育者奖和营销科学学院杰出教育家奖。美国市场营销协会称他为"有史以来最具影响力的营销人"，他还被国际销售和营销管理者组织授予"年度营销者"称号。他入选了 Thinkers50 名人堂，并被称为"大师"。他还是美国科特勒咨询集团的首席顾问，为近 20 家世界级企业提供过战略营销咨询服务。

科特勒团队为了筹备菲利普·科特勒自传的出版，也为了深度收集和整理大师的营销观点和历史素材，于 2019 年 3 月 10 日来到了菲利普·科特勒先生冬天的居所——美国佛罗里达的海滨城市萨拉索塔（Sarasota）。正如这个城市所拥有的美国最美丽的白色沙滩一样，我们和菲利普·科特勒先生的交流是一场思想盛宴。我们深入畅谈了关于生活、关于学习、关于营销的未来。在此分享一些最打动我的生活点滴和观点。

大师的自律人生

我问菲利普·科特勒先生，是什么样的"秘方"可以让他成为一代商业思想的构建者。大师笑曰：No。大师认为他最重要的特质是"自律"（Displine）和"远大目标"（Bigger Vision），这些特质不是口号而是几十年来的日常实践，从以下生活点滴中可见一斑：

1. 严谨自律

菲利普·科特勒先生每晚 10:30 前睡觉，早晨 5:00 起床，难度在于坚持 50 年！规律的生活保证了旺盛的精力和高度的注意力，他每天早晨用近一个半小时的时间来处理邮件，尽管他每天收到过百封邮件，但他总是能在 24 小时内回复。

2. 热爱生活

高强度的工作和全球飞行、跨时区的差旅使人疲惫，但菲利普·科特勒先生几乎每天游泳，坚持了 40 年，甚至出差都带着游泳裤。记得 2011 年我们在广州参加一个大型活动，在演讲和晚宴的间隙，他还去游了 1 个小时泳，然后吃饭时吃了半斤牛排，喝了三大杯红酒。菲利普·科特勒先生认为：酒是肉体与灵魂的沟通剂，与运动一样，不可错过。每天睡前他都会喝上一杯。

3. 随时学习

菲利普·科特勒先生有一个特点，出门都会带三张信纸大小的纸，精心地折三折，像口袋巾一样装在西装内袋里。遇到与人聊天或开会，随时拿出纸和笔记录对方有趣或有价值的言论。据多年经验，他发现每天碰到有趣的人和事三张纸是可以满足记录的，不过年龄越大反而越好奇，最近几年开始多带一张纸、两面记，节俭持家。晚上回到家，他会打开电脑，把当天的笔记整理进电脑，并对这些信息和数据进行评论和归纳，每天如此……所以菲利普·科特勒先生每年出版不少于 3 本书就得益于这种随时学习、点滴积累的习惯。我把他的这种纸叫作"珍珠纸"，随时记录生活中的思维和智慧珍珠，不记录，灵光一闪的世界就关闭了。现在，我们公司也有不少人开始用上了这种纸。

4. 每天阅读

菲利普·科特勒先生在美国的 3 个家里有不少于 2 万册的藏书。从小他就喜欢读书，弟弟们出去踢足球的时候，他趴在桌子底下读书。直到现在他每天仍保持不少于 2 个小时的阅读时间。

每个月菲利普·科特勒先生都会收到几十本书，有的是同仁或之前学生的著作请求他写序言或推荐语，有的是专业书籍来征求出版意见，有的是他自己购买的书籍。无论哪种情况，他都会认真把书看了，再写推荐语或者序言（尽管很少同意写）。我非常感激他能给我和同事王赛、乔林的著作《数字时代的营销战略》写这么长的序言，很不易！

菲利普·科特勒先生读书很快，因为大多数书有价值的章节不多，所以他一天可以读 3 到 4 本书。他说读书是一件时间成本极高和智慧风险也很高的事情，因此要慎重选择深度阅读的书目，并广泛地粗读。他获得了两个博士学位和一个博士后的工作经历，他经常开玩笑说自己是被"过度"教育了。因此，在读书选择这件事上，菲利普·科特勒先生绝对是专家。

营销的未来：变与不变

谈到如今激荡变化的商业世界和层出不穷的营销理念，菲利普·科特勒先生认为要做好营销需要深刻理解"变"和"不变"。

1. 营销之不变

营销的核心目标是不变的——**为顾客创造价值**；营销体系的核心架构也是不变的，菲利普·科特勒先生把它总结为：

$$R \rightarrow STP \rightarrow 4Ps \rightarrow I \rightarrow C$$

（1）R：市场营销始于 R（Research），即对市场的调研和洞察。

（2）STP：市场研究赋能了 STP：

·市场细分（Segmentation）：在市场中按照各种标准建立子市场的过程。

·选择目标（Targeting）：决定公司应该追求和服务的群体或团体。

·定位（Positioning）：给选定的目标市场一个明确的信息，即公司向目标市场提供的有竞争力和差异化的价值。

（3）4Ps：公司为每一个选定的细分市场制定一个单独的 4P 计划。

（4）I：公司实施 I（Implements）计划。

（5）C：公司收集反馈 C，即控制（Control），以改进其在下一轮目标市场中服务的 4P。

2. 营销之变一：当今营销人员最大的挑战

营销最大的变化是技术和顾客的欲望。菲利普·科特勒先生认为，今天营销正在经历一场真正的革命，大量企业都在尽一切努力跟上它的步伐。将旧营销与新营销进行对比，旧营销都是关于大众营销，例如过去可口可乐或麦当劳等公司需要随处向人推销他们的品牌。他们曾经的成功方法是投放大规模广告和布局大规模分销渠道。

大众广告开始于平面广告、广播广告、电视广告、户外广告以及许多促销活动，如"买2送1""今日特价"等。公司寻求在每个可以想象的零售场所分销他们的产品并获得最好的货架空间。主要竞争对手学习和复制这些"成功营销"，做更多更好的广告，投入更多的渠道资源等。消费者自始至终除了看到的广告和朋友口口相传之外，几乎没有其他产品信息的获取途径。

今天的营销正在经历数字革命，其核心特点是"生活场景的数字化"。 互联网使消费者能够查询到有关公司、产品、社会责任和使用感受的大量信息。消费者可以访问亚马逊、淘宝、微博、Facebook，交流产品使用和品牌体验的经历与意见。每个消费者都可以了解竞争品牌的价格及其质量排名和特性。因此，消费者现在可以完全控制购买过程。消费者准备在商店购买某种产品时，可以同时查阅手机看其他地方是否有更优惠的价格，这种对比方式能够引导消费者议价或在线购买。几乎所有公司都把手机视为消费者做出购买决策的关键伴侣。"移动营销"和"社交营销"是最热门的话题。公司现在越来越多被视为生态系统和平台的发起者及参与者。

"生活场景数字化"之后，公司能够收集大量消费者个人信息，导致对消费者的理解加深，并带来了全新的市场细分战略。**STP是任何制胜营销战略的基石，其中市场细分又是重中之重。**

过去，市场细分的主要方法是基于"有限样本"的调研数据，消费者会在调查和焦点小组中做出有意识的决定并分享他们的意见和喜好，企业用统计学方法提取特征，把这些特征再加上公司对市场经验性的理解设置成"细分维度"，制定"细分模型"，然后以"演绎法"把市场想象成细分模型下的若干子市场，比如：足球妈妈、拇指达人、知识精英、都市玉男……旧营销人员认为消费者知道他们喜欢什么，甚至他们为什么喜欢。

然而，**在真实世界中这样做最大的问题是"看不到真正的具体顾客"**。公司现在认识到很多无意识因素影响着消费者真正的购买决策。受到更深层次的思维和隐喻的影响，虽然消费者们"Look Alike"（看起来相似），但是其行为和动机差别极大，无法知道这些消费者是谁以及他们在哪里。最终，**市场细分沦为传播指导工作**。

现在，生活场景的数字化和数据分析技术使企业可以实时地全数据分析消费者的行为和态度，从而实现"归纳法"的市场细分，而且可以精准到具体顾客，可以实现 4P 的有效对接。公司正在开发和使用新的工具和指标，以指导他们的实时决策。公司正在使用物联网和人工智能来进行一些自动营销活动和响应。营销专业人士也正在使用新方法搜索潜意识的力量和心理决策参考框架，并将这些发现转化为故事和叙述，以激发更深层次的顾客动机。

由此可见：**任何只研究旧营销的人员都不能与数字营销人员相提并论**。随着数字原生代的崛起，菲利普·科特勒先生预计专业营销人员的平均年龄会降低，以商业目标为导向的技术和创意兼备的人才将十分受欢迎。

3. 营销之变二：数字化时代的营销特征和 CMO 的未来

1993 年，唐·佩珀斯（Don Pepper）和马莎·罗杰斯（Martha Rogers）写了一本书，名为《一对一的未来》，里面写道："建立客户关系，公司不仅需要了解市场细分，还需要了解个别客户。数字革命尚未开始，但现在我们拥有实施一对一的未来工具。"

　　几乎每个客户都是通过信用卡或在线支付来进行交易的。超市可以查询任何个人客户购买的产品和品牌。英国超市运营商 Tesco 甚至设立活动邀请新妈妈、葡萄酒爱好者或其他一些团体，收集和听取他们感兴趣话题的有价值的访谈，这些都可以通过他们的交易数据实现。

　　公司大量招聘数字营销人员并为他们提供小额预算，以便使用不同的数字营销工具来实现业绩增长。如果初步结果很有效，公司将增加其数字营销预算。有数据显示 2017 年普通公司将其营销预算的 30% 分配到数字化渠道，预计这一比例到 2019 年将增长到 35%。如果数字营销能够产生良好的效果，这一比例最终可以达到 50%。但我们仍旧要重视和保持强大的传统电视广告和户外广告，因为它们提供了构建品牌整体形象的高效率信任平台。

　　公司的 CMO 必须平衡公司在传统和数字营销之间的支出，并利用两者之间的协同效应。需要认识到内容营销的重要性正在日益增加，内容营销并不是直接推广品牌，而是促进了客户与品牌之间更强的互动。**真正的挑战是制订良好的指标，以帮助公司了解哪些营销活动和投资产生了良好的投资回报。**

4. 营销之变三：营销创新驱动企业发展

　　菲利普·科特勒先生认为大多数公司喜欢常年以相同的方式运营，但这种态度在迅速变化的市场中可能是致命的。顾客的喜新厌旧程度超出企业的预测，顾客一直在寻求新的产品和体验。**营销创新需要帮助公司不断更新产品和服务组合。**

　　菲利普·科特勒先生建议企业可以通过多种方式进行创新：

快速复制其竞争对手的成功产品并介绍一些差异。

激励公司中的每个人将创新视为公司成功的关键。鼓励产品、服务、营销、财务、会计等方面的创新。

进行客户访谈，以制订新的产品和服务理念清单。

与一小部分"关键客户"合作，共同创造新的产品和服务理念。

开发众包项目，以刺激客户提出新想法。

检查是否有其他人正在开发可能对该公司感兴趣的新想法。

营销创新需要更好地了解消费者的思想、动机和决策。比如：许多公司现在使用神经扫描来捕获和测量客户对控制打印和视频刺激的响应；萨尔特曼隐喻诱引技术（ZMET）让营销人员更深入地了解客户的无意识思维和由产品情境及经验引发的欲望与感受；跟踪品牌价值和营销投资回报的新营销指标等，**营销创新正在推动新的营销指标控制体系（Marketing Dashboard）的建立。**

营销是一个承诺

我跟随菲利普·科特勒先生工作和学习已经有 18 年了，除了他在学术和商业上的身体力行和谆谆教诲外，他的为人之道也一直激励着我。60 年坚持走艰辛的正道，60 年坚持研究和实践营销，60 年不断扬弃学习，60 年持续更新自己，这是我从 88 岁的菲利普·科特勒先生身上学习获得的最大财富。菲利普·科特勒先生说："Feel freely and bigger vision!"的确，生命是一个承诺，营销是一个承诺，让我们一起实现它！

营销与人生：
拜访 88 岁菲利普·科特勒

王赛

（科特勒咨询集团大中华及新加坡管理合伙人，增长战略总经理）

2019 年 3 月，我与合伙人飞越 1 万公里赴美国萨拉索塔拜会"现代营销学之父"菲利普·科特勒先生，我们在他的萨拉索塔的家中围炉畅谈，主题从营销到人生，真是无比珍贵难忘的一次体验。

我把杰出商业思想的大师分为三个段位，第一个段位叫"影响实践"，第二个段位叫作"影响定义"，第三个段位是在前两者基础上，再加上一条"影响时代"——即其理论既能对实践产生卓越影响，又能对理论本身产生"定义级"构建，更能够对时代形成跃进性的贡献，这才可称为"大师中的大师"。在三条"金线"下，商业史上目前到达过第三段位的可能仅有"管理学之父"彼得·德鲁克，以及"现代营销学之父"菲利普·科特勒。而作为咨询顾问受到无数 CEO 推崇的彼得·德鲁克已经于 14 年前故去成为绝响，世间仅有菲利普·科特勒一位大师，所以可想而知，如今深度拜会他的珍贵意义。

和以前与菲利普·科特勒先生多次相处不同，这次拜会是一场有厚度、有锋利度、有新鲜度，更有温度的深谈与对话，深谈中 88 岁的菲利普·科特勒先生第一次系统并深度回顾其一生的经历，我总结成四个核心：谈他的人生拐点，谈他的营销层次，谈他的艺术收藏，也谈他的生活故事。

谈科特勒的人生拐点

我相信你我都无比好奇 —— 在由无数故事线条构成的 88 年时光中，究竟哪些关键点成就了其卓越的人生？菲利普·科特勒先生提到了一个词语——Bigger Vision（目标远大），这个词语在后面与他的对话中反复出现，志远则行可远，科特勒人生的关键点全部围绕 Bigger Vision 展开。

在麻省理工学院攻读经济学博士时，科特勒师从萨缪尔森和索罗等诺奖得主，本来他的梦想是成为像萨缪尔森一样伟大的经济学家，结果在博士答辩中被问及对马克思的劳动价值理论的看法时，科特勒提出价值不仅由劳力，也由资本所产出，但归根到底由消费者所定义。这个在当时破天荒的回答，让包括萨缪尔森在内的评审委员会惊叹，也由此让科特勒意识到传统经济学正如一个"黑箱"（Black Box），他的 Bigger Vision 希望开辟新路来研究经济学，真正能够推动企业微观的增长，所以他一再强调 —— 营销是一种基于企业实践的应用经济学。

更重要的转折点，则是菲利普·科特勒先生系统构建营销学大厦的起点。1963 年，科特勒的好友唐纳德（Donald）邀请他去西北大学的管理研究所①教书。面临要教管理经济学还是营销学的抉择时，他再次用 Bigger Vision 做出选择，投入全新的营销学领域，也是在这个时候，他

---

① 现凯洛格商学院（Kellogg School of Management）。

开始撰写 1967 年出版的营销学奠基之作《营销管理》。29 年之后，《金融时报》将《营销管理》列于有史以来 50 本最伟大的商业图书之一，当时位列第一的是亚当·斯密的《国富论》。

第三个转折点在于把理论付诸咨询实践。科特勒致力于推动用市场营销来影响美国的企业家群体，为了更好地丰富理论和每五年更新一次《营销管理》，20 世纪 70 年代后期，科特勒开始担任包括 IBM、AT&T、米其林、摩根士丹利、苹果等顶级公司的顾问，并长期担任科特勒咨询集团的首席顾问（Principle Advisor），用"知行合一"影响西方一代一代企业的市场变革。直到现在，88 岁高龄的科特勒还一年出版 3 本以上的图书。会谈中他反复强调："市场比市场营销变化得更快（Market changes faster than marketing）。"固守一个旧有的理论相当于刻舟求剑，只有 Bigger Vision 和勤奋才可以不断攀登巅峰。

谈科特勒的营销层次

谈科特勒就必须谈到营销，或者应该反过来讲，谈营销必定会谈到科特勒。从 1967 年第一版《营销管理》开始，科特勒先生将全部的精力和热情投入这门实践性学科的构建中。在拜访中，我们把菲利普·科特勒先生所发表的论文和商业著作的清单一起拉开，才明白何谓"著作等身"。这些著述就好比少林寺藏经阁的经书，包罗万象，内力深厚，而非现在市面上的很多肤浅学说可比。从其中涉及的营销内容来讲，这些"武功秘籍"可谓"一横一纵"："一横"以营销覆盖的广度来划分——包括消费品营销、B2B 企业营销、博物馆营销、城市营销、国家营销、社会营销等；"一纵"以营销切入的深度而展开，包括定量模型、消费者行为、市场研究、营销组织、营销战略，甚至包括科技与营销、营销与公司财务如何结合（菲利普·科特勒发表的第一篇学术论文是公司金融领域的股票估值，1962 年）。这些营销理念，经历住了美国两次大经济周期下，一代又一代市场型 CEO 和营销人员的实践考验。

作为"现代营销学之父"，科特勒先生被认为是营销这个领域的奠基者和整个体系的总架构师。在深谈中，我们特别问到他如何看待"营销理论奠基者"这个说法。科特勒谈到，在他之前并非没有营销理论，有哈佛的李维特提出来"营销近视症"，也有麦卡锡提出的营销 4P，但是他率先把营销架构出一套可以进行企业实践的系统，并上升到管理者和战略家的高度。所以科特勒的理论与其说是"营销"，不如说是"营销管理"，或者说是"以市场为导向的战略"。另一个维度，科特勒先生致力于把营销还原到"原理"的级别。所谓原理，就是能够透析本质、形成系统，重复指导实践的理念。任何时代，无论是传统时代，还是数字时代，原理级别的营销是不变的，这叫作本质，科特勒先生构建了现代营销的底座。

理论是灰色的，而生命之树常青。在深谈中我们也讨论到很多流行的营销观念，包括中国商界耳熟能详的"定位理论"。科特勒对定位的评价是"很锋利的理论，但是过度销售（Oversold）了"。他的观点如下：第一，营销是一个系统，而每个企业碰到的问题完全不一样，营销从来没有过一个全能"药丸"；第二，定位 Positioning 是单独一个 P，而菲利普·科特勒市场营销战略的架构是 STP（市场细分、选择目标、定位），脱离细分和目标市场选择谈定位，相当于缺乏标靶掷飞镖；第三，定位更不等同于品牌，定位最多是品牌的一个元素，品牌需要更多丰富的认知和联想。以麦当劳为例，如果说麦当劳的定位是"快餐首选"，仅这样一个定位形成不了品牌，还需要设置诸多价值点，比如麦当劳的便捷、质量、干净，甚至是麦当劳叔叔的形象。"营销远远不是品牌，而品牌又远远不是定位那么简单"（Marketing is far more than branding, and branding is far more than positioning）。保持对理论的敬畏和清晰认知理论的边界，科学严谨、对实践保持谦卑和真正深入理论背后，这才是大师的精神。

谈科特勒的艺术收藏

很少人知道科特勒也是一位顶级的艺术收藏家，我曾经到他在芝加哥的家拜访，那里几乎可以称为一个中型玻璃艺术博物馆；而有一年他在宝钢演讲完后，利用仅有的半天时间，让我带他去上海博物馆，可见其对艺术的热爱，他还特别告诉我，他喜欢日本艺术是源于德鲁克对他的影响。这次在萨拉索塔深度会谈后，我们又到他家中参观艺术收藏。科特勒先生向我们一件一件介绍他的收藏品，客厅中以玻璃艺术品为主，其他房间还收有名家绘画、摄影作品以及日本工艺品，这些艺术品是他从全世界各地收集回来的，每一件都有其背后的故事，科特勒先生对每一件作品都有自己的解读，他对艺术的追求是发自内心的，是真诚而热烈的。另外，菲利普·科特勒和南希·科特勒（Nancy Kotler，菲利普·科特勒的夫人）把自己的一百多件收藏品捐给了萨拉索塔当地的艺术博物馆，博物馆用一座两层高的单独的小楼展示这些藏品，足见其慷慨之心。至于艺术和营销如何结合，正如他在著作《水平营销》中所提到的"只有艺术，才能打破思维创新的边界"，这些艺术品既丰富了他的生活，也激活了他的思维，他是一个丰富的人。

谈科特勒的生活故事

往往常人看到的大师是在媒体中的大师，聚光灯下的大师，而我有幸多次接触到生活中的菲利普·科特勒先生，他用言行在教我，教我"关爱、诚恳与勤勉"。记得每次见面，他总是问我需要他提供什么样的帮助，这一次也是如此。我和他谈到我与艾拉·考夫曼（Ira kaufuman）合著、由他撰写推荐的《数字时代的营销战略》已成为亚马逊数字营销作品头部图书，并将出版英文全球版时，他特别高兴，并邀请曹虎博士和我、乔林作为合著者参与到他的新书中去。他提携过无数后生，对门徒的关爱无处不在。我的新书《增长五线：数字化时代的企业增长地图》也曾邀请他写推荐语，把内容概要发给他后，第二天就收到了他的推荐语，一并收到的还有他对内容的建议以及对我信中英文语法的修正，他的严谨和慷慨，让我无比激动与感激。

我们深谈的场所在他家楼下的 Club，中午他让夫人为我们准备了丰富的午餐，最后离开 Club 时，他把 Club 的杯子一个一个洗干净，检查沙发是否归位。我们不禁再次感慨，一代宗师，大师之大，必先厚德载物，德行全部在细节中凸显。而他的勤勉在于，每天带三张白纸和笔于手边，但凡有洞见闪现，立即记下，等到晚上再一起整理进电脑里；在阅读的过程中，若是报刊里有启发性的内容，他也会当即剪裁收好，放入资料库。每次和我们见面时，他都问他的理论应用到了咨询实践中有哪些反馈。我们可以看到，人生是一个积累的过程，是一个价值观正向反馈的过程，是坚持"长期主义"、拒绝"机会主义"的果实，这在科特勒身上特别明显，大师与你之间最小的壁垒就在于，他在这个领域的勤勉与激情，坚持已远超半个世纪。

我上次见到菲利普·科特勒先生是在 2016 年的日本东京，两年不见我发现 88 岁的他却更有精神，这几天在萨拉索塔，我常常想，科特勒真像一本好书，这本好书里有智慧、有阅历、有远见、有温度，有近景也有远景，这本书和《营销管理》一样，应该让一代又一代人去了解。

旁观米尔顿·科特勒——一位老战略营销咨询家的剪影

王赛

（科特勒咨询集团大中华及新加坡管理合伙人，增长战略总经理）

有时候阅读一个人，光用年份来加持远远不够，更需要把镜头的焦距拉近、再放大。

我和米尔顿·科特勒先生相识至今 15 年，但前 12 年接触甚少，很大一个原因在于我的主要咨询客户是企业，米尔顿·科特勒先生的咨询领域集中在政府，我和他的接触深度，远不及其他合伙人。不同于菲利普·科特勒的温和，米尔顿·科特勒足够锋利尖锐，早年时我甚至惧怕他，怕他用拐杖敲我的头，边敲边用他那一字一顿的英语，批评我头脑跟不上他。这种惧怕近些年从我身上已经褪去，我开始喜欢上这个老头，他像一杯烈酒，痛饮之后，方知其浓。

很多人把菲利普·科特勒和米尔顿·科特勒并称为"科特勒兄弟"（Kotler Brothers），但可能除了对读书和艺术的共同爱好，两位科特勒先生的人生背景、经历故事、性格特质，甚至政治倾向都迥异。某种意义上，这种并称可能会让米尔顿·科特勒处于一种尴尬的境地，我亲眼看到米尔顿·科特勒在公开场合拒绝让人称他为 Mr. Kotler（科特勒先生），让人叫他 Mr. Milton（米尔顿先生），以从菲利普·科特勒的光芒下区分开来。他不是学术中人，也不是学院里的传统营销学大师，但是他在我眼中，绝对是一位极好的"战略营销咨询家"——足够问题导向，足够锋利实操，足够宏大视野，这些特质让他非常受政府、大型企业领导层的欢迎。

以我感知到的米尔顿·科特勒极强的性格为底色，再加上翻译完米尔顿·科特勒的自传《奋斗或死亡》，那个对我而言神秘又熟悉的米尔顿·科特勒，更加清晰而跃然纸上。对比阅读两位先生的自传，我的感悟是——如果说菲利普·科特勒先生的自传是"以历史时代来阅人"，去看"市场营销一代宗师"一路走来的心路和道路；那米尔顿·科特勒先生的自传则是"以人来阅历史时代"。通过他 84 岁的饱经风霜之眼，去看美国 20 世纪三四十年代的犹太人如何生存；去看芝加哥大学 70 年前的古典精英教育；去看美国早年右翼分子的政治理想如何转换；去看一个政治智库的角色如何转换成为营销和战略顾问；去看他在美国作为战略咨询家如何去服务 IBM、米其林、AT&T 等那个时代最卓越的企业；去看他 65 岁之际如何跨越大西洋将科特勒咨询集团从美国带入中国市场，化身成"诸葛慕中"①。不同于读菲利普·科特勒先生自传时的那种明快，读米尔顿·科特勒先生的自传，如一层一层拨开历史的尘埃，看到老一代知识分子亦是老一代商人的岁月剪影，更加丰富，亦更加厚重。翻阅的过程中，我不时掩卷叹息，又击掌称赞。字句中渗透出大历史的背影，让其人生厚度无法匿藏。美国那一代人的梦想、激情、幻灭、再兴起，以及与命运的搏斗，全部从这些纸张上凸显出来，难怪他坚持把这本书叫作《奋斗或死亡》。

---

① 米尔顿·科特勒的中文名字。

米尔顿·科特勒先生从 16 岁开始到 47 岁，上半段的生命都奉献给了政治，他 16 岁进入芝加哥大学，入读当时最好的专业"政治科学"，他给我讲过，20 世纪 50 年代芝加哥大学的教学方式——没有课本，学生们博览群书，上课以"苏格拉底"的方式在辩论中展开和完成，这种古典风采今天已不见踪影。在这 70 年前的课堂上，大师云集，有列奥·施特劳斯（Leo Strauss），有艾德·希尔斯（Ed Shils），有米尔顿·弗里德曼（Milton Friedman），有汉娜·阿伦特（Hannah Arendt），有弗里德里希·哈耶克（Friedrich Hayek），当然也有讲台下的米尔顿·科特勒。米尔顿·科特勒在芝加哥大学待了 12 年（除中间有 1 年在空军国民警卫队履行兵役），在攻读博士到一半时突然放弃，只身赴政治科学的"圣地"华盛顿。

在华盛顿，米尔顿·科特勒先生加入了政治智库 IPS（政策研究所），从 1963 年起一口气待到了 1976 年。在 IPS，和米尔顿·科特勒一起工作过的包括：构想出核链式反应、和诺贝尔奖获得者恩利克·费米（Enrico Fermi）一起申请核反应堆想法的里奥·西拉德（Leo Szilard），著名的小说家和评论家保罗·古德曼，以及著名政治理论家汉娜·阿伦特等。米尔顿·科特勒先生关于政治学的经典图书《社区政府》（*Neighborhood Government*）于 1969 年出版，他呼吁把城市分割成社区政府。

这本书在当时备受争议，但两个图书俱乐部——左翼大本营城市事务图书俱乐部（Urban Affairs Book Club）和右翼大本营自由意志主义图书俱乐部（Liberal Book Club），都将其评选为最佳政治图书，里根政府以及卡特总统，也因为此书特意邀请米尔顿先生进行咨询。该书已经出版了半个世纪，美国出版社仍在再版印刷。这也是我在米尔顿先生华盛顿家里的书架里看到的——有一排书架放着不同时代印刷的《社区政府》，他让我从书架中取下来，但是又固执地说这书一本也不能送给我，说话时眼睛里透露出怀念和得意。这种感觉，是他在提到晚年与菲利普·科特勒先生合著多本畅销商业书籍时所没有的。

政策智囊并非米尔顿·科特勒先生的终局，世界上唯一不变的事情即"变化"本身，变化孕育了不同的局势与选择。里根时期的白宫由公共经济向私营企业经济的转变，这对一位从事几十年政治经济学研究的学者和政策顾问发出了重要挑战，历史推动他从政策智库走向市场营销战略咨询。按照米尔顿的回忆，他不得不从政府资助的智库角色变成自由主体竞争的商业咨询顾问。这个时候，由于菲利普·科特勒先生在营销界如日中天的地位，诸多大型企业开始寻求营销咨询合作，米尔顿·科特勒先生在菲利普·科特勒先生的支持下，接下了这些咨询项目。菲利普·科特勒作为首席顾问参与，米尔顿亲自带咨询团队执行，其中的重要客户包括西南贝尔、IBM、美国民主党、福特汽车公司、摩根大通银行、莲花等，囊括了那个时代美国最先锋的一批企业，通过咨询实践形成对菲利普·科特勒营销理论的呼应，这种呼应如他常用小提琴拉出的交响曲，这一系列咨询项目中有他的骄傲，也有他后悔错失的机会，读者可以从自传中看到他的真诚。1998 年，应当时文化部部长孙家正的邀请，米尔顿·科特勒访华。64 岁时米尔顿·科特勒把美国的咨询生意交给托尼·科特勒（Tony Kotler），带着美国公司的咨询总监乔恩·门罗（Jon Monroe）来到中国，开启科特勒中国公司时代。

早期的智库底色，和美国二十世纪八九十年代大型企业快速成长营销咨询的经历，给了这位老营销战略咨询家独特的政治与市场资本。这一点大概构成了他下半生做咨询顾问的典型特质——我将其称为战略营销顾问的"双子座特质"：一方面用从菲利普·科特勒那学到的市场营销学给企业做营销顾问，比如在美国服务 IBM 的战略成功转型，比如在中国指导雪花啤酒做成啤酒行业第一名；另一方面早期的学术背景，以及在华盛顿做政治智库的经历，使他给超级大型企业和政府做战略顾问时可以登高望远、游刃有余。我记得早年在中国他给中航集团以及中航国际的前董事长吴光权先生做顾问，当年他脑子冒出来的第一个概念是"新国企"（2006 年国企缺乏市场化）和"投资非洲基础建设的新版马歇尔计划"（2012 年后官方也有提及），3 年后这些战略定位和意图被争相模仿，可见其鹰一样的政治洞察力。显微镜与广角镜的视角合一，这是只有纯粹市场学背景的顾问所达不到的高度。每当有人提到他，我大脑中浮现的第一个画面——他"丘吉尔"一般古典绅士的装扮、他锐敏如刀的眼神，他不断追逼你到"绝境"的提问方式，还有他那宏大叙事的话语体系和不停燃烧释放着的荷尔蒙。他经常说，要死，也必须死在见客户 CEO 的飞机上。

近些年米尔顿·科特勒先生年纪大了，一年来中国也不过两次，不再过问美国和中国的具体咨询项目。当年一起在政治与商业角斗场上共舞的老朋友要么过世，要么退休，而米尔顿不接受退休，他引用麦克阿瑟将军的话"老兵不死，他只是凋谢"。可是，中国的发展速度已经远远超过美国，尤其是在数字化时代，商业变局巨大，他不得不开始把事业交给合伙人，叮嘱菲利普·科特勒先生帮助提携新兴一代。80 岁以后的米尔顿·科特勒先生不再用拐杖敲我的头，也不再问那些尖锐的问题，反倒是喜欢见面谈人生。记得我们一起在萨拉索塔的时候，他约了 50 年的老朋友丹尼斯（Dennis）一起吃饭，本来是谈咨询，席间不知道为何，话题转移到了"爱情"上，他首先把丹尼斯的观点批判了一番，然后跑来听我的看法，我说"对我而言，工作就是爱情"。晚上我送他回住所，下车的时候，米尔顿突然抓住我的手，盯住我的眼睛，一字一顿对我说，"No, Sam, love first, wisdom second, then is work"（爱是第一的，智慧第二，工作最多第三）。和以前总是追问我商业生意和咨询工作时不一样，他眼睛不再如鹰，而是有些模糊，那一刻，我看到了一位智慧老者的温情。

在佛罗里达州拜访菲利普·科特勒先生后，我和同事乔林、王亚娜飞到华盛顿，这里是米尔顿·科特勒的常住地，也是科特勒美国公司所在地。我提出，让米尔顿邀请我们去美国政治智库才可去的总统俱乐部吃晚餐。在酒店准备出发的三个小时之前，突然收到米尔顿的电话，他说："我很累，不出门了，你们来我家吧。"于是，我们叫了辆 Uber，在华盛顿的晚霞中来到他的独栋住所，陪着他和葛丽塔·科特勒（Greta Kotler，米尔顿先生的夫人）在家中吃了一顿晚饭。他家里书架上清一色是政治、哲学和历史书籍，客厅中有钢琴，留声机放着柴可夫斯基的音乐，墙上还挂有他曾兼任华盛顿交响乐团主席时常拉的那把小提琴，可是已多年不再演奏。最后离开他家时，我与他和他挚爱的葛丽塔在沙发上合了一张影，让行动不便的他停住，不必送别。出门的那一刻，我突然意识到华盛顿的晚霞已褪去，但是它曾经那样热情地绽放过，试图去烧透整片天空。

六把钥匙：解锁菲利普·科特勒自传中读到的营销

王赛

(科特勒咨询集团大中华及新加坡管理合伙人，增长战略总经理)

都说回忆录是人生历练与智慧的钻石，菲利普·科特勒的自传《我的营销人生》记录了他的智慧、洞见、理智与情感。而此篇，我想单纯以营销来作为钻石的一个切口，去谈自传中展示的营销智慧，其中很多观点我们可能已经耳熟能详，但是科特勒以此回溯源头；而有些观点，就连我作为科班出身、作为学生也是首次听闻。这里，我一并把读这本自传时对科特勒营销的理解展现给大家，我将其称为解读科特勒的六把营销钥匙。

第一，将营销由应用经济学延伸

第一把钥匙是对营销学起源的界定，菲利普·科特勒在自传中多次提到——营销是应用经济学的延伸。很少人知道他的第一篇论文并非营销学方面的，而是有关"成长型股票的估值（1962 年）"。菲利普·科特勒在自传中披露——很多人也许认为经济学和营销学是两个完全不同的领域，实际上不然。市场营销属于应用经济学的范畴，研究货物从生产者、批发者到零售商的运输过程中，每个不同的阶段如何创造价值和定价。这一点我在与菲利普·科特勒交谈时得以求证——他认为经济学是社会科学中最接近理性结构的学科，因为经济学背后存在系统的前提假设和基于原理的演算。而菲利普·科特勒在经济学重镇芝加哥大学攻读硕士，博士在麻省理工研究劳动经济学，师从经济学诺奖得主一代宗师萨缪尔森，并把萨缪尔森的理论经济学推到了应用领域，这种师承已经定义了现代营销的起源。

第二，使营销与管理学融合

经济学的前提是理性人假设，而真实世界中并非理性。所以菲利普·科特勒在自传中说，在写《营销管理》时，把地基建立在四个基础学科之上，它们分别是：社会科学（Social Science）、经济学（Economics）、组织行为学（Organizational Behavior）以及数学（Mathematics）。有一年在东京，我们交流到大数据时代营销越来越走向科学导向，菲利普·科特勒听完后很开心，但是特别语重心长地补了一句：**数据不是目的，而是手段，而营销更要在理性结构的基础上理解人性**。所以当我们翻开这本自传，可以发现其无时无刻不提到人，提到价值观、提到组织愿景。菲利普·科特勒早年有一本关于营销的学术著作叫作《营销模型》（*Marketing Decision Making: A Model-Building Approach*），这本书几乎用数学写成（科特勒的博士后在哈佛大学数学系）。但是越往后走，菲利普·科特勒越促使营销与管理学融合，从理性走向人性和社会性，当然这与德鲁克的引导不无相关。在自传中，菲利普·科特勒特别记录了他与德鲁克会面的传奇故事，我读的时候大脑浮现出春秋时代孔子拜会老子的情境。何谓大师？有容乃大谓之大，师无常师谓之师，以萨缪尔森经济学理性作为根基，融合德鲁克管理的社会与人性洞察，菲利普·科特勒把营销真正建立在实践性上，形成一座新的山峰。

第三，为营销建立框架与原理

菲利普·科特勒被认为是现代营销领域的奠基者和体系的总架构师。我记得有一次在他萨拉索塔的家中，我特别问到他如何看待"现代营销学之父"这个称谓。菲利普·科特勒谈到，在他之前并非没有营销理论，有哈佛的李维特提出来"营销近视症"，也有麦卡锡提出的营销 4P 组合，但是他率先把营销架构出一套可以进行企业实践的系统，并上升到管理者和战略家的高度。另一个更重要的维度，他致力于把营销还原到"原理"的级别，所谓原理，就是能够透析本质、形成系统，重复指导实践的理念，菲利普·科特勒先生构建了现代营销的底座。这些底座，包括他在自传中提到的营销管理公式，包括对需求的界定，更包括如何定义营销的价值。任何时代，无论是传统时代，还是数字时代，原理级别的营销是不变的，这叫作本质，而只有科特勒的营销兼顾了本质性和实践的框架性。

第四，使营销理论拥有时代的演进特质

理论是灰色的，而生命之树常青，而科特勒赋予理论时代的生命。近 5 年，我注意到菲利普·科特勒在全球各地给 500 强的高管授课时，开头和结尾总是用同样的两张幻灯片，第一张叫作"市场比市场营销变化得更快"（Market changes faster than marketing），最后一张叫作"如果 5 年内你还在按照一样的模式做着一样的生意，你将会关门大吉"

（Within five years, if you're in the same business you are in now, you will be out of business）。菲利普·科特勒从来不固守一个旧有的理论，他说固守只能让自我僵化，每个大时代都应该开出新花，他自己在此做到知行合一。一方面，为了应对市场和市场营销的迅速变化，科特勒先生每 3 年对《营销管理》一书进行修订再版，至今跨越 50 年，已更新 15 个版本。另一方面，他不断提出营销 3.0、营销 4.0 这样一些升级性的洞见。一个有趣的故事是 —— 菲利普·科特勒受日本皇室邀请连续 3 年在东京参加世界营销峰会（WSM），会后有不少顶级日本企业家拿他的书请他签名，科特勒当场表示"我只给最新版签名"，言下之意，科特勒的市场营销是进化的，所以不想给记载的旧思维签名。

第五，把营销从职能上升为战略

之前，营销学更多讨论交易、渠道、广告这些战术性的行为，而菲利普·科特勒《营销管理》的出版，把营销抬到了一个新的高度 —— 企业应以客户为核心，理解他们的需求，研究他们的偏好，再去发展自己的营销组合。这整整半个世纪以前提出的观念，到今天来看，仍然是真知灼见。而最近我又重读了一遍《营销管理》的第 15 版，菲利普·科特勒的理论与其说是"营销"，不如说是"指导企业增长的市场战略与哲学"。他把营销的 CEO 分成四种，四种完全不一样的格局：1P 型 CEO（把营销作为一种传播），4P 型 CEO（营销 4P 融合），STP+4P 型 CEO（市场细分、目标市场选择、定位 +4P），ME 型 CEO（ME=Marketing Everywhere，营销的思维无处不在）。为了推动企业真正重视营销，他联合印度尼西亚的合伙人赫马温在巴厘岛乌邦皇宫边上开办了世界上第一个营销博物馆，让世界上顶级的 CEO，包括比尔·盖茨、查理·布兰森、扎克伯格等录像，来谈自己眼中的营销理念与哲学。

第六，让营销进行无边界扩展

不同于对原有领域的固守，菲利普·科特勒坚持认为营销是可以无边界扩展的，比如城市营销、人的营销、理念的营销，甚至是政治营销。1969 年，他把这些观点发表在《扩大市场营销的概念》（*Broadening the Concept of Marketing*）中。这种扩展，使得营销变成各项组织进行价值创造的一种底层智慧。为了让横向延伸更具纵深度，菲利普·科特勒与全球各个领域的顶级研究者合作，比如与有政策研究背景的欧文·瑞恩合著《地方营销》，与尼尔·科特勒合著《博物馆战略与市场营销》，与内德·罗伯托合著《社会营销》，这些理念促使了营销在各行业中的开花与深化，更取得了巨大的社会反响，比如科特勒的好友麦猜·维尔维迪博士在泰国应用社会营销的手段推广避孕套，降低了泰国的艾滋病感染率，也比如米尔顿·科特勒在菲利普·科特勒的指导下，为美国政党提供选战的营销咨询。菲利普·科特勒尤其关注营销所承担的社会功能，比如他说过"营销要为经济学的落地铺路"，同时在自传中又提到要用"营销解决资本主义的危机"。从他自传中的著作列表中，我发现他的第二本书《创造社会改变》（*Creating Social Change*）就切入了这些问题，而合著者卡夫曼（Ira Kaufman）博士也正好是我的一本书的合著者。正如菲利普·科特勒在自传中所言，扩大市场营销涉及的领域，会为这一学科注入新的活力和实践张力，他把自己的视野做成了其毕生推动的事业。

正如亚当·斯密定义了经济学，彼得·德鲁克定义了现代管理学，毫无争议的是菲利普·科特勒定义了现代营销学，而与亚当·斯密和彼得·德鲁克所不同的是，菲利普·科特勒不仅是现代营销的开创者、定义者，更是架构者和扩展者，营销成就了菲利普·科特勒，菲利普·科特勒也成就了营销，这就是他们的营销人生，六把钥匙只是开启这扇门的锁，而之后你能看到的世界，会更丰富，更精彩，这些精彩的故事，都在菲利普·科特勒这本自传中。

科特勒为何称其自传为"冒险"？

卢泰宏

（中山大学市场营销系教授、科特勒《营销管理》中国版合著者，
菲利普·科特勒杰出贡献奖获得者）

"现代营销学之父"菲利普·科特勒在 2017 年他 87 岁时出版了自传 *My Adventures in Marketing*，为世人了解和研究这位世界级学者和营销世界提供了珍贵的第一手资料。

这本传记书名直译为《我的营销冒险之旅》。为什么科特勒在回顾生命旅程时，将其人生的焦点突现在"冒险"上？这一问题，正是理解这位巨人平生之关键，也是此书画龙点睛、振聋发聩之所在。

回顾历史，绝大多数学者和科学家的人生，都是专注在狭窄的领域深入耕耘、期有所创，并不冒大的风险。**只有划时代的大家才触及"知识革命"或"思想颠覆"，即不惜挑战常规而冒险。这就是库恩在《科学革命的结构》中区分的常规式科学家和革命式科学家。**菲利普·科特勒属于后者，菲利普·科特勒的伟大，在于他在大处与众不同，其中，Adventures（冒险）是科特勒一生中最显著的特征和标志。

菲利普·科特勒自传的前两章告诉我们，这位 20 世纪一流的商业思想家和现代营销学之父，其家庭出身和背景是平凡而普通的，其成长过程直到而立之年，和美国许多名校博士的经历状况并无两样，没有什

么特别。

那么，他后来是如何与众不同、鹤立鸡群成为现代营销学的 Top1 人物呢？

其答案就在其自传的书名 *My Adventures in Marketing* 之中，在营销世界的冒险。Adventures 的含义是探险、冒险、开拓、发现，是这本自传的核心关键词和精髓。

如果没有 Adventures，菲利普·科特勒就不会出类拔萃，如果没有许多次的 Adventures，菲利普·科特勒就不可能一览众山小、达到巨人的高度。为了说明这一点，我从他的自传和论著中，归纳出菲利普·科特勒营销生涯中主要的 8 次冒险，略述如下。

冒险 1：西北大学就职的专业选择：营销学而非经济学

1961 年，菲利普·科特勒取得博士学位后求职于西北大学凯洛格商学院时，面对两个专业选项——经济学还是营销学，他选择了后者。这意味着他放弃了常规的轻车熟路和专业安全，舍近求远去探索开辟一条完全陌生、专业训练背景不同的发展之路。

要知道，博士毕业的菲利普·科特勒在芝加哥大学奠定了得天独厚的经济学基础，他受教于两位诺贝尔经济学奖得主。谁会不利用这一经济学的背景优势呢？选择营销学不仅要从零开始，另起炉灶，而且改行后前途未卜、成败难以估计。显然，菲利普·科特勒走出专业方向的第一大步时，选择了勇于冒险，这亦表现出他的卓越远见。否则，历史上就没有这位"现代营销学之父"了。

冒险 2：写一本截然不同的营销教科书

决定撰写《营销管理》是科特勒的第 2 次冒险。

回顾营销学的兴起，自 1905 年最早的营销教科书出现以来，20 世纪 30 年代前后，有好几本影响不小的营销学教科书已名盖天下，例如 1922 年克拉克（F.E.Clark）在美国出版的《市场营销学原理》（*Principles of Marketing*），影响长达数十年之久，1962 年还出版了其修订的第 4 版。美国营销学重镇俄亥俄州立大学的马纳德（H.H.Maynard）等人，在 1927 年出版的《市场营销学原理》（*Principles of Marketing*），是另一本代表性著作，一直延续到 1973 年，还出版了第 9 版。

20 世纪 60 年代，刚踏入营销学界的菲利普·科特勒不满意已有的教科书，他认为：**"已有的绝大多数市场营销教材只会详细地描述市场渠道、销售管理、广告、促销以及其他事情，而不会讲述市场决策的分析方法，它们欠缺学术研究成果和方法论，没有将顾客置于市场营销世界的中心。"**

尽管如此，对一个新进入者而言，欲推陈出新甚至推倒重建教科书，确实胆大妄为、充满风险。菲利普·科特勒在自传中回顾了他当时的冒险心态："我对这本新书会一败涂地还是大获成功，完全没有把握。"

然而，菲利普·科特勒勇于冒险创新，**他将营销管理"建立在 4 个基础学科之上：社会科学、经济学、组织行为学和数学"**。他的重构终于挑战成功了："29 年后，英国的《金融时报》在 1996 年将《营销管理》列入有史以来 50 本最伟大的商业图书之一。"他创造了现代的"营销学圣经"。

继 1967 年出版《营销管理》，菲利普·科特勒与合作者在 1980 年出版了《市场营销原理》（*Principles of Marketing*），在 1984 年出版了《营销导论》（*Marketing Essentials/ Marketing: Introduction*），实现了对不同细分市场和全球不同地域的版本覆盖及更新，从而使菲利普·科特勒成为全球营销教育当之无愧的执牛耳者。

冒险 3：拆除营销的围墙，提出大营销的思想概念

1969 年核心期刊《营销学报》上发表科特勒和列维合作的论文 *Broadening the Concept of Marketing*，**提出拓展延伸营销的思想概念，**即拆除营销范畴可能的"围墙"。

这是菲利普·科特勒的论文中，他最看重的，也被认为是营销学史上"最大胆的论文"。当然，它也被评为《营销学报》的最佳论文。

如此创新的思想，毫无疑问地震撼了整个营销学界。这一反传统的学科观点遭到一些营销学学者的质疑和反对，包括"某些有影响力的学者"，科特勒和列维处在风口浪尖上，最后居然是靠学界教授内部投票而得以立足，这一营销思想史上具有伟大里程碑意义的思想才得以巍然耸立。

菲利普·科特勒在自传中坦陈："将市场营销扩展到新领域是非常有挑战性的，甚至可以说就是在冒险，但我喜欢这种冒险。"

冒险 4：在现代营销鼎盛发展之时提倡"逆营销"（Demarketing）

正值现代营销高歌猛进之时，他和列维又第二次大胆"唱反调"，提出反潮流的学术观点。

1971 年，列维和科特勒在《哈佛商业评论》上发表了题为《逆营销，是的，逆营销》的文章。他们似乎不是为营销推波助澜，而是揭其之短。

他们提出，**短缺和过剩都是营销要面对的问题，并将逆营销定义为**"这是营销的一个方面，基于一个暂时或长久的原因，劝阻普通顾客或某一阶层的顾客消费"。例如禁烟和限烈酒、关注地球资源和环保。

这篇论文是反对过度营销、急功近利的思想源头。直至今日，对营销的抨击依然不绝于耳，对营销的误解仍然不绝。当年出格的思想言论，已经成为现代营销之共识。在自传中，菲利普·科特勒又专门列举对营销的 7 个批评，从而构成了为现代营销正名和护身的思想盾牌及行为指南。

冒险 5：商业围墙之外的营销突围尝试

营销能应用于商业之外的领域吗？这是菲利普·科特勒对"一直以来营销都只是被视为商业学科"的挑战。

继 1969 年与列维提出"泛化市场营销概念"的思想后，菲利普·科特勒又反复强调"营销不仅仅是产品和服务"，并不只是说说而已，他要"下海"实践、落地推进：**在非营利性组织、城市和区域、博物馆、艺术乃至政治营销等领域，以营销之剑试其锋芒如何。**这完全是从 0 到 1，在商业之外，营销之剑能否劈山开路，未可知也。

为此，1975 年菲利普·科特勒以专著《非营利组织战略营销》（*Strategic Marketing for Nonprofit Organization*）奠定了非营利组织运用营销的新战略基础。

为此，菲利普·科特勒又与全球各特定领域的顶级研究者合作，1993 年与欧文·瑞恩合著了《地域营销》，1998 年与弟弟尼尔·科特勒合著了《博物馆战略与市场营销》。科特勒关于地域（国家、城市）营销的论文在其论著被引统计中高居榜首，如其自传所记，又创造了全球多个地域营销的杰出个案。

冒险 6：将社会作为营销的对象

营销能创造商业价值、能在商业之外的某一些领域发挥重大作用，这并不意味着在一般意义上，营销可以成为解决社会问题的有效工具。

营销能解决社会问题吗？将社会作为营销的对象，这是菲利普·科特勒迄今最大的学术和实践冒险。

什么是社会营销？简言之，就是用营销解决社会问题。包括：人口、环境、贫穷、疾病、教育等大问题，也包括吸毒、艾滋病、生育控制、减肥等等。甚至试图营销"世界和平"，这可是一个最大胆的目标，当然，挑战成功也将赋予营销最大的社会价值。

1971 年菲利普·科特勒在核心期刊《营销学报》（JM）上发表了《社会营销》（*Social Marketing*）的原创论文，并获得该刊物优秀论文奖。

此后，社会营销构成了菲利普·科特勒论著和活动的一个主轴，他为确立社会营销倾注了大量的精力，用心良苦，影响甚远。有关著作和各种营销实践及案例已经很丰富。仅再列举两例：

其一，2010 年菲利普·科特勒与合著者出版《营销革命 3.0：从产品到顾客，再到人文精神》，强调在营销 3.0 阶段，公司除关注客户之外，应该体现出对世界问题的关注。

其二，2012 年菲利普·科特勒开始发起创办世界营销峰会（World Marketing Summit），主旨是"营销让世界变得更美好"。2014 年在东京举办了第四届峰会，四届峰会重心都在以营销解决各种社会问题。

冒险 7：试以营销治疗资本主义的顽疾

营销能修复资本主义的缺陷吗？这是一个全新的命题。

2015 年，科特勒的《直面资本主义：困境与出路》（*Confronting Capitalism: Real Solutions for a Troubled Economic System*）出版，**其思想是试图用营销修复现代资本主义的缺陷**。这显然是一个更大胆的想法和目标。他的思想和视野已经远远超出了商业的范畴，注视人类的社会发展和未来。

2016 年前后，我从社交网络上得知菲利普·科特勒在研究现代资本主义并试图修复其缺陷时，并不理解且纳闷他晚年学术研究的方向选择。一般以为，这位从不停步、笔耕不止的"现代营销学之父"，晚年会在营销学领域留下更集大成或面向未来的专业论著，如德鲁克晚年论 21 世纪管理学，如哲学家冯友兰九旬重整中国哲学史。菲利普·科特勒意欲何为？

如自传中所言，菲利普·科特勒提出用"营销解决资本主义的危机"的新目标。在《重新思考资本主义：优点、缺点和解决方案》（*Reconsidering Capitalism: Strengths, Shortcomings and Solutions*）一书中，他说："我审视了资本主义的 14 个缺点，并为如何克服每个缺点给出了建议。"

政治家和历史会如何回应菲利普·科特勒的大胆雄心和解决方案？恐需拭目以待。

冒险 8：营销能为丰富经济学做出贡献吗？

菲利普·科特勒的学科情怀更加强烈，其背景和基础是经济学，认为营销学是应用经济学之一，提出了**"营销要为经济学的落地铺路"**。他的学术梦想是：希望在约定俗成的"宏观经济学"和"微观经济学"之外，开辟出一个新的类别：市场经济学。他其实是想将营销学发展为经济学框架中的新板块——市场经济学（Marketing Economy）。

这是一个非传统的经济学新思路，是一个充满冒险精神的学科新目标。科特勒之梦能否实现呢？至少，他在自传中列举了这一学科创新思想的两条重要依据：

1.经典经济学理论没有给予各种形式的营销渠道和营销力量以足够的重视，比如广告、销售队伍、促销等对供求的影响。

2.新经济学又称为行为经济学。行为经济学的确是市场营销的另一种表达。

科特勒的信念是，"100多年来，市场营销给经济科学和经济实践提供了很多对经济体系运行的理解。如果有更多的经济学家去追随市场营销理论和实践的发展，新理论和新发现将会大大扩展经济学的边界"。

以上菲利普·科特勒在营销世界中开辟的8项"冒险"，最为博大恢宏、高屋建瓴的是其中两项：

1. 营销能成为解决人类社会问题的新的有效良药吗？

2. 市场经济学能成为经济学富有生命力的第三根支柱吗？

这两项冒险将深刻影响营销的未来。在自传中，科特勒也专门谈及"营销的未来"，提出了两个至关重要的观点：

1. 随着数字世界的爆发式发展，旧的营销世界正在消亡。

2. 今日的公司已经失去了品牌的塑造权。品牌越来越被网上可以彼此交流的顾客所创造。

显然，营销的未来不仅需要向外的冒险，也需要内部的冒险创新。

德高望重的学者以"冒险"标注其自传，在中文语境中是振聋发聩的。然而，不从"冒险"的视角，就无法完全明白科特勒的心路历程，就难以透视科特勒的专业思想和行为取向，也不能真正理解科特勒何以开风气之先河的伟大之处。

在这本自传的结尾处，有一幅照片令人注目，与人们见过的科氏的许多照片有所不同，它传神透露出科特勒特有的好奇和冒险的精神蕴含及气度。自传选此照片压轴，似乎是有所用心而意味深长的。

科特勒对其自传的书名是斟酌过的。此书源于 2013 年他接受《日本经济新闻》的邀请而撰写的 49 篇专栏文章，2013 年底在日本刊出其中 30 篇之后，结集英文出版。科特勒最初设想的书名是"从营销看世界和人生"（Seeing the World and Life Through Marketing Eyes），最后他究其精髓，将书名改定为"我的营销冒险之旅"（My Adventures in Marketing）。2016 年底科特勒应《营销史研究》（JHRM）杂志之邀写的人物自述专文，标题即"Some of my adventures in marketing"，两者相同无异。

此书现已出版的两个中译版本，书名为《世界皆营销》（机械工业出版社，2019 年）和《我的营销人生》（中信出版社，2019 年），可惜都"忽略或遗漏"了"冒险"这个关键词，因而不小心丢失了科特勒及西方大学者身上最具价值的精神气质。

收到科特勒赠送的英文版自传后，我在与他的交流中，建议再增加补充他有关中国的经历和体验，他愉快地答应了。关于科特勒的贡献和为什么他能够成功，一些评论（曹虎、王赛等的）已经有很出色的剖析和分享了，作为补充，我特作此文，亦是我 2008 年对科特勒先生印象一文（请参见《营销管理》第 13 版中国版的序言）之完善。